北京联合大学“十二五”规划教材

U1003594

审计案例分析（第三版）

李春玲　邵军 ◎ 主编

首都经济贸易大学出版社
Capital University of Economics and Business Press
·北 京·

图书在版编目（CIP）数据

审计案例分析 / 李春玲，邵军主编. -- 3 版.
北京 : 首都经济贸易大学出版社，2024. 11. -- ISBN
978-7-5638-3723-6

Ⅰ. F239.22

中国国家版本馆 CIP 数据核字第 2024T9S337 号

审计案例分析（第三版）
SHENJI ANLI FENXI
李春玲　邵军　主编

责任编辑	薛晓红
封面设计	砚祥志远·激光照排 TEL：010-65976003
出版发行	首都经济贸易大学出版社
地　　址	北京市朝阳区红庙（邮编 100026）
电　　话	（010）65976483　65065761　65071505（传真）
网　　址	http://www.sjmcb.cueb.edu.cn
经　　销	全国新华书店
照　　排	北京砚祥志远激光照排技术有限公司
印　　刷	唐山玺诚印务有限公司
成品尺寸	170 毫米×240 毫米　1/16
字　　数	360 千字
印　　张	20
版　　次	2014 年 10 月第 1 版　2020 年 1 月第 2 版 **2024 年 11 月第 3 版**
印　　次	2024 年 11 月总第 7 次印刷
书　　号	ISBN 978-7-5638-3723-6
定　　价	48.00 元

图书印装若有质量问题，本社负责调换
版权所有　侵权必究

第三版前言

审计是一门实务性极强的学科，仅仅依靠理论教学难以达到理想的教学效果。《审计案例分析》一书以审计实务中的典型案例为基本素材，通过提炼加工，将审计理论知识以案例形式呈现给学生，通过案例再现审计的整个过程。本书可以弥补课堂理论教学的不足，突破教学中的难点，提高学生发现问题、分析问题、解决问题的能力。

本次修订是为了与审计准则和会计准则的更新以及审计实践的发展相适应，同时也是为了更好地满足审计学教学的需求。此次再版，除了继续保持理论和实务操作相结合的特色外，主要在以下两个方面做了修订：

第一，在每个案例之后，增加一个“思考与实践”环节。此环节的内容是每个案例主题的延伸，侧重于培养学生的职业判断能力。围绕各章节主题，本次修订共新增 55 个案例。这些新案例侧重于启发学生独立思考，可以用作开展案例分析教学的辅助资料。

第二，根据会计准则和审计准则的变化，修订了各案例的相关内容，确保教材内容与最新的准则保持一致，以便让学生了解审计发展的最新动态。这些修订也使教材内容更加丰富，有助于学生掌握完整的知识体系。

本版的修订由李春玲主持，具体分工如下：第一、二、十三章由邵军编写，第三、四、五、六、八、九、十二章由李春玲编写，第七、十、十一章由刘新颖编写。全书由首都经济贸易大学会计学院审计系主任袁小勇主审。

本书自 2014 年出版以来，受到了广大读者的关注，其中一些从事审计学教学的读者提出很多宝贵的意见和建议，为本次修订提供了很多启发和帮助。本书的修订得到专家、读者和出版社编辑的大力支持和帮助，在此，特表示深深的感谢！

由于编者自身能力所限，本书定会存在一些缺陷，敬请各位专家与读者朋友批评指正，以便我们不断修正与提高。

编者

2024 年 10 月

第一版前言

随着我国现代化建设的快速发展，社会对学校培养应用型高级专门人才的需求与日俱增，而要实现这一教育目标，不仅要抓好理论教学，更为重要的是要抓好实践教学。只有在实践教学中培养学生的实践能力、动手能力，才能突出知识与理论的应用性。

审计作为一门综合性很强的应用型学科，有着独特的教学规律。由于审计学内容多，术语、理论晦涩，且很多内容都是说理性的，容易出现理解偏差，再加上审计准则的不断变化，所以审计学通常被认为是既难教也难学的一门课程。本书案例以民间审计为主线，注重注册会计师实务，向学生提供反映真实审计情景的资料，并特别聚焦于审计过程的不同视角与阶段。

本书具有以下显著特点：

1. 案例的选择由浅入深，循序渐进。考虑到有些读者没有从业经验，因此案例的选择从简单到复杂，由单项到综合，给读者一个适应的过程。通过审计案例模拟审计实践，逐步掌握审计理论知识和审计职业技能，提高理论与实践结合的综合能力。

2. 案例的内容注重系统性、适用性。本书案例涵盖内容丰富，包括50余个审计案例，帮助学生在理解掌握审计的基本概念、基本原理与基本方法的前提下，涉及从接受审计客户到出具审计报告的全过程各项主要审计活动，系统性强，适用面广。

3. 案例的编排以情景化突出实操性。本书案例的设计着眼于通过具体的情景描述，让学生进入审计情境现场，每个案例都提出了学生需要完成的一系列问题，使得学生的角色由消极的听从指导者向积极的思考者、参与者过渡，从而获得主动学习的体验，取得对审计过程所涉及的基本问题更透彻的理解。

为帮助学习者快速掌握与理解审计理论知识与实务操作技能，每一案例都列出了学习目标、案例资料、分析要求以及本案例需要关注的问题。

本书由邵军、李春玲担任主编。各章编写分工如下：第一、二、十三章由邵军编写；第三、四、五、六、七、八、九章由李春玲编写；第十、十一、十二章由刘新颖编写。全书由首都经济贸易大学会计学院审计系主任袁小勇主审。何小红、刘旭华、袁梦月、李宝华、官庆波、王秋影等为本书的编写提供了大量资料，许多同行和出版社编辑也为本书的编写提供了大力帮助与支持，在此一并表示感谢。

本书获批北京联合大学“十二五”规划教材。

本书可以作为高等院校财经类专业本科、研究生教材，也非常适合在职审计人员自学提高之用。由于我国审计准则不断修订、变化较大，书中难免有一些不当或错漏之处，敬请广大读者批评指正。

作者

2014 年 8 月

目录

第一章
审计基本概念

案例一 审计需求的产生

一、本案例学习目标

通过本案例，学生应能够理解：信息风险产生的原因，审计在降低信息风险方面的作用以及审计产生的经济原因。

二、本案例的关键内容

（一）案例资料

1721 年英国的“南海公司事件”是注册会计师审计产生的“催化剂”。对南海公司进行审计的斯耐尔先生成为世界上第一位注册会计师。

1710 年，罗伯特·哈里根伯爵成立了南海公司。该公司的业务包括贩卖黑奴等海外贸易活动。1720 年，南海公司设法令英国政府以 1 000 万英镑国家公债入股成为公司的股东，并借机推出一系列虚假的投资计划，因此，南海公司的股票价格扶摇直上。在南海公司的示范效应下，一场投机浪潮席卷各地，全国出现了形形色色的“泡沫公司”，并且各种公司的股价都开始暴涨。1720 年 7 月，英国议会颁布了《泡沫公司取缔法》，要求限期解散非法发行股票、从事正常经营范围以外的经营活动和不正常股票投机的公司。该法案公告以后，股市狂跌。1720 年 8 月到 12 月，南海公司的股票价格从 900 英镑下跌到 124 英镑，最终不得不宣告破产。在南海公司投入巨资的广大股东和债权人都蒙受了巨额损失。应投资者和债权人的要求，英国议会成立了特别委员会，特别委员会聘请斯耐尔先生对南海公司涉嫌舞弊的公司进行账目清查。斯耐尔于 1721 年向议会特别委员会提交了查账报告书，这就是世界上第一份审计报告书。

（二）案例分析要求

1. 请从信息失真风险的角度分析：财务信息的哪些特征促成了报表使用者对审计的需求？

2. 由此案例分析注册会计师为何应当关注鉴证业务中遇到的舞弊行为。

3. 结合此案例，说明注册会计师在经济社会中的作用及注册会计师审计的特征。

三、本案例需要关注的问题

（一）信息风险产生的原因

为了降低信息风险，报表使用者需要使用经过审计的财务报表。信息风险产生的原因主要包括：

1. 信息的间接性，即由于企业的所有权和经营权分离后形成了受托经济责任关系，所有者难以直接获得财务信息，往往只能通过财务报表等渠道获得间接财务信息。

2. 财务信息的提供者往往由于理解上的偏差和追求私利等动机而提供失真的财务信息。

3. 随着经济的发展和企业规模的扩大，财务信息中隐含着复杂的交易，形成大量复杂的数据，普通的报表使用者很难看懂财务信息。

（二）注册会计师的责任

从事公开发行股票公司审计的注册会计师与舞弊相关的责任，可能取决于适用于公共部门实体的法律法规或其他监管要求，或由授权审计的文件单独进行规定。因此，从事公开发行股票公司审计的注册会计师的责任可能不限于考虑财务报表重大错报风险，还可能包括考虑舞弊风险。由于舞弊的特征，注册会计师在考虑由于舞弊导致的重大错报风险时，保持职业怀疑尤为重要。保持职业怀疑要求注册会计师对获取的信息和审计证据是否表明可能存在由于舞弊导致的重大错报风险始终保持警惕，包括考虑拟用作审计证据的信息的可靠性，并考虑与信息的生成和维护相关的控制（如相关）。

（三）审计的作用

审计是一个搜集和评价相关信息，以确定和报告所验证信息符合既定标准的程度的过程。审计的作用主要体现在：

1. 鉴证作用。注册会计师通过提供鉴证服务，能够提高信息的可信性，帮助信息使用者决策。

2. 增值作用。注册会计师就审计中发现的问题与公司管理者沟通，促进被审计单位改善管理水平。

注册会计师审计具有客观、独立、公正的特征。本案例中，作为独立第三方的会计师斯耐尔在南海公司案例中的作用恰恰体现了上述特征。

四、思考与实践

2020 年 4 月 25 日，永拓事务所为大化集团大连化工股份有限公司（后文简称“大化股份”）2019 年度财务报告出具了保留意见的审计报告和否定意见的内部控制审计报告。审计报告中列示的形成保留意见的原因涉及四个方面：

（1）预收账款、应付账款和其他应付款回函率低，未能达到执行函证程序的审计目标，无法取得充分、适当的替代证据证明未回函预收账款的真实性、完整性和准确性，从而无法确定是否有必要对相关预收账款项目做出调整。

（2）截至审计报告日前已审理或执行中的诉讼（仲裁）案件共 17 件，虽然实施了管理层访谈、检查诉讼材料等审计程序，但仍无法判断大化股份就上述案件是否需要承担损失及承担损失金额，也无法判断大化股份是否存在其他未经披露的未决诉讼事项而对财务报表产生影响。

（3）闲置生产设备等固定资产存在减值迹象，但大化股份对该部分固定资产未进行减值测试，注册会计师无法实施满意的审计程序以获取充分、适用的审计证据，无法对闲置的固定资产以账面价值列示的适当性进行合理判断。

（4）2018 年、2019 年大化股份累计亏损 37 533. 57 万元，截至 2019 年 12 月 31 日的股东权益为-18 354. 57 万元，经营活动产生的现金流量净额为-15 148. 60 万元，营运资金为-67 737. 06 万元，资产负债率为 130. 99%，多家金融机构的借款或融资已发生逾期或违约，银行账户全部被司法冻结。虽然大化股份管理层对公司的持续经营能力进行了评估，并制定了拟采取的改善措施，但由于措施尚未实施，注册会计师无法获取充分、适当的审计证据以确认其措施能否有效改善公司经营，大化股份公司的持续经营存在重大不确定性。

2020 年 6 月 8 日，自 5 月 12 日起已连续 19 个交易日收盘价低于 1 元的大化股份收报 0. 074 元/股，标志着该股成为继东洋 B 退市后，史上第二家因触发面值退市条件而强制退市的纯 B 股上市公司。

大化股份早在 1997 年就已上市，属于基础化工行业。2018 年以来公司一直在亏损。2020 年一季度，公司实现营收 944.49 万元，同比减少 59.35%；2019 年、2018 年，公司归母净利润分别为-2.37 亿元、-1.39 亿元，尤其是 2018 年，公司净利润同比暴跌 581%。随着经营风险的增加，大化股份在二级市场的表现也不断下滑。2015 年 7 月，公司股价曾达到 1.988 元/股的历史高点，进入 2016 年后，公司股价进入下跌通道。被出具无保留意见后，股价更是一蹶不振，到 2020 年 7 月每股股价已经不足 7 毛 4。2020 年 7 月 2 日晚，大化股份发布公告，宣告收到上交所关于公司股票终止上市的决定。

上市公司都希望被出具标准无保留意见，但被出具非无保留意见的也不鲜见。在 2022 年年报审计中，全国 57 家会计师事务所为 5 170 家上市公司出具了审计报告，其中有 110 家上市公司被出具了非无保留意见。被出具保留意见的有 75 家，其中 *ST、ST 企业有 35 家，占比约 46.66%；有 35 家上市公司被出具了无法表示意见，全部是 *ST 企业，占比 100%。这些非无保留意见的审计报告不仅会引发股东用脚投票，也会导致其他风险警示（ST）、退市风险警示（*ST）甚至退市等严重后果。

要求：请结合案例，分析注册会计师审计对于股票市场的意义。

案例二　会计责任与审计责任

一、本案例学习目标

区分管理当局编制财务报表的责任与注册会计师验证这些报表的责任，解释注册会计师在发现重大错报方面的责任，了解管理当局声明书的主要用途。

二、本案例的关键内容

（一）案例资料

下面是英达公司的管理当局声明书和信达会计师事务所对其财务报表出具的审计报告的一部分。

英达股份有限公司管理当局声明书

信达会计师事务所、吴颖注册会计师：

本公司已委托贵所就本公司2012年度的会计报表进行审计，并出具审计报告。为了配合贵所的工作，兹就有关情况声明如下：

1. 本公司已依照《企业会计准则》的要求编制2012年度会计报表，这些会计报表的编制基础与上年度保持一致，本公司管理当局对报表的真实性、合法性和完整性承担责任。

2. 本公司已经选择和运用恰当的会计政策，已经做出合理的会计估计，不存在任何重大未预计的负债，没有任何违反国家法律、法规而需要调整和披露的事项。

3. 设计、实施和维护与财务报表编制相关的内部控制，以使财务报表不存在由于舞弊或错误而导致的重大错报。

4. 本公司业已提供：

（1）所有的财务会计记录。

（2）全部关联方交易清单及有关资料、股东大会、董事会会议记录以及有关的资料。

…………

5. 就审计报告日至会计报表公布日之间影响会计报表或附注的期后事项，本公司承诺在会计报表公布日之前及时告知。

英达股份有限公司（盖章）
公司负责人（盖章）
会计机构负责人（盖章）

审计报告

英达股份有限公司全体股东：

我们审计了后附的英达股份有限公司（以下简称“英达公司”）财务报表，包括2012年12月31日的资产负债表、2012年度的利润表、股东权益变动表和现金流量表以及财务报表附注。

一、管理层对财务报表的责任

按照《企业会计准则》的规定，编制财务报表是英达公司管理层的责任。这种责任包括：第一，设计、实施和维护与财务报表编制相关的内部控制，以使财务报表不存在由于舞弊或错误而导致的重大错报；第二，选择和运用恰当的会计政策；第三，做出合理的会计估计。

二、注册会计师的责任

我们的责任是在实施审计工作的基础上对财务报表发表审计意见。我们按照中国注册会计师审计准则的规定执行了审计工作。中国注册会计师审计准则要求我们遵守职业道德规范，计划和实施审计工作以对财务报表是否不存在重大错报获取合理保证。

审计工作涉及实施审计程序，以获取有关财务报表金额和披露的审计证据。选择的审计程序取决于注册会计师的判断，包括对由于舞弊或错误导致的财务报表重大错报风险的评估。在进行风险评估时，我们考虑与财务报表编制相关的内部控制，以设计恰当的审计程序，但目的并非对内部控制的有效性发表意见。审计工作还包括评价管理层选用会计政策的恰当性和做出会计估计的合理性，以及评价财务报表的总体列报。

我们相信，我们获取的审计证据是充分、适当的，为发表审计意见提供了基础。

…………

（二）案例分析要求

1. 这两份报告分别应由谁来撰写？编制两份报告的目的是什么？

2. 请从管理当局声明书和审计报告提供的信息中分析注册会计师执行审计的前提条件和管理当局应履行的责任。

3. 从审计报告中分析一下注册会计师的审计责任是什么。

4. 请指出管理当局声明书能否成为审计证据。

三、本案例需要关注的问题

（一）管理层编制财务报表的会计责任

《中国注册会计师审计准则第 1101 号——注册会计师的总体目标和审计工作的基本要求》规定：与管理层和治理层责任相关的执行审计工作的前提，是指管理层和治理层（如适用）认可并理解其应当承担下列责任，这些责任构成注册会计师按照审计准则的规定执行审计工作的基础：

1. 按照适用的财务报告编制基础编制财务报表，并使其实现公允反映（如适用）。

2. 设计、执行和维护必要的内部控制，以使财务报表不存在由于舞弊或错误导致的重大错报。

3. 向注册会计师提供必要的工作条件，包括允许注册会计师接触与编制财务报表相关的所有信息（如记录、文件和其他事项），向注册会计师提供审计所需的其他信息，允许注册会计师在获取审计证据时不受限制地接触其认为必要的内部人员和其他相关人员。

（二）注册会计师的审计责任

审计的目的是提高财务报表预期使用者对财务报表的信赖程度。就大多数通用目的财务报告框架而言，注册会计师审计责任是指，其针对财务报表是否在所有重大方面按照财务报告编制基础编制并实现公允反映发表审计意见。注册会计师按照审计准则和相关职业道德要求执行审计工作，能够形成这样的意见。

本案例中，审计报告是由注册会计师编写的。注册会计师出具审计报告的目的是通过书面报告的形式清楚地表达审计意见，并说明其形成基础。

（三）管理当局声明书

管理当局声明书是被审计单位管理当局就财务报表有关事项所做的书面声明。管理当局声明书是审计过程中注册会计师与被审计单位不断沟通而形成的，注册会计师获取管理当局声明书的目的是让管理层进一步明确其所应承担的会计责任。

管理当局声明书一般用含有被审计单位名称的信纸填写，由公司经理或财务总监等高层管理人员签字，采用客户致函形式发给会计师事务所。在实际工作中，审计师可以代替管理当局编写管理当局声明书，并要求其打印于有公司抬头的信纸上并签字。

在不存在其他充分适当的审计证据时，管理当局声明书是必要的审计证据。作为内部证据，管理当局声明书是证明力较弱的审计证据。

四、思考与实践

注册会计师张华在审计新江公司 2023 年度财务报告时，对于新江公司欠英达公司的一笔大额应付账款产生了疑问。张华做了各种检查和测试，最终认为对这笔应付账款的金额无法取得足够证据。考虑到此事项对财务报表的影响，2024 年 2 月 20 日，张华出具了“保留意见”的审计报告。

2024 年 6 月，英达公司找到新江公司，要求其偿付应付账款。英达公司要求的付款额比新江公司账上的金额高很多。新江公司的管理层拿出审计报告说，自己的会计账是审计无误的，只能按账面数额付钱。英达公司一怒之下，将新江公司告上了法庭，审计师也被当成共同被告。

要求：请分析审计报告是否能成为管理层拒付应付账款的理由。

案例三　审计目标与管理当局认定

一、本案例学习目标

通过本案例，学生应能够解释被审计单位管理当局认定和审计目标的含义，说明常规财务报表审计目的，理解审计总目标、一般目标及审计具体目标的含义及相互关系；掌握审计具体目标的确定。

二、本案例的关键内容

（一）案例资料

注册会计师李林负责审计甲公司2024年度的财务报表，李林在工作底稿中记录所了解的甲公司的情况，部分内容摘录如下：

1. 甲公司主业是进出口贸易，公司全部职工薪酬都记入管理费用和销售费用。2024年度职工薪酬的期末余额与2023年基本持平。甲公司一直于每月月初发放职工薪酬，但为应对现金周转困难，2024年甲公司将职工薪酬支付日改为次月15日。鉴于行业工资普遍上涨，从2024年1月起，甲公司又将所有职工的工资上调30%，因此保持了职工队伍的稳定。

2. 受海外市场影响，甲公司销售额大幅下降。为压缩成本，公司从2024年初开始将设立于各个城市的销售服务部数量压缩一半，但本年度公司账面上支付的销售服务部租金支出仍比上年增长5%。

3. 2023年8月，甲公司由国外进口了一批医疗影像设备。2024年1月，国内某公司推出了性价比更高的医疗影像器械，该新产品迅速占领市场并持续热销。因此，2024年甲公司不得不以成本价清理旧款医疗器械库存。

4. 2024年1月起，甲公司将国内独家代理的某进口医疗器械质保期由6个月延长到18个月，产品销量因此有所增长，同时公司账面记载的产品质量保证预计负债增长了10%。

注册会计师确认了相关审计目标和认定，部分工作底稿内容如表1-1和表1-2所示。

表 1-1　审计目标及认定

一般审计目标	具体审计目标	财务报表认定					
		存在或发生	完整性	权利和义务	准确性、计价和分摊	分类	列报
报表金额确实存在	资产负债表中记录的存货是存在的						
已经存在的金额均已记录	所有应当记录的存货均已记录						
资产归属于被审计单位	记录的存货由被审计单位拥有或控制						
会计要素以恰当的金额记录于报表中，与之相关的计价或分摊已恰当记录	存货以恰当的金额包括在财务报表中，与之相关的计价调整已恰当记录						
资产、负债和所有者权益已记录于恰当的账户	存货已记录于恰当的账户						
已按照企业会计准则的规定在财务报表中做出恰当列报	存货已按照企业会计准则的规定在财务报表中做出恰当列报						

表 1-2　报表项目及认定

序号	财务报表项目及认定
(1)	
(2)	
(3)	
(4)	

（二）案例分析要求

1. 解释进行财务报表审计的目标。
2. 管理当局认定与财务报表审计目标之间有何联系？
3. 指出与余额相关的各个具体审计目标对应的管理当局认定，补充完成审计工作底稿。

三、本案例需要关注的问题

（一）审计目标

审计目标是在一定历史环境下，人们通过审计实践活动所期望达到的境地或最终结果。独立审计的目标包括总体目标和具体目标。具体目标又可分为一般审计目标和项目具体审计目标。

《中国注册会计师审计准则第 1101 号——注册会计师的总体目标和审计工作的基本要求》所确定的独立审计的总体目标是：对财务报表整体是否不存在由于舞弊或错误导致的重大错报获取合理保证，使得注册会计师能够对财务报表是否在所有重大方面按照适用的财务报告编制基础编制发表审计意见，出具审计报告，并与管理层和治理层沟通。

（二）管理当局认定

管理当局认定是指管理层在财务报表中做出的明确或隐含的表达，注册会计师将其用于考虑可能发生的不同类型的潜在错报。例如，公司资产负债表日存货账户余额是 500 万元，这个余额表示在报表中没有关于存货的其他信息时，管理当局确认存货的价值是 500 万元，不存在价值损耗，同时这些存货的所有权归公司所有，其使用不受限制。

管理当局认定包括：存在或发生，完整性，准确性、计价和分摊，权利和义务，列报，等等。

（三）审计目标与管理当局认定间的联系

由于注册会计师的主要责任是确定管理当局的认定是否恰当，因此审计具体目标沿袭了管理当局认定的主要内容并与管理当局认定紧密相关。注册会计师在确定某一业务记录或余额的管理当局认定是否恰当前，往往需要满足多个审计目标。例如：注册会计师可以由管理当局与账户余额或业务相关的认定推定下述一般审计目标：

1. 由“存在或发生”认定可推出审计目标：报表金额确实存在或已记录的业务是真实的。

2. 由“完整性”认定可推出审计目标：已经存在的金额或已经发生的交易确实已经被记录。

3. 由“准确性、计价和分摊”认定可推出审计目标：会计要素以恰当的金额记录于报表中，与之相关的计价或分摊已恰当记录，已经记录的交易金额正确。

4. 由“权利和义务”认定可推出审计目标：资产归属于被审计单位。

5. 由“列报”认定可推出审计目标：被审计单位资产或负债已按照企业会计准则的规定在财务报表中做出恰当列报。

确定了一般审计目标后，就可以确定与业务和报表余额相关的具体审计目标。具体审计目标是一般审计目标在具体业务或报表余额上的应用。

例如，本案例中，与审计目标相对应的认定如表 1–3 所示。

表 1–3　审计目标及认定

一般审计目标	具体审计目标	财务报表认定					
		存在或发生	完整性	权利和义务	准确性、计价和分摊	分类	列报
报表金额确实存在	资产负债表中记录的存货是存在的	√					
已经存在的金额均已记录	所有应当记录的存货均已记录		√				
资产归属于被审计单位	记录的存货由被审计单位拥有或控制			√			
会计要素以恰当的金额记录于报表中，与之相关的计价或分摊已恰当记录	存货以恰当的金额包括在财务报表中，与之相关的计价调整已恰当记录				√		
资产、负债和所有者权益已记录于恰当的账户	存货已记录于恰当的账户					√	
已按照企业会计准则的规定在财务报表中做出恰当列报	存货已按照企业会计准则的规定在财务报表中做出恰当列报						√

表 1–4　报表项目及认定

序号	财务报表项目及认定
(1)	应付职工薪酬/完整性 销售费用/完整性 管理费用/完整性

续表

序号	财务报表项目及认定
(2)	销售费用/发生
(3)	资产减值损失/完整性 存货/准确性、计价和分摊
(4)	营业外支出/完整性 预计负债/完整性

四、思考与实践

注册会计师张华负责审计多家公司的财务报告，在审计中曾遇到如下事项：

（1）甲公司财务报表列示主营业务收入 3 500 万元、主营业务成本 2 700 万元，存货 1 000 万元。张华检查了合同、发货单等资料并执行存货监盘，发现其中有 500 万元营业收入不符合收入确认条件，对应的 200 万元存货尚未发给购货方，仍放在甲公司位于郊区的仓库中。因此，得出结论如下：主营业务收入应为 3 000 万元，主营业务成本应为 2 500 万元，存货金额为 1 200 万元。

（2）乙公司生产各类小家电，主要通过电商平台销售其产品，2024 年“双 11”活动期间，乙公司通过网络刷单实现销售收入 900 万元，并在账面记录了应收账款 900 万元。

（3）丙公司 2023 年 12 月 20 日销售一批货物，不含税价款 100 万元，并于 2023 年 12 月 31 日确认了销售收入，但同期并未结转销售成本。丙公司通常在商品发出时确认销售收入，该批货物直到 2024 年 1 月 10 日才发给客户。

（4）丁公司财务报表列示存货 1 000 万元，张华执行了监盘等程序，确认存货金额为 1 250 万元。

（5）戊业务招待费应该计入管理费用中，但是财务人员将销售部门发生的业务招待费计入销售费用。

（6）已公司销售 20 万箱产品，账面记录销售额为 1 200 万元，张华实施审计程序后发现交易均为真实发生，但每箱的实际售价是 58 元，销售额应为 1 160 万元。

（7）庚公司收到政府补助，在财务报表“其他收益”中列示，但未在报表附注中披露。

（8）因技术进步，辛公司的闲置生产设备出现减值迹象，但公司未对该部分固定资产进行减值测试。

要求：请指出上述事项中涉及的重大错报风险与财务报表项目的哪些认定相关。

案例四　审计证据

一、本案例学习目标

通过本案例，学生应能够识别审计证据与其他行业所用证据的区别，能够指出在审计中应用的七类审计程序，掌握各种审计证据的特点，指出决定审计证据说服力的特点，理解管理当局书面声明的作用及其对审计意见的影响。

二、本案例的关键内容

（一）案例资料

格林公司是一家大型家电生产商。近期该公司更换了董事会和经理层。新的董事会决定采用激进的企业战略，因此开始积极扩张市场份额，并通过公开发行股票募集资金新开设了 100 家直营店。信达会计师事务所一直负责该公司的审计。近期有人举报格林公司严重虚增利润。证监会派人对该公司展开调查，并对该公司注册会计师的工作提出了批评。

2024 年，张华担任格林公司年报审计的新任项目负责人。张华近几年一直在参与该公司的年报审计，虽然张华不是主要负责人，但他对该公司情况比较熟悉。因为 2024 年是连续审计，张华有时会采用以前年度审计获取的信息直接作为本期审计的审计证据。例如，在进行公司层面风险评估程序时，张华沿用以前的审计证据，直接将风险评估为低风险。此外，为了提高审计证据的可靠性，张华决定选择较大的样本规模。

助理人员张明等人参与了该项目的审计。以下是信达会计师事务所的注册会计师张明等在格林公司 2024 年年报审计中执行的部分审计程序。

（1）收到企业的客户和部分消费者的信函，该信函说明了企业应收账款情况。

（2）监盘微波炉等小家电并记录盘点的数额。

（3）和客户律师讨论格林公司某项诉讼败诉的可能性。

（4）向银行函证客户的银行存款余额。

（5）与信用部门经理一起分析应收账款并评价其可回收性。

（6）在车间查看生产线的运转情况。

（7）在测试销售佣金时，计算销售佣金占销售额的比例。

（8）查看公司会议纪要以确定新的信用政策是否经过授权。

（9）将销售发票上的销售单价乘以数量以检查其结果是否正确。

（10）重新编制银行存款余额调节表。

在审计过程中，注册会计师遇到如下特殊情况：

1. 项目组进驻企业后，为便于开展工作，注册会计师要求格林公司出具管理层责任声明书，格林公司财务总监江山签署了管理层责任声明书。在检查格林公司的某项资产时，注册会计师发现公司遗失了该项资产的所有权凭证，因此格林公司提供了一份书面声明，以证明其对该项资产的所有权。

2. 在审计关联方关系及其交易时，注册会计师要求管理层提供书面声明，以表明其已经向注册会计师披露了全部已知的关联方名称和特征、关联方关系及其交易，已经按照适用的财务报告编制基础的规定对关联方关系及其交易进行了恰当的会计处理和披露，但上述要求被管理层拒绝。

3. 2024 年 8 月至 11 月，格林公司出现了大量红字冲销的英达公司的购货退回发票，应付账款降幅较大。财务经理将该事项解释为商业折扣。注册会计师要求函证这些项目。格林公司不同意事务所取得这些项目的书面确认函，而是帮助注册会计师接通了英达公司的管理人员的电话。实际上电话并非打给英达公司的管理人员，而是由格林公司的人员冒充英达公司确认了这些购货退回。审计项目负责人张华根据英达公司的电话确认和格林公司管理人员的口头声明，认可了购货退回的合理性。

4. 注册会计师从格林公司的数百家供应商中选取了 30 家供应商进行函证。注册会计师共收到 28 份回函，其中 20 份与账面记录一致，并可以推断出应付账款总体少确认 20 万元。但调查表明，格林公司的管理层曾经打电话给一些供应商，告诉他们应如何回复注册会计师的询证函。

5. 注册会计师决定对格林公司的某类重要存货采用监盘程序，因格林公司营业网点繁多，注册会计师只好将监盘工作安排在三天内完成。

（二）案例分析要求

1. 在进行公司层面风险评估程序时，张华沿用以前的审计证据，直接将风险评估为低风险。此外，为了提高审计证据的可靠性，张华决定选择较大的样本规模。本案例中，注册会计师的上述做法是否恰当？判断审计证据适当性应遵循哪些原则？

2. 在情况1中，管理层提供注册会计师要求提供的书面声明是否构成充分适当的审计证据？本案例中由财务总监签署书面声明是否恰当？

3. 在情况2中，管理层拒绝提供注册会计师要求提供的一项或多项书面声明，注册会计师应当如何处理？如果书面声明与其他审计证据不一致，注册会计师应如何处理？

4. 在情况3中，注册会计师采用询问程序有何作用和局限？注册会计师通过询问取得证据后，下一步应该采取什么样的措施？

5. 在情况4中，注册会计师通过函证取得的审计证据是否可靠？

6. 在情况5中，注册会计师监盘的目的是什么？为保证监盘获得证据的适当性，注册会计师应采取哪些措施？

7. 获取审计证据的审计程序有哪些类型？请将张华参与执行的审计程序进行分类。

三、本案例需要关注的问题

（一）审计证据的充分性和适当性

审计证据是指注册会计师为了得出审计结论和形成审计意见而使用的信息，包括构成财务报表基础的会计记录所含有的信息和其他信息。

决定审计证据说服力的两个决定因素是充分性和适当性。

审计证据的充分性是对审计证据数量的衡量。注册会计师需要获取的审计证据数量受重大错报风险评估结果和审计证据质量的影响很大。

审计证据的适当性是对审计证据质量的衡量，是指审计证据的可信程度，即审计证据在支持审计意见所依据的结论方面具有的相关性和可靠性。审计证据的相关性是指其与审计目的相关。审计证据的可靠性受其来源和性质的影响，取决于选择的审计程序和获取审计证据的具体环境。选择较大的样本规模并不能提高审计证据的适当性。

将以前年度审计获取的信息直接作为本期审计的审计证据，其前提条件是自上期审计后被审计单位相关事项没有发生变化，如果发生变化，则需要分析这些变化对前期信息与本期审计结论相关性的影响。

本案例中，注册会计师张华根据上年的审计证据直接将风险评估为低风险是不正确的。因为被审计单位董事会和管理层发生了重大变更，这些变化使得前期获得的信息不能直接为本期所用，注册会计师应重新设计风险评估程序，以确定会计报表层面的审计风险。此外，注册会计师张华试图通过扩大样本规模提高审计证据的适当性也是不可行的。

判断审计证据适当性的一般原则包括：

1. 从被审计单位外部独立来源获取的审计证据比从其他来源获取的审计证据更可靠；

2. 相关控制有效时内部生成的审计证据比控制薄弱时内部生成的审计证据更可靠；

3. 直接获取的审计证据比间接获取或推论得出的审计证据更可靠；

4. 以文件记录形式（包括纸质、电子或其他介质）存在的审计证据比口头形式的审计证据更可靠；

5. 从原件获取的审计证据比从复印件、传真件获取的审计证据更可靠。

（二）管理当局书面声明的作用

审计证据是注册会计师为了得出审计结论和形成审计意见而使用的信息。注册会计师可以要求被审计单位的首席执行官、首席财务官或不使用此类头衔但处于类似职位的其他人员提供书面声明，书面声明是注册会计师在财务报表审计中需要获取的必要信息，也是审计证据，但其本身并不能为所涉及的任何事项提供充分、适当的审计证据。而且，即使管理层已经提供书面声明，注册会计师也不应该改变就管理层责任履行情况或具体认定获取的其他审计证据的性质和范围。

情况 1 中，本案例由财务总监签署书面声明是可行的。

在确认资产所有权时，尽管格林公司提供了书面声明，注册会计师还是应该取得能够证明格林公司对该资产所有权的其他证据。如果不能取得这类证据，注册会计师应该考虑该事项对审计意见的影响，必要时可出具保留意见或无法表示意见的审计报告。

情况 2 中，由于管理层拒绝提供注册会计师要求提供的书面声明，注册会计师应当：

（1）与管理层讨论该事项。

（2）重新评价管理层的诚信，并评价该事项对其他书面或口头声明和审计证据总体的可靠性可能产生的影响。

（3）确定该事项对审计意见可能产生的影响。

如果书面声明与其他审计证据不一致，注册会计师应当实施审计程序以设法解决这些问题。如果问题仍未解决，注册会计师应当重新考虑对管理层的胜任能力、诚信、道德价值观或勤勉尽责的评估，或者重新考虑对管理层在这些方面的承诺或贯彻执行的评估，并确定书面声明与其他审计证据的不一致对其他管理层声明和审计证据总体的可靠性可能产生的影响。

（三）询问客户

通过询问客户，注册会计师可以获得大量信息和进一步审计的线索。但询问客户的局限性在于：通常注册会计师并不能根据询问客户获得的口头证据直接得出结论，因为这些证据并非来源于独立的渠道。因此，注册会计师还需要通过其他程序取得进一步的可以相互印证的证据，如在情况 3 中，注册会计师还应该直接取得英达公司的书面确认函。

（四）函证

函证是指注册会计师利用从独立第三方收到的口头或书面回复来验证信息的准确性。函证的可靠性取决于第三方的独立性。

情况 4 中，由于格林公司的管理层曾经打电话给一些供应商，告诉他们应如何回复注册会计师的询证函，这些函证对象的独立性已经受到影响，故审计证据的可靠性不足。

（五）监盘

监盘是指注册会计师观察或盘点有形资产。

情况 5 中，监盘的目的是验证资产的存在性。为保证监盘的可靠性，注册会计师应增加监盘人员，设法将同类存货的盘点安排在同一时间进行，以防止被审计单位转移存货。如果不能在一天内完成盘点，注册会计师应在 3 天内采取严格的控制措施，防止存货被移动。

获取审计证据的程序通常有七种类型：函证、检查、分析程序、重新计算、重新执行、询问、观察。本案例中采用的审计程序的类型分别是：程序 1 和 4 是函证；程序 2 是监盘，涉及检查和询问；程序 3 是询问；程序 5 和 7 是分析程序；程序 6 是观察；程序 8 是检查；程序 9 是重新计算；程序 10 是重新执行。

四、思考与实践

注册会计师张华负责审计张江公司 2024 年度的财务报告，审计工作底稿中记录了实施的进一步审计程序，部分内容摘录如下：

（1）张江公司 2024 年末应收票据余额重大，张华于 2024 年 12 月 31 日检查了这些票据的复印件，并核对了相关信息，结果满意。

（2）张江公司的重要客户万达公司通过其自主开发的供货系统对供应商供货进行全过程管理，并向供应商开放查询功能。在测试张江公司 2024 年度销售给万达公司的产品数量时，张华根据张江公司销售人员提供的网址、账号和密码，登录万达公司的供货系统，核对了销售数量，结果满意。

(3) 张江公司的应收账款存在重大错报风险。在对应收账款实施函证时，由于回函率过低，未能达到执行函证程序的审计目标，张华拟抽取更多的发票、出库单等内部凭证，作为替代证据。

(4) 张华填制了其他应收款询证函电子版，委托张江公司财务人员核对信息、打印并加盖公司印章，由张华亲自装函并寄发。

要求：针对上述事项，请分析注册会计师的做法是否恰当。

案例五　审计的固有限制

一、本案例学习目标

通过阅读本案例，学生应能够：理解审计固有限制的含义及产生的原因，掌握注册会计师应对审计固有限制的对策。

二、本案例的关键内容

(一) 案例资料

随着经济的发展，社会公众对审计的需求越来越大，注册会计师也成为一个炙手可热的行业。但与此同时，注册会计师因承办财务鉴证业务而成为被告已屡见不鲜，即使是实力雄厚的大会计师事务所也难以幸免。

1990 年，美国第七大会计师事务所 Laventhal & Horwath 因面临 100 多件法律诉讼而宣告破产。1995 年度美国六大事务所的年收入 154 亿美元，其中 11%的支出用于法律诉讼费用（律师费及司法裁判费）、专业责任保险费以及诉讼赔偿（包括庭外和解支出），是仅次于事务所员工薪资的重要执业成本项目。2002 年，当时五大事务所之一的安达信因安然公司审计事件而破产，其余几大会计师事务所也或多或少地陷于诉讼的麻烦之中。

2009 年 1 月 7 日，印度软件外包服务业的领军企业、行业排名第四的萨蒂扬软件技术有限公司（下文简称“萨蒂扬”）董事长兼首席执行官拉马林加·拉贾突然宣布辞职。在长达 5 页的辞职信中，他承认曾在几年间操纵公司账户、大幅夸大公司的利润、虚报资产。这一欺诈案是自 20 世纪 90 年代以来印度最大的公司丑闻，负责萨蒂扬财务审计的普华永道也随之被推上风口浪尖。自 2002 年起，普华永道加速了其亚洲市场业务的拓展，其间还曾全面接收了已破产的安达信会计师事务所的各成员所及员工。可令人遗憾的是，会计师事务所的人员素质并未跟上扩张的脚步。在普华永道这样的会计师事务所，通常需要三到五年才能将一个刚刚大学毕业的新人培养成为一个可以直接为客户提供会计服务的高级经理。但是，日益繁忙的审计业务迫使这个培养时间不断缩短，会计师事务所有时会要求经由快速通道招募而来的新人提供超出他们执业能力的服务。

在亚洲，会计师事务所在各个级别上都缺乏合格的人才。注册会计师所从事的工作经常会超出他们的能力范围，审计风险的上升不言而喻。并且，由于事务所在诸如印度、马来西亚等亚洲地区开展业务时需要执行全球会计标准，但当地的会计准则与全球会计标准往往大相径庭。繁忙的审计业务使得事务所没有精力去仔细研究不同国家与地区的不同准则，成本上升的压力又进一步削减了这种努力。于是，审计工作的潜在风险大幅上升。此外，在追求利润的企业目的和恪尽职守的社会责任之间，事务所要寻求到一个平衡点也很难。有些注册会计师甚至铤而走险，以审计成本约束为理由减少审计程序。

诸多现实条件的限制使得注册会计师的工作难以尽善尽美。一浪高过一浪的诉讼风险使得注册会计师承办财务鉴证业务的风险越来越大。赔偿金额的上升使得会计师及保险公司均感到难以承受。会计师行业也面临着越来越多的指责。一方面是社会公众怨声载道，一方面是注册会计师如履薄冰。审计到底怎样才能突破困境，值得每一个注册会计师去思考。

（二）案例分析要求

1. 阅读上述材料，并从审计固有限制的角度分析为什么注册会计师会面临目前的困境。注册会计师能否达到公众要求的较高期望？审计师应如何应对面临的困境？

2. 请分析审计的固有限制能否成为注册会计师减少必要审计程序的理由。

三、本案例需要关注的问题

（一）合理保证

合理保证是指注册会计师通过积累必要的审计证据得出会计报表整体不存在重大错报的结论，对会计报表使用人提供一种高度的但并非绝对的保证。

$$合理保证+可接受审计风险=100\%$$

审计的保证程度越高，需要的审计证据越多。

（二）审计固有限制的表现

注册会计师应当获取财务报表整体不存在重大错报的合理保证。但由于存在下列固有限制，注册会计师即使按照审计准则的规定恰当地计划和实施审计工作，也不可能绝对保证发现财务报表中的所有重大错报：

1. 选择性测试方法的运用。

2. 内部控制的固有局限性。

3. 大多数审计证据是说服性而非结论性的。

4. 为形成审计意见而实施的审计工作涉及大量判断。

5. 某些特殊性质的交易和事项可能影响审计证据的说服力。

(三) 审计固有限制的来源

审计的固有限制源于财务报告的性质、审计程序的性质和在合理的时间内以合理的成本完成审计的需要。

1. 编制财务报表需要管理层做出判断，许多财务报表项目涉及主观决策、评估或一定程度的不确定性，并且可能存在一系列可接受的解释或判断。

2. 注册会计师获取审计证据的能力受到实务和法律上的限制，审计过程充满职业判断。例如：管理层或其他人员不提供与财务报表编制相关的或注册会计师要求的全部信息；用于收集证据的常规审计程序常常无法发现精心策划的舞弊；注册会计师没有被授予特定的法律权力（如搜查权），而这种权力对涉嫌违法行为的调查经常是必要的。

3. 注册会计师需要在合理的时间内以合理的成本完成审计，需要在信息的可靠性和成本之间进行权衡。要求注册会计师处理所有信息是不切实际的，追查每一个事项也是不切实际的。

(四) 固有限制的潜在影响特别重大的领域

在下列情形导致错报的情况下，固有限制的潜在影响尤其重大。

1. 舞弊，特别是涉及高级管理人员的舞弊或串通舞弊。相对于错误导致的重大错报，舞弊导致的重大错报未被发现的风险更大。其原因是舞弊可能涉及采用精心策划的行动对真相进行隐瞒（如伪造证明或故意漏记交易），或者故意向注册会计师提供虚假陈述。

2. 关联方关系和交易的存在和完整性。管理层可能未能识别出所有关联方关系及其交易，特别是在适用的财务报告编制基础没有对关联方做出规定时；关联方关系可能为管理层的串通舞弊、隐瞒或操纵行为提供更多机会。

3. 违反法律法规行为的发生。违反法律法规可能涉及故意隐瞒的行为，如共谋、伪造、故意漏记交易、管理层凌驾于控制之上或故意向注册会计师提供虚假陈述；许多法律法规不影响财务报表，且不能被与财务报告相关的信息系统所获取；违反法律法规与财务报表反映的交易和事项越不相关，就越难以被注册会计师关注或识别。

4. 可能导致被审计单位无法持续经营的未来事项或情况。如果存在可能导致被审计单位不再持续经营的未来事项或情况，审计的固有限制对注册会计师发现重大错报能力的潜在影响会加大。注册会计师不能对这些未来事项或情况做出预测。

（五）审计期望差距

审计委托者、利益相关者、社会公众等对审计质量的期望（公众期望）与注册会计师、会计师事务所、自律组织等对审计质量的期望（业界期望）之间形成了一种差异，这便是“审计期望差距”。

（六）注册会计师应对审计固有限制的措施

虽然注册会计师并不能达到公众要求完美的期望，审计的固有限制并不能作为注册会计师接受说服力不足的审计证据以及减少审计程序的理由。

由于审计存在固有限制，为了在合理的时间内以合理的成本对财务报表形成审计意见，注册会计师有必要采取以下措施：

1. 计划审计工作，以使审计工作以有效的方式得到执行。
2. 将审计资源投向最可能存在重大错报风险的领域。
3. 运用测试和其他方法检查总体中存在的错报。

四、思考与实践

2024 年 3 月 18 日晚间，恒大地产（以下简称“恒大”）发布公告称收到证监会行政处罚及市场禁入事先告知书。针对恒大 2019 年、2020 年年报存在虚假记载，公开发行公司债券涉嫌欺诈发行，以及未按照规定报送有关报告或者履行信息披露义务等违法违规行为，证监会决定责令恒大地产改正，给予警告，并处以 41.75 亿元的罚款。

自恒大被曝出财务造假以来，为恒大提供审计服务的普华永道随即陷入舆论的漩涡。2023 年 4 月 19 日，香港会计及财务汇报局称，注意到一份举报信广泛流传。该举报信就普华永道的质量管理系统及其在恒大财报审计过程存在的缺陷表达严重担忧。香港会计及财务汇报局称将展开调查工作。

其实早在 2021 年，普华永道便曾遭到调查。2021 年 10 月 15 日，香港会计及财务汇报局发布公告，认为在恒大 2020 年度报告、2021 年中期报告中，恒大没有明确声明是否在持续经营上存在重大不确定性。作为年报审计机构，普华永道在 2020 年报的审计意见中，只发表了无保留意见，没有提及持续经营的重大不确定性。因此，香港会计及财务汇报局宣布将对普华永道展开调查。

一般情况下，如果普华永道认为恒大在持续经营上存在重大不确定性，应该在审计报告中出具“带强调事项段”的审计意见，以引起投资人的关注，起到警示风险的作用。2020 年恒大负债规模和负债率均较高，房企融资“三条红线”出台后，恒大将面临降低负债和不可持续经营的压力。普华永道的审计团队曾就相关风险咨询风险管理部门意见，但最终并未在恒大的审计报告中发布明显的风险预警。

实际上，恒大的债务危机在 2020 年的财报中就已经显现了。恒大 2020 年财报显示，恒大账面上有近 2 万亿元总负债，净负债率高达 159.3%。其有息负债余额位列房企第一，高达 7 165 亿元。2020 年 9 月，监管机构设置“净负债率不大于 100%，现金短债比不小于 1，剔除合同负债的资产负债率不大于 70%”三道红线，限制房企融资活动。在房企前五名中，恒大是唯一一家三道红线全踩中的企业。

一位前普华永道高级审计师认为，公众都能从恒大报表中看出持续经营风险，普华永道却没在意见页中给出提示，这不太合理。但他也提到，判断持续经营重大不确定性，不是仅看报表就能得出结论的，还得看普华永道究竟做了哪些工作，凭什么做出不警示风险的决定。

尽管判断有关企业是否存在持续经营风险是很重要的，但现实情况的复杂性，往往导致这种判断缺乏统一标准。尽管如此，公众对普华永道的不满仍在积聚。据英国《金融时报》报道，中国恒大的清算人正准备起诉恒大的审计机构。

受困于各种固有限制，审计机构只能给出“合理保证”。但公众仍然期待，对于恒大这种重量级的公司，审计机构能给出最客观公正的审计意见。当然，审计也需要考虑现实因素，维系客户。

要求：请分析普华永道在恒大事件中是否应该担责。

第二章

审计业务承接和审计规划

案例一　审计风险的结构

一、本案例学习目标

完成本案例学习后，学生应当能够理解审计风险、重大错报风险、固有风险、控制风险、检查风险的含义，理解审计风险模型，掌握审计风险与审计证据之间的关系。

二、本案例的关键内容

（一）案例资料

假设在某账户审计过程中，注册会计师曾遇到六种风险情形，如表 2-1 所示。

表 2-1　六种风险情形

风险	风险情形					
	1	2	3	4	5	6
计划的检查风险	高	中	低	中	中	中
固有风险	中	低	高	中	低	高
控制风险	低	低	高	中	中	低
可接受的审计风险	高	低	低	中	高	高
需要的审计证据数量						

（二）案例分析要求

1. 根据上述资料，假设不考虑其他风险，利用审计风险模型确定每种情况下的审计风险和审计证据数量（用高、中、低表示）。

2. 根据风险之间的关系，分析下列情况对计划的检查风险的影响（假定其他因素不变）：

（1）可接受的审计风险增加。

（2）控制风险增加。

（3）固有风险增加。

3. 如果注册会计师认为实施有关实质性测试程序并不能将与某一重要账户有关的检查风险降低至可接受水平，他应采取何种行动，为什么？

4. 在进行审计时，注册会计师会通过各种途径了解客户审计的原因及报表最可能的用途，这些信息对可接受的审计风险有何影响？

三、本案例需要关注的问题

（一）审计风险模型

基于风险管理框架下的审计风险模型是：

审计风险＝重大错报风险×检查风险

审计风险是指财务报表存在重大错报而注册会计师发表不适当审计意见的可能性。

重大错报风险是指财务报表在审计前存在重大错报的可能性，包括两个层次：报表层次重大错报风险，各类交易、账户余额和披露认定层次重大错报风险。

检查风险是指实施审计程序后未能发现账户或交易类别产生的重大错报或漏报的可能性。由于实行抽样审计，检查风险是不能完全消除的。

（二）可接受的审计风险

可接受的审计风险是衡量审计完成并出具无保留意见之后，注册会计师愿意接受财务报表仍存在重大错报程度的指标。

当注册会计师确定一个较低的可接受审计风险水平时，则表明注册会计师希望对财务报表不存在重大错报有更大的把握。

在既定的审计风险水平下，可接受的检查风险与认定层次重大错报风险的评估结果成反比例关系。

（三）特定交易、账户余额和披露认定层次重大错报风险

在实务中，注册会计师常常将特定交易、账户余额和披露认定层次重大

错报风险划分为固有风险和控制风险。

固有风险是指不存在相关内部控制，某一认定发生重大错报的可能性。一般而言，当会计处理涉及估计判断（如提取资产减值准备）以及一般经济及特定行业发生衰退或技术推陈出新时，固有风险也会随之提高。

控制风险是指某类认定发生重大错报，而该错报没有被企业内部控制及时防止、发现和纠正的可能性。

因此，审计风险模型又可演化为：

审计风险＝固有风险×控制风险×检查风险

（四）检查风险与审计证据

注册会计师要根据对重大错报风险的评估结果确定计划的检查风险，进而决定审计证据的数量。计划的检查风险越高，需要的审计证据数量越少，二者呈反向变动关系。实务中衡量风险模型的各要素会比较困难，一般可用低、中、高来计量这些风险；衡量所需的审计证据数量也较难，需要注册会计师利用职业判断，也需要保持职业谨慎。

（五）本案例中的情况

1. 根据既定的可接受审计风险水平，利用审计风险模型确定每种风险情形下的计划的检查风险水平和审计证据数量，如表 2–2 所示。

表 2–2　每种风险情形下计划的风险水平和审计证据数量

风险	风险情形					
	1	2	3	4	5	6
计划的检查风险	高	中	低	中	中	中
固有风险	中	低	高	中	低	高
控制风险	低	低	高	中	中	低
可接受的审计风险	高	低	低	中	高	高
需要的审计证据数量	低	中	高	中	中	中

在表 2–2 中的第 5 种情形下，计划的检查风险在中与高之间，如果审计资源许可，出于职业谨慎可以将计划的检查风险定为中。

2. 根据风险之间的关系，假定其他因素不变，下列情况对计划的检查风险的影响是：可接受的审计风险增加，则计划的检查风险可增加；控制风险增加，则计划的检查风险降低；固有风险增加，则计划的检查风险降低。

3. 如果注册会计师认为实施有关实质性测试程序并不能将与某一重要账户有关的检查风险降低至可接受水平，他应当评价被审计单位针对这些风险设计的控制，并且注册会计师应当考虑依赖相关控制的有效性，并对其进行了解、评估和测试，确定其执行情况。如果内部控制测试也不能取得足够的审计证据，注册会计师应考虑出具无法表示意见的审计报告。

4. 报表的可能使用者及其对报表的预期用途是影响可接受的审计风险的两个重要因素，报表的用途越广泛，注册会计师就应搜集越多的证据，因此，执行审计业务时，注册会计师要取得客户为何进行审计及审计的财务报表的可能用途信息，由此确定可接受的审计风险。

四、思考与实践

注册会计师张华负责审计新江公司 2024 年度财务报表。对新江公司执行风险评估程序后，张华了解到如下情况：生产与存货循环业务复杂，预期错报多；由于公司高管面临业绩压力，销售和收款循环预期错报很多；筹资和投资循环业务少且审批严格，预期错报极少；购货和付款循环预期错报不多。在制定审计计划时，张华根据了解到的被审计单位情况，制定了风险与证据计划矩阵。

要求：请利用审计风险模型，完成表 2-3 风险与证据计划矩阵。

表 2-3　风险与证据计划矩阵

	生产与存货循环	销售和收款循环	购货和付款循环	筹资和投资循环
未考虑内控之前的预期重大错报风险（固有风险）	预期错报很多（高）	预期错报很多（高）	预期错报不多（中等）	预期几乎没有错报（低）
内部控制防止或发现重大错报的有效性（控制风险）	有效性较低（高）	高度有效（低）	有效性为中等水平（中等）	高度有效（低）
完成审计后允许存在重大错报的程度（可接受的检查风险）	程度低（低）	程度低（低）	程度低（低）	程度低（低）
计划搜集证据的程度（计划的检查风险）				

案例二　审计业务承接

一、本案例学习目标

完成本案例学习后，学生应当能够：掌握审计业务约定书的格式与内容，了解审计业务约定书的作用，掌握注册会计师决定是否承接审计业务时应该考虑的因素。

二、本案例的关键内容

（一）案例资料

2024 年 11 月 3 日，长江会计师事务所的注册会计师王华接到表弟张熙的电话。张熙是银鑫珠宝集团公司的董事。张熙在电话中说，他所在的银鑫珠宝集团公司正准备更换会计师事务所，希望长江会计师事务所能够承接银鑫珠宝集团公司 2024 年财务报表的审计业务。因为长江会计师事务所正想开拓新的业务，所以事务所负责人决定接受银鑫珠宝集团公司的委托，对其集团财务会计报表进行审计。事务所派出以王华为组长的项目组进驻银鑫珠宝集团公司。王华是长江会计师事务所的合伙人之一，业务专长是对工业企业报表进行审计。银鑫珠宝集团公司有 4 家子公司需要纳入报表合并范围。银鑫珠宝集团公司主营业务为珠宝加工与销售，其 2023 年以前的财务会计报表由天达会计师事务所审计。经了解，二者解约的原因是双方不能就一些重要的审计事项和审计结论达成一致意见。

在初步了解被审计单位的基本情况后，项目经理王华直接与珠宝公司的总经理签订了审计业务约定书。

审计业务约定书

甲方：银鑫珠宝集团公司

乙方：长江会计师事务所有限责任公司

兹由甲方委托乙方对 2024 年度财务报表进行审计，经双方协商，达成以下约定：

一、业务范围与审计目标

1. 乙方接受甲方委托，对甲方按照企业会计准则编制的 2024 年 12 月 31 日的资产负债表、2024 年度的利润表、股东权益变动表和现金流量表以及财务报表附注（以下统称“财务报表”）进行审计。

2. 乙方通过执行审计工作，对财务报表的下列方面发表审计意见：

（1）财务报表是否按照企业会计准则的规定编制；

（2）财务报表是否在所有重大方面公允反映被审计单位的财务状况、经营成果和现金流量。

二、甲方的义务

1. 及时为乙方的审计工作提供其所要求的全部会计资料和其他有关资料，并保证所提供资料的真实性和完整性。

2. 确保乙方不受限制地接触任何与审计有关的记录、文件和所需的其他信息。

3. 甲方管理层对其做出的与审计有关的声明予以书面确认。

4. 为乙方派出的有关工作人员提供必要的工作条件和协助，主要事项将由乙方于外勤工作开始前提供清单。

5. 按本约定书的约定及时足额支付审计费用以及乙方人员在审计期间的交通、食宿和其他相关费用。

三、乙方的责任

1. 乙方的责任是在实施审计工作的基础上对甲方财务报表发表审计意见。乙方按照《中国注册会计师审计准则》（以下简称《审计准则》）的规定进行审计。《审计准则》要求注册会计师遵守职业道德规范，计划和实施审计工作，以对财务报表是否不存在重大错报获取合理保证。

2. 审计工作涉及实施审计程序，以获取有关财务报表金额和披露的审计证据。选择的审计程序取决于乙方的判断，包括对由于舞弊或错误导致的财务报表重大错报风险的评估。在进行风险评估时，乙方考虑与财务报表编制相关的内部控制，设计了恰当的审计程序，但目的并非对内部控制的有效性发表意见。审计工作还包括评价管理层选用会计政策的恰当性和做出会计估计的合理性，以及评价财务报表的总体列报。

3. 乙方需要合理计划和实施审计工作，以使乙方能够获取充分、适当的审计证据，为甲方财务报表是否不存在重大错报获取合理保证。

4. 乙方有责任在审计报告中指明所发现的甲方在重大方面没有遵循企业会计准则编制财务报表且未按乙方的建议进行调整的事项。

5. 由于测试的性质和审计的其他固有限制，以及内部控制的固有局限性，不可避免地存在着某些重大错报在审计后可能仍然未被乙方发现的风险。

6. 在审计过程中，乙方若发现甲方内部控制存在乙方认为的重要缺陷，应向甲方提交管理建议书。但乙方在管理建议书中提出的各种事项，并不代表已全面说明所有可能存在的缺陷或已提出所有可行的改善建议。甲方在实施乙方提出的改善建议前应全面评估其影响。未经乙方书面许可，甲方不得向任何第三方提供乙方出具的管理建议书。

7. 乙方的审计不能减轻甲方及甲方管理层的责任。

四、审计收费

1. 本次审计服务的收费总额为 20 万元。

2. 甲方应于本约定书签署之日起 10 日内支付 50%的审计费用，剩余款项于审计报告草稿完成日结清。

3. 如果由于无法预见的原因，致使乙方从事本约定书所涉及的审计服务实际时间较本约定书签订时预计的时间有明显的增加或减少，甲乙双方应通过协商，相应调整本约定书第四条第 1 项所述的审计费用。

4. 如果由于无法预见的原因，致使乙方人员抵达甲方的工作现场后，本约定书所涉及的审计服务不再进行，甲方不得要求退还预付的审计费用；如上述情况发生于乙方人员完成现场审计工作，并离开甲方的工作现场之后，甲方应另行向乙方支付 10 万元的补偿费，该补偿费应于甲方收到乙方的收款通知之日起 5 日内支付。

5. 与本次审计有关的其他费用（包括交通费、食宿费等）由甲方承担。

五、审计报告和审计报告的使用

1. 乙方按照《中国注册会计师审计准则第 1501 号——对财务报表形成审计意见和出具审计报告》和《中国注册会计师审计准则第 1502 号——在审计报告中发表非无保留意见》规定的格式和类型出具审计报告。

2. 甲方在提交或对外公布审计报告时，不得修改或删节乙方出具的审计报告，不得修改或删除重要的会计数据、重要的报表附注和所做的重要说明。

六、本约定书的有效期间

本约定书自签署之日起生效，并在双方履行完毕本约定书约定的所有义务后终止。但其中第三、四、五、八、九项并不因本约定书终止而失效。

七、约定事项的变更

如果出现不可预见的情况，影响审计工作如期完成，或需要提前出具审计报告时，甲乙双方均可要求变更约定事项，但应及时通知对方，并由双方协商解决。

八、终止条款

1. 如果根据乙方的职业道德及其他有关专业职责，适用的法律、法规或其他任何法定的要求，乙方认为已不适宜继续为甲方提供本约定书约定的审计服务，乙方可以采取向甲方提出合理通知的方式终止履行本约定书。

2. 在终止业务约定的情况下，乙方有权就其于本约定书终止之日前对约定的审计服务项目所做的工作收取合理的审计费用。

九、双方对其他有关事项的约定

如果认为有必要提醒财务报表使用者关注已在财务报表中列报或披露的事项，注册会计师在财务报表中不存在重大错报的条件下，可以在审计报告中增加强调事项段。

本约定书一式两份，甲乙方各执一份，具有同等法律效力。

甲方：银鑫珠宝集团公司	乙方：长江会计师事务所有限责任公司（盖章）
授权代表：（签章）	授权代表：（签章）
地址：	地址：
电话：	电话：
日期：	日期：

（二）案例分析要求

1. 请结合本案例讨论注册会计师决定承接审计业务时应该考虑的因素，请指出长江会计师事务所在承接审计业务时的不当之处，并指出在承接银鑫珠宝集团的审计业务时存在哪些需要注意的特殊风险。

2. 如果长江会计师事务所决定承接此项业务，是否应该利用专家的工作？如果聘请专家，应该如何利用专家的工作？

3. 该审计业务约定书遗漏了哪些重要的内容条款？

4. 注册会计师在审计业务约定书中对强调事项的约定是否合理？

5. 审计业务约定书的信息在审计计划阶段非常重要，主要原因是什么？

三、本案例需要关注的问题

（一）承接审计业务时应考虑的因素

为了规避审计风险，注册会计师必须从业务承接环节入手，在客户和业务的选择上保持应有的职业谨慎态度。

注册会计师应考虑自身和客户两方面因素以决定是否承接审计业务。一是注册会计师自身专业胜任能力，包括注册会计师是否具备执行审计所需专业知识、是否具备独立性和保持应有谨慎的能力。如果会计师事务所不具备应有的专业胜任能力，就应当拒绝接受委托。二是被审计单位基本情况，包括被审计单位的业务性质、经营规模和组织结构、经营情况和经营风险、以前年度接受审计的情况、财务会计机构及工作组织、被审计单位的简史、主要管理人员的管理经验及正直品行、委托人聘用注册会计师的意向等。

本案例中，由于担任项目负责人的注册会计师王华与银鑫珠宝集团公司的董事张熙存在亲属关系，且其特长是审计工业企业财务报表，如果让王华作为该业务的项目经理，其独立性和专业胜任能力都存在问题，因此事务所应让王华回避，委派具有独立性和专业胜任能力的注册会计师承担该项业务。

此外，银鑫珠宝集团公司与前任注册会计师因审计意见不同而解约，注册会计师应关注接受委托后的特殊风险。在签订审计业务约定书时，注册会计师应与被审计单位沟通，就审计时间、双方的权利和义务等问题达成一致意见，以保证审计工作顺利进行。

（二）利用专家的工作

如果鉴证业务涉及的特殊知识和技能超出了注册会计师的能力，注册会计师可以利用专家协助执行鉴证业务。

本案例中，由于银鑫珠宝集团公司的主业是珠宝加工与销售，而长江事务所缺乏珠宝鉴定业务的相关人才，因此在审计中应聘请专家参与审计工作。

在利用专家的工作时，注册会计师应当评价专家是否具有实现审计目的所需要的胜任能力、专业素质和客观性。在评价外部专家的客观性时，注册会计师应当询问可能对外部专家的客观性产生不利影响的利益和关系。

本案例中，注册会计师应当确保包括专家在内的项目组整体已具备执行该项鉴证业务所需的知识和技能，并充分参与该项鉴证业务和了解专家所承担的工作。注册会计师在将专家工作结果作为审计证据时，应当在评价专家工作的适当性的基础上，保证专家工作的结果能否形成充分、适当证据，并与其他审计证据一致。

（三）审计业务约定书的内容

审计业务约定书可能因被审计单位的不同而存在差异，可根据需要协商约定一些条款。但一般应包括以下几个必备条款：

1. 财务报表审计的目标和范围。

2. 注册会计师的责任。

3. 管理层的责任，因为按照审计准则的规定执行审计工作的前提是管理层已认可并理解其承担的责任。

4. 财务报表所适用的编制基础。

5. 注册会计师拟出具的审计报告的预期形式和内容以及对在特定情况下出具的审计报告可能不同于预期形式和内容的说明。

本案例中，审计业务约定书遗漏了对编制基础和管理层责任的描述。

（四）审计业务约定书中对强调事项的约定

《中国注册会计师审计准则第 1111 号——就审计业务约定条款达成一致意见》第十九条第（二）项规定，在审计业务约定条款中应明确，注册会计师可按照《中国注册会计师审计准则第 1503 号——在审计报告中增加强调事项段和其他事项段》的规定，在审计报告中增加强调事项段，以提醒使用者关注额外披露。

本案例中，注册会计师在审计业务约定书中对强调事项的约定是合理的，目的是使得注册会计师将与财务报表审计相关的责任等情况与治理层进行清晰的沟通。

（五）审计业务约定书在计划阶段的作用

审计业务约定书的信息在审计计划阶段非常重要，主要原因是业务约定书会影响测试的时间安排以及审计服务所需的总时间。

四、思考与实践

从 2019 至 2021 年，信达会计师事务所一直承担银鑫珠宝集团公司的年报审计工作。直至 2021 年，注册会计师都未与银鑫珠宝集团公司签订新的审计业务约定书。2022 年初，为开拓新业务，银鑫珠宝集团公司进行股权重组，股东会通过决议，刘浩担任董事长，居伟任总经理，原来的董事长和总经理调到其他单位任职。在开始 2022 年审计业务前，信达会计师事务所的项目负责人向公司管理层致送了一份修订后的审计业务约定书。

要求：请分析注册会计师致送一份新的审计业务约定书的原因。

案例三　初步业务活动

一、本案例学习目标

学习本案例后，学生应能够：理解初步业务活动的目标，理解签约前讨论的目的，说明评价独立性和专业胜任能力时的考虑因素，掌握了解被审计单位及其环境需要的信息类型和渠道，掌握后任注册会计师与前任会计师查阅沟通内容和过程，了解确定是否接受审计委托所要综合考虑的问题。

二、本案例的关键内容

（一）案例资料

美林股份有限公司是一家在深交所上市的大型企业。该公司自上市以来业务扩张较为迅速，其主营业务为城建环保工程，2023 年度主要承办了污水处理工程。该公司以前年度的年报由信利会计师事务所审计。因负责审计该项目的注册会计师已离开该事务所出国进修，公司董事会决定自 2023 年开始改由信誉较好的诚信会计师事务所来进行审计。2024 年 4 月诚信会计师事务所派出了以王越为项目组长，以李辰、季小明、余锋为组员的项目组进驻美林股份有限公司开展审计业务。

诚信会计师事务所在承接美林股份有限公司审计业务前的审计方法及过程如下：

1. 与被审计单位面谈，讨论下列事项：

（1）审计的目标。

（2）审计报告的用途。

（3）管理层对财务报表的责任。

（4）审计范围。

（5）执行审计工作的安排，包括出具审计报告的时间要求。

（6）审计报告格式和对审计结果的其他沟通形式。

（7）管理层提供必要的工作条件和协助。

（8）注册会计师不受限制地接触任何与审计有关的记录、文件和所需要的其他信息。

（9）利用被审计单位专家或内部审计人员的程度。

（10）审计收费。

2. 评价是否具备执行该项审计业务所需要的独立性和专业胜任能力。

3. 完成业务承接评价表。通过对被审计单位的了解，注册会计师发现公司存在下述问题：

（1）股份公司收入与成本可能不实。

（2）募集资金用途。

（3）有关土地使用权问题。

（4）补贴收入的可能性。

（5）与G公司的业务往来。

4. 签订审计业务约定书。通过对审计风险的量化分析，注册会计师认为，尽管可接受的检查风险较低，但诚信事务所仍具有较强的胜任能力，且初步商定的审计收费较为合理，注册会计师决定接受美林公司的委托，并签订审计业务委托书。

（二）案例分析要求

1. 注册会计师开展初步业务活动的目标是什么？

2. 注册会计师在签约前首先与被审计单位面谈，讨论审计目标等事项，其目的是什么？

3. 请举例说明注册会计师在评价自身是否具备执行该项审计业务所需要的独立性时应考虑哪些因素？

4. 请举例说明注册会计师在评价自身是否具备执行该项审计业务所需要的专业胜任能力时应考虑哪些因素？

5. 注册会计师在执行初步业务活动时需考虑项目组的时间和资源，其中需要重点考虑的是哪些方面？

6. 假设你负责制订该项业务的审计计划，请指出在承接审计业务前，你需要考虑哪些因素以便了解和评价被审计单位及其环境，在你的论述中应包括你的咨询渠道及希望得到的信息种类。

7. 如果需要与前任注册会计师沟通，你可能执行哪些审计程序？沟通的内容包括哪些？如果无法与前任注册会计师沟通，注册会计师应如何处理？

三、本案例需要关注的问题

（一）初步业务活动的目标

注册会计师在计划审计工作前，需要开展初步业务活动，以实现以下三个目标：

1. 注册会计师已具备执行业务所需要的独立性和专业胜任能力。

2. 不存在因管理层诚信问题而影响注册会计师承接或保持该项业务意愿的情况。

3. 与被审计单位不存在对业务约定条款的误解。

（二）签约前首先与被审计单位讨论

注册会计师在签约前首先与被审计单位讨论审计目标等事项，其目的是与客户达成共识，使得双方对审计业务的目标、报告用途、双方责任和义务、沟通方式等有清晰认识，为决定是否承接审计业务和签订审计业务约定书奠定基础。

（三）评价独立性

注册会计师在评价自身是否具备执行该项审计业务所需要的独立性时应考虑下列因素：

1. 经济利益方面的考虑因素。经济利益导致对独立性的损害的情形主要包括：与客户存在专业服务收费以外的直接经济利益或重大的间接经济利益；过分依赖向客户收取的全部费用；与客户存在密切的经营关系；过分担心可能失去业务；可能与客户发生雇佣关系；事务所存在与该项审计业务有关的收费事项。

2. 自我评价方面的考虑因素，具体包括：项目组成员曾是客户的董事、经理、其他关键管理人员或能够对本业务产生直接重大影响的员工；为客户提供直接影响财务报表的其他服务；为客户编制用于生成财务报表的原始资料或其他记录。

3. 密切关系方面的考虑因素。考虑本所或项目组成员是否存在密切关系造成对独立性的损害：与项目组成员关系密切的家庭成员是客户的董事、经理、其他关键管理人员或能够对本业务产生直接重大影响的员工；客户的董事、经理、其他关键管理人员或能够对本业务产生直接重大影响的员工是本所的前高级管理人员；本所的高级管理人员或签字注册会计师与客户长期交往；接受客户或其董事、经理、其他关键管理人员或能够对本业务产生直接重大影响的员工的贵重礼品或超出社会礼仪的款待。

4. 外界压力方面的考虑因素。外界压力导致不利影响的情形主要包括：在重大会计、审计等问题上与客户存在意见分歧而受到解聘威胁；受到有关单位或个人不恰当的干预；受到客户降低收费的压力而不恰当地缩小工作范围。

（四）评价专业胜任能力

注册会计师在评价自身是否具备执行该项审计业务所需要的专业胜任能

力时主要应考虑下列因素：

1. 初步确定的项目组关键人员是否熟悉相关行业或业务对象。

2. 初步确定的项目组关键人员是否具备执行类似业务的经验，或是否具有获取必要技能和知识的能力。

3. 在需要时，是否能够得到专家的帮助。

4. 如果需要项目质量控制复核，是否具备符合标准和资格要求的项目质量控制复核人员。

（五）项目组的时间和资源

注册会计师在初步业务活动时需考虑项目组的时间和资源，需重点关注：根据本所目前的人力资源情况，是否拥有足够的具有必要素质和专业胜任能力的人员组建项目组，是否能够在提交报告的最后期限内完成业务。

（六）了解和评价被审计单位及其环境

了解和评价被审计单位及其环境，必须获取关于客户诚信、经营风险和财务状况方面的信息。

1. 客户诚信方面的信息包括：客户主要股东、关键管理人员、关联方及治理层的身份和商业信誉，客户的经营性质，客户主要股东、关键管理人员及治理层对内部控制环境和会计准则等的态度，客户是否过分考虑将会计师事务所的收费维持在尽可能低的水平，工作范围受到不适当限制的迹象，客户可能涉嫌洗钱或其他刑事犯罪行为的迹象，变更会计师事务所的原因，关键管理人员是否更换频繁等。

信息来源渠道包括与为客户提供专业会计服务的现任或前任人员沟通，向会计师事务所其他人员、监管机构、金融机构、法律顾问和客户的同行等第三方询问，从相关数据中搜索客户的背景信息等。

2. 经营风险方面的信息应包括：行业内类似企业的经营业绩、法律环境、监管环境、受国家宏观调控政策的影响程度、是否计划或有可能进行合并或处置资产、客户是否依赖主要客户（来自该客户的收入占全部收入的大部分）或主要供应商（来自该供应商的采购占全部采购的大部分）、管理层是否倾向于异常或冒不必要的风险、关键管理人员的薪酬是否基于客户的经营状况确定、管理层是否在达到财务目标或降低所得税方面承受不恰当的压力等。

信息来源可以是从相关数据库中搜索客户的背景信息、询问前任注册会计师等。

3. 财务状况方面的信息包括：现金流量或营运资金是否能够满足经营、

债务偿付以及分发股利的需要，是否存在对发行新债务和权益的重大需求，贷款是否延期未清偿，是否存在违反贷款协议条款的情况，最近几年销售、毛利率或收入是否存在恶化的趋势，是否涉及重大关联方交易，是否存在复杂的会计处理问题，客户融资后其财务比率是否恰好达到发行新债务或权益的最低要求，是否使用衍生金融工具，是否经常在年末或临近年末发生重大异常交易，是否对持续经营能力产生怀疑等。

信息来源可以是查看近三年财务报表、询问前任注册会计师、询问律师等。

（七）与前任注册会计师沟通

如果需要与前任注册会计师沟通，注册会计师可以执行下列审计程序：

1. 接受委托前，在征得被审计单位书面同意后，向前任注册会计师寄发沟通函，并取得沟通函复函，评价沟通结果，确定是否接受委托。

2. 接受委托后，如果需要查阅前任注册会计师的工作底稿，在征得被审计单位书面同意后，与前任注册会计师沟通，就工作底稿的使用目的、范围和责任等达成一致意见，通过查阅前任注册会计师工作底稿获取的信息，评价是否可就期初余额信赖前任注册会计师的工作。

3. 如果发现前任注册会计师审计的财务报表可能存在重大错报，应当提请被审计单位告知前任注册会计师。必要时，可要求被审计单位安排三方会谈，以便采取措施进行妥善处理。

如果被审计单位拒绝告知前任注册会计师，或前任注册会计师拒绝参加三方会谈，或项目组认为对解决问题的方案不满意，应当考虑这些状况对审计报告的影响或解除业务约定。

与前任注册会计师沟通的内容包括：更换注册会计师的原因，前任注册会计师与管理当局发生冲突的原因，重要风险领域的确定，在欺诈、违法行为和内部控制等方面与客户交流的情况，沟通获取前一年度的审计工作底稿。应考虑客户拒绝前任注册会计师对审计产生的影响，尤其要联系到管理当局的诚信。

四、思考与实践

东方网力科技股份有限公司拟委托北京中天华茂会计师事务所对其 2020 年度会计报表进行审计。负责该公司 2019 年度财务报表审计的机构是天职国际会计师事务所。天职国际对东方网力 2019 年度会计报表出具了保留意见审计报告。

要求：如果你是北京中天华茂会计师事务所的注册会计师，在接受东方网力的委托前，应执行哪些程序以实现初步业务活动的目的？请搜集东方网力的其他背景资料，编制审计业务承接评价表，并做出是否承接该业务的判断。

案例四　用作风险评估的分析程序

一、本案例学习目标

完成本案例学习后，学生应当能够：掌握分析程序用作风险评估程序的目的，掌握分析程序的具体运用过程。

二、本案例的关键内容

（一）案例资料

诚信会计师事务所派出了以王越为项目组长及以张莉、黄菊为组员的项目组，负责国风有限公司2024年的年报审计业务。在对该企业的情况进行预备调查的基础上，项目组开展了下述分析程序：

1. 了解企业的行业现状、公司在行业中的位置、公司高级管理人员的背景资料、公司经营策略、市场份额和声望等。

2. 审阅会计报表，进行初步直观的总体分析。

3. 根据所确定指标和要求，进行有关数据的计算；根据审阅及计算结果进行分析判断，确定重要性账户，完成分析性测试备忘录。

4. 考虑分析性结果对审计总体工作计划的影响。

经过上述步骤，注册会计师了解到下列情况：

该公司所处的养殖和食品行业竞争越来越激烈，同行业的平均利润率不断下降。该公司当年的营业收入达18亿元，是同行业同等资产规模企业平均值的3倍。企业食品出口业务的主要客户是一家德国贸易公司，注册会计师找到了这家德国贸易公司的电话，亲自向这家德国公司询问其主要经营范围，发现其主营业务是机械产品。目前公司账面上有应收该德国客户的货款2亿元。另外，注册会计师还发现公司预付账款余额为2.4亿元，其中有1.8亿元是应付另一家德国企业——德国德邦设备公司的设备款。

在审计中，审计师利用了部分管理当局编制的分析数据。此外，注册会计师还根据进一步分析的结果独立编制了趋势分析表等工作底稿（部分内容见表 2-4 至表 2-7）。

表 2-4　利润表趋势分析表

被审计单位：国风有限公司　　编制人：张莉　2025 年 1 月 26 日　　索引号：Z2-5-1
会计期间或截止日：2024 年　　复核人：王越　2025 年 1 月 31 日　　页次：

会计报表项　目	2023 年	2024 年	2024 年比 2023 年增长		说　明（说明栏仅分析增减比例超过 10%以上的项目）
	已审数	未审数	金额	%	
	①	②	③=②-①	④=③/①	
营业收入	76 038	56 798	-19 240	-25. 30	
营业成本	59 684	43 524	-16 160	-27. 10	
营业利润	6 843	7 812	969	14. 16	
营业利润	15 370	12 318	-3 052	-19. 90	
利润总额	5 859	1 912	-3 947	-67. 37	
净利润	3 510	1 634	-1 876	-53. 45	

表 2-5　利润表主要项目分析表

被审计单位：国风有限公司　　编制人：张莉　2025 年 1 月 26 日　　索引号：Z2-5-1
会计期间或截止日：2024 年　　复核人：王越　2025 年 1 月 31 日　　页次：

项目	金额	占收入比例（%）	同行业均值（%）	差额
营业收入	56 798	—	—	
营业成本	43 524	76. 6	76. 0	
存货跌价损失	1 275	2. 2	3. 0	
营业费用	2 149	3. 8	1. 3	
管理费用	4 482	7. 9	33. 0	
财务费用	1 605	2. 8	1. 0	
审计说明：				

表 2-6 资产负债表主要项目趋势分析表（部分）

被审计单位：国风有限公司　　编制人：张莉　2025 年 1 月 26 日　　索引号：Z2-5-2

会计期间或截止日：2024 年　　复核人：王越　2025 年 1 月 31 日　　页次：

会计报表项目	2023 年		2024 年		增减数（百分点）	说　明
	已审数	%	未审数	%		
	（1）	（2）	（3）	（4）	（5）=（4）-（2）	
货币资金	1 657	1.0	6 829	4.0	3.0	
应收账款	34 460	20.8	64 025	37.5	16.7	
存货	53 016	32.0	26 293	15.4	-16.6	
流动资产	104 250	62.9	110 046	64.4	1.5	
长期投资	1 108	0.7	1 108	0.7		
固定资产净额	55 714	33.6	54 716	32.1	-1.5	
在建工程	3 644	2.1	2 072	1.2	-0.9	
递延资产	958	0.7	2 570	1.5	0.8	
无形资产	0		222	0.1	0.1	
待处理财产净损失	0		0			
资产合计	165 674	100.0	170 734	100.0		
流动负债	100 176	79.1	103 958	78.4	-0.7	
长期负债	26 526	20.9	28 594	21.6	0.7	
负债合计	126 702	100.0	132 552	100.0		
实收资本	26 842	68.9	28 106	76.1	7.2	
其他权益	12 130	31.1	10 076	23.9	-7.2	
权益合计	38 972	100.0	38 182	100.0		

表 2-7　重要指标比率趋势分析表

被审计单位：国风有限公司　　编制人：黄菊　2025 年 1 月 26 日　　索引号：Z2-5-4
会计期间或截止日：2024 年　　复核人：王越　2025 年 1 月 31 日　　页次：

比率指标	计算公式	2023 年	2024 年	增减数（%）	说　明
		（1）	（2）	（3）=［（2）-（1）］/（1）	
偿债能力比率					
1. 流动比率	流动资产/流动负债	1.04	1.06	1.9	
2. 速动比率	速动资产/流动负债	0.52	0.62	19.2	
财务杠杆比率					
1. 负债比率	负债总额/资产总额	0.76	0.78	2.6	
2. 资本对负债比率	资本额/负债总额	0.211 9	0.212 0	0.05	
3. 利息保障倍数	（税前利润+利息支出）/利息支出	1.11	0.62	-44.1	
经营效率比率					
1. 存货周转率	销售成本/平均存货	1.30	1.03	-20.8	
2. 应收账款周转率	销售成本/平均应收账款	1.87	1.2	-35.8	
3. 总资产周转率	营业收入/平均资产	0.47	0.34	-27.7	
获利能力比率					
1. 营业利润率	利润总额/营业收入	0.008	-0.036	-550	
2. 净资产报酬率	净利润/平均净资产	0.014	-0.053	-478.6	
3. 总资产报酬率	净利润/平均总资产	0.003	-0.012	-500	

注：（1）速动资产=流动资产-存货-待摊费用-预付货款。
（2）平均存货、平均应收账款、平均净资产按年初与年末的平均数计算。

根据审阅及计算结果进行分析判断，确定重要性账户，完成分析性测试备忘录。王越在复核张莉、黄菊编制的趋势分析性测试工作底稿的基础上，对以上各表分析中得出的主要结论进行汇总，形成了分析测试汇总表，如表 2-8 所示。

表 2-8　分析测试情况汇总表

被审计单位：国风有限公司　　编制人：王越　2025 年 1 月 26 日　　索引号：Z2-5

会计期间或截止日：2024 年　　复核人：张莉　2025 年 1 月 31 日　　页次：

测试项目	重要事项说明
分析表 1（表 2-4）	
分析表 2（表 2-5）	
分析表 3（表 2-6）	
分析表 4（表 2-7）	
项目经理对测试结果进行综合分析后初步确定的审计重点领域：	

（二）案例分析要求

1. 注册会计师在风险评估程序中运用分析程序的目的是什么？所使用的数据有何特点？

2. 在实施分析程序时，注册会计师需要考虑将被审计单位的财务信息与哪些信息进行比较？本案例中，注册会计师在进行风险评估时使用了管理层编制的部分分析数据，这种做法是否正确？某一分析程序的适用性取决于何种因素？

3. 何时可将分析程序作为实质性程序？分析程序与细节测试之间有何关系？

4. 表 2-4 至表 2-6 分别想达到什么样的审计目的？请根据注册会计师的职业判断，得出相应结论并填写于空白处。

5. 请根据审阅及计算结果进行分析判断，确定重要账户，并填写分析测试情况汇总表。

三、本案例需要关注的问题

（一）分析程序的含义

分析程序是指注册会计师通过分析不同财务数据之间以及财务数据与非

财务数据之间的内在关系，对财务信息做出评价。分析程序还包括在必要时对识别出的、与其他相关信息不一致或与预期值差异重大的波动或关系进行调查。

（二）分析方法的类型

分析方法包括：财务分析法、基本面分析法和现场调查法。其中：财务分析法包括静态分析、趋势分析和同业比较。基本面分析法包括宏观经济分析、行业现状和前景分析等。财务报表严重脱离宏观经济运行状况、行业发展状况以及公司的经营策略和管理能力之处，应是调查分析重点。

（三）用于分析程序的五种比较数据

在分析程序中作为比较数据的预期值有五种类型：行业数据、以往期间类似数据、客户确定的预期值、注册会计师确定的预期值和非财务数据的预期值。

（四）风险评估程序中运用分析程序和实质性分析程序

风险评估程序中运用分析程序的主要目的是识别那些可能表明财务报表存在重大错报风险的异常变化，所使用的数据汇总性比较强。

实质性分析程序通常更适用于在一段时期内存在预期关系的大量交易。

注册会计师恰当运用分析程序可以减少细节测试的工作量。

（五）分析程序的适用性

某一分析程序的适用性取决于注册会计师评价该分析程序在发现某一错报单独或连同其他错报可能引起财务报表存在重大错报时的有效性。在某些情况下，不复杂的预测模型也可以用于实施有效的分析程序。例如，如果被审计单位在某一会计期间对既定数量的员工支付固定工资，注册会计师可利用这一数据非常准确地估计出该期间的员工工资总额，从而获取有关该重要财务报表项目的审计证据，并降低对工资成本实施细节测试的必要性。一些广泛认同的行业比率（如不同类型零售企业的毛利率）通常可以有效地运用于实质性分析程序，为已记录金额的合理性提供支持性证据。

本案例中，如果注册会计师确信管理层编制的分析数据是适当的，则可以使用管理层编制的这种数据。

（六）本案例中的分析表

表 2-9 和表 2-11 通过计算利润表和资产负债表中主要项目 2024 年的未审数与 2023 年已审数的差额以及差额占 2023 年已审数的比重，揭示出本单位存在的异常情况。

表 2-9 利润表趋势分析表

被审计单位：国风有限公司　编制人：张莉　2025 年 1 月 26 日　索引号：Z2-5-1

会计期间或截止日：2024 年　复核人：王越　2025 年 1 月 31 日　页次：

会计报表项目	2023 年	2024 年	2024 年比 2023 年增长		说明（说明栏仅分析增减比例超过 10%以上的项目）
	已审数	未审数	金额	%	
	①	②	③=②-①	④=③/①	
营业收入	76 038	56 798	-19 240	-25.3	2024 年度未审会计报表项目与 2023 年度已审会计报表项目的比较分析： 1. 营业收入、营业成本同比分别减少了 25.3%、27.1%，致使营业利润也减少了 19.9%，说明本年度产品销售情况不良，审计时应关注影响销售的因素如何影响本年度的利润情况 2. 利润总额、净利润同比分别减少了 67.37%、53.45%，说明除由于本年销售的影响外，还要关注期间费用、资产减值损失及营业外支出对本年利润的影响
营业成本	59 684	43 524	-16 160	-27.1	
营业利润	15 370	12 318	-3 052	-19.9	
利润总额	5 859	1 912	-3 947	-67.37	
净利润	3 510	1 634	-1 876	-53.45	

表 2-10 利润表主要项目分析表

被审计单位：国风有限公司　编制人：张莉　2025 年 1 月 26 日　索引号：Z2-5-1

会计期间或截止日：2024 年　复核人：王越　2025 年 1 月 31 日　页次：

项目	金额	占收入比例（%）	同行业均值（%）	差额
营业收入	56 798	—	—	
营业成本	43 524	76.6	76.0	10.0
存货跌价损失	1 275	2.2	3.0	2.3
营业费用	2 149	3.8	1.3	0.1
管理费用	4 482	7.9	33.0	1.2
财务费用	1 605	2.8	1.0	0.1
审计说明：存货跌价损失均低于同行业平均水平，应关注				

表 2-11　资产负债表主要项目趋势分析表（部分）

被审计单位：国风有限公司　　编制人：张莉　2025 年 1 月 26 日　　索引号：Z2-5-2
会计期间或截止日：2024 年　　复核人：王越　2025 年 1 月 31 日　　页次：

会计报表项目	2023 年		2024 年		增减数（百分点）	说　明
	已审数	%	未审数	%		
	（1）	（2）	（3）	（4）	（5）=（4）-（2）	
货币资金	1 657	1.0	6 829	4.0	3.0	2024 年度未审会计报表项目与 2023 年度已审会计报表项目的比较分析： 1. 营业收入减少，应收账款增加，货币资金增加 3%，不合理 2. 应收账款同比增加了 16.7%，同营业收入减少相比，不合理。审计时要关注应收账款是否包括不属于货物交易债权的事项 3. 存货同比减少了 16.6%，营业成本减少 27.1%，应关注其变化原因及合理性 4. 在建工程同比减少 43.1%，审计时要关注在建工程的减少对利润的影响
应收账款	34 460	20.8	64 025	37.5	16.7	
存货	53 016	32	26 293	15.4	-16.6	
流动资产	104 250	62.9	110 046	64.4	1.5	
长期投资	1 108	0.7	1 108	0.7		
固定资产净额	55 714	33.6	54 716	32.1	-1.5	
在建工程	3 644	2.1	2 072	1.2	-0.9	
递延资产	958	0.7	2 570	1.5	0.8	
无形资产	0		222	0.1	0.1	
待处理财产净损失	0		0			
资产合计	165 674	100	170 734	100		
流动负债	100 176	79.1	103 958	78.4	-0.7	
长期负债	26 526	20.9	28 594	21.6	0.7	
负债合计	126 702	100	132 552	100		
实收资本	26 842	68.9	28 106	76.1	7.2	
其他权益	12 130	31.1	10 076	23.9	-7.2	
权益合计	38 972	100	38 182	100		

表 2-12 重要指标比率趋势分析表

被审计单位：国风有限公司　　编制人：黄菊　2025 年 1 月 26 日　　索引号：Z2-5-4
会计期间或截止日：2024 年　　复核人：王越　2025 年 1 月 31 日　　页次：

比率指标	计算公式	2023 年	2024 年	增减数（%）	说　明
		（1）	（2）	（3）=［（2）-（1）］/（1）	
偿债能力比率					2024 年度未审计报表项目与 2023 年度已审会计报表项目的比较分析： 1. 应收账款周转率降低了 35.8%，有两方面的原因：销售收入同比有较大幅度减少，平均应收账款余额有较大幅度增加。审计时要关注销售收入和应收账款变动对企业经营的影响 2. 利息保障倍数降低了 44.1%，经分析，主要是盈亏逆转所致，要关注影响亏损的因素 3. 存货和总资产的周转率均有大幅度下降，审计时要关注存货、应收账款变动对企业经营的影响 4. 获利能力比率大幅度降低，是各影响项目综合影响的结果
1. 流动比率	流动资产/流动负债	1.04	1.06	1.9	
2. 速动比率	速动资产/流动负债	0.52	0.62	19.2	
财务杠杆比率					
1. 负债比率	负债总额/资产总额	0.76	0.78	2.6	
2. 资本对负债比率	资本额/负债总额	0.211 9	0.212 0	0.05	
3. 利息保障倍数	（税前利润+利息支出）/利息支出	1.11	0.62	-44.1	
经营效率比率					
1. 存货周转率	销售成本/平均存货	1.30	1.03	-20.8	
2. 应收账款周转率	销售成本/平均应收账款	1.87	1.2	-35.8	
3. 总资产周转率	营业收入/平均资产	0.47	0.34	-27.7	
获利能力比率					
1. 营业利润率	利润总额/营业收入	0.008	-0.036	-550	
2. 净资产报酬率	净利润/平均净资产	0.014	-0.053	-478.6	
3. 总资产报酬率	净利润/平均总资产	0.003	-0.012	-500	

注：（1）速动资产=流动资产-存货-待摊费用-预付货款。
（2）平均存货、平均应收账款、平均净资产按年初与年末的平均数计算。

（七）分析测试情况汇总表

根据审阅及计算结果进行分析判断，确定重要账户，完成分析测试备忘录。王越在复核张莉、黄菊编制的趋势分析测试工作底稿的基础上，对以上各表分析中得出的主要结论进行汇总，形成了分析测试情况汇总表，如表 2-13 所示。

表 2-13　分析测试情况汇总表

被审计单位：国风有限公司　　编制人：王越　2025 年 1 月 26 日　　索引号：Z2-5
会计期间或截止日：2024 年　　复核人：张莉　2025 年 1 月 31 日　　页次：

测试项目	重要事项说明
利润表趋势分析	1. 营业收入、营业成本同比分别减少了 25.3%、27.1%，致使营业利润也减少了 19.9%，说明本年度产品销售情况不良，审计时应关注影响销售的因素如何影响本年度的利润情况 2. 利润总额、净利润同比分别减少了 67.37%、53.45%，说明除由于本年销售的影响外，还要关注期间费用、资产减值损失及营业外支出对本年利润的影响
利润表主要项目分析	营业成本、存货跌价损失均明显低于同行业平均水平，应重点关注
资产负债表趋势分析	1. 营业收入减少，应收账款增加，货币资金增加 3%，不合理 2. 应收账款同比增加了 16.7%，同营业收入减少相比，不合理。审计时要关注应收账款是否包含了不属于货物交易债权的事项 3. 存货同比减少了 16.6%，营业成本减少 27.1%，应关注其变化原因及合理性 4. 在建工程同比减少 43.1%，审计时要关注在建工程的减少对利润的影响
重要指标比率趋势分析表	1. 盈利发生大幅降低，审计时要关注影响国风企业盈利下降的原因 2. 存货、应收账款和总资产的周转率均有大幅度下降，审计时要关注存货、应收账款变动对企业经营的影响 3. 获利能力比率大幅度下降，是各个影响项目综合影响所致，审计时应注意其与其他影响项目之间的关系
项目经理对测试结果进行综合分析后初步确定的审计重点领域： 1. 营业收入、营业成本项目 2. 影响利润的资产减值损失、费用、营业外支出项目 3. 货币资金 4. 应收账款项目 5. 存货项目 6. 在建工程项目	

四、思考与实践

注册会计师张华负责审计甲公司2024年度财务报表。甲公司是一家制药企业。张华在审计工作底稿中记录了所了解的甲公司情况及其环境，部分内容摘录如下。

资料一：

（1）2024年1月，甲公司股东大会批准一项股权激励计划。根据此计划，如果公司2024年度净利润较上年度增长30%以上，则按股本总额的1%授予公司高管股票期权。2024年度，公司实际净利润比上年增长了32%。

（2）2024年3月，媒体曝光甲公司的某批次药品存在严重的质量问题。受此药品安全事件影响，甲公司产品出现滞销。为恢复市场占有率，甲公司未因本年度成本大幅上涨而提高售价，销量逐步回升。

（3）2024年初，甲公司董事会决定将每月薪酬发放日由当月最后1日推迟到次月5日，同时将员工薪酬普遍上调15%。甲公司2024年员工队伍基本稳定。

（4）2023年6月，甲公司开始销售一种新药。2024年1月起，甲公司将该药品降价40%，业务出现爆发式增长。

资料二：

A注册会计师在审计工作底稿中记录了甲公司的财务数据，部分内容摘录如下：

单位：万元

项目	2024年未审数	2023年已审数
营业收入	7 300	7 500
营业成本	4 900	5 000
应付职工薪酬	6	5

要求：针对上述资料，请分析事项（1）至（4）是否可能存在重大错报风险。如果认为可能存在重大错报风险，请指出是报表层次还是认定层次的风险。如果认为该风险为认定层次重大错报风险，请说明该风险主要与哪些财务报表项目（仅限于应付职工薪酬、应收账款、营业收入、营业成本、销售费用）的哪些认定相关（不考虑税务影响）。

案例五　用作实质性程序的分析程序

一、本案例学习目标

学完本案例后，学生应能够：说明分析程序的目的、执行初步的分析程序、选出最恰当的分析程序、计算常见的财务比率。

二、本案例的关键内容

（一）案例资料

信利会计师事务所在审计一家采用 ERP 系统的制造业公司的财务报表时，发现传统的审计线索较匮乏。为提高审计效率和效果，注册会计师计划执行更多的分析程序，这些测试包括计算各种比率和趋势并与行业平均水平或上一年度比例进行比较。如果指标出现异常，注册会计师会与客户讨论产生这种异常情况的原因。下面的信息是注册会计师执行审计工作时获取的信息。

1. 注册会计师在计划阶段获取的客户和所在行业相关比率的信息如表 2-14 所示。

表 2-14　相关行业数据表

使用的比率	客户		行业	
时间	2024 年	2023 年	2024 年	2023 年
现金比率	0.05	0.01	0.22	0.2
速动比率	1.47	1.3	3.1	2.8
流动比率	3.66	4.2	5.0	4.9
应收账款周转率	7.8	6.8	12.1	12.3
存货周转率（%）	4.9	5.0	4.4	4.8
负债权益比率	1.63	2.4	2.4	2.5
利息保障倍数	3.0	3.1	5.2	5.4
毛利率（%）	36.0	37.0	37.0	36.0
利润率	0.06	0.05	0.08	0.09
资产报酬率	0.09	0.07	0.09	0.09
普通股权益报酬率	0.27	0.22	0.39	0.37

在与财务经理进行讨论时，注册会计师得到关于毛利率的两种解释。财务经理认为，行业的毛利率在近几年经常发生波动是毛利率下降的部分原因。另一个原因是直营店业务缩减。直营店的毛利率是公司毛利率最高的部分，公司砍掉了大量直营店改由经销商销售，故导致毛利率下滑。

在进行存货价格测试前，注册会计师计算了存货周转率。财务经理认为，存货周转率下降的原因与毛利率下降的原因相同。

2. 在审计中，注册会计师还执行了其他一些分析程序，得到信息如下：

（1）与上一年度相比，2024 年度生产成本中的直接材料费用增长了 30%。

（2）维修保养费和广告费用占销售收入的百分比在过去几年一直比较平稳，但 2024 年出现了大幅上升。

（3）坏账费用金额并没有发生大的变动，但其占销售收入的比例有所下降。

（4）应付票据的利息费用低于根据历史趋势判断的预期值。

（5）折旧费用占固定资产的比例远远低于上一年。

（二）案例分析要求

1. 结合本案例中列示的计算内容，请列出注册会计师在资产负债表账户和相关的损益账户审计中经常需要计算的比率，对于每一种比率，请指出计算中涉及的账户。

2. 根据资料 1 中的分析程序底稿，请指出：注册会计师能得出什么结论？财务经理对存货周转率和毛利率下降所做的解释是否合理？在进行存货价格测试之前，注册会计师计算存货周转率的目的是什么？

3. 除行业比率外，注册会计师经常在分析程序中作为比较数据的预期值还有哪些类型？注册会计师进行行业比较的主要优点和缺点分别是什么？

4. 注册会计师在审计的哪些阶段会采用分析程序？注册会计师在不同阶段执行的分析程序有何区别？

5. 根据资料中各事项，请指出在该公司审计中需要对客户的哪些方面展开深入调查？

三、本案例需要关注的问题

（一）执行分析程序常用的财务比率

注册会计师常用的财务比率包括短期偿债能力比率、流动能力比率、长期偿债能力指标、盈利能力比率。

1. 短期偿债能力比率主要有现金比率、速动比率、流动比率。这三个指标有助于分析公司立即偿付债务的能力。现金比率涉及货币资金和交易性金融资产账户，速动比率比现金比率多涉及一个应收账款账户，流动比率与速动比率的主要区别是存货账户。

2. 流动能力比率反映了企业将流动性较差的流动资产转换为现金的时间长短。注册会计师最关心的流动能力比率包括应收账款周转率（天数）和存货周转率（天数）。应收账款周转率（天数）涉及销售收入和应收账款账户，存货周转率（天数）涉及销售成本和存货账户。注册会计师常用应收账款周转率（天数）的变动趋势来评价坏账准备的合理性，存货周转率（天数）的趋势常用来确定潜在的过时存货。

3. 长期偿债能力指标是评价公司偿付债务能力的主要指标，主要包括负债权益比率和利息保障倍数。负债权益比率涉及负债总额和所有者权益金额，注册会计师常用负债权益比率考察公司资本结构中债务所占比例。利息保障倍数涉及营业利润和利息费用账户，反映公司在盈利趋势基本不变的情况下支付利息的难度。

4. 最常使用的盈利能力比率是每股盈余，涉及营业利润和所得税账户。注册会计师还经常使用毛利率指标，该指标涉及对销售收入、销售成本、应收账款和存货账户中的错误的评价。利润率常用于评价营业费用和相关资产负债表账户的潜在错报。资产报酬率和普通股权益报酬率是衡量总体盈利能力的指标，分别反映了每一元资产和每一元所有者权益所产生的利润。

（二）资料分析结论

资料中，盈利能力指标显示公司的经营状况较好，虽然短期偿债能力指标低于行业水平，但财务杠杆比率显示公司仍有借款能力。流动能力比率显示，公司存货和应收账款周转率有所提高，但仍低于行业平均水平。在当年审计中，注册会计师应关注应收账款和存货的可回收性。

资料中列示的比率显示，如果根据行业数据确定毛利率和存货周转率的预期值，注册会计师会得出客户的两个比率都比上年有所增长的预期，故财务经理的解释并不合理。在审计时，注册会计师应该关注公司存货过时、产品市场竞争力下降或发生非正常成本的可能性。

在进行存货价格测试之前，注册会计师计算存货周转率可能会发现，有必要在进行存货计价测试时保持足够的谨慎。

公司财务经理对毛利率的解释与行业比较值相矛盾，注册会计师应进一步审查公司直营店的变动情况，确定毛利率变动的真正原因。

（三）行业比较的优缺点

进行行业比较的主要优点在于，便于注册会计师了解客户的业务并反映公司财务失败的可能性，主要缺点在于辨析客户信息性质与行业总体公司之间存在的差异性较难，故利用行业数据应比较谨慎。

（四）不同阶段执行的分析程序的区别

注册会计师在风险评估、实质性测试和完成审计工作三个阶段都可能用到分析程序。其中，在风险评估和完成审计工作阶段必须执行分析程序，在实质性测试阶段不强制要求使用分析程序。只有当分析程序能比细节测试更有效地将认定层次的检查风险降至可接受的水平时，注册会计师才可以考虑运用实质性分析程序。

在风险评估阶段执行分析程序的主要目的，是了解被审计单位及其环境，识别和评估财务报表层次和认定层次的重大错报风险。

在实质性测试阶段，分析程序的主要目的是显示可能的错报并确定审计重点、减少细节测试、更高效地收集审计证据，

在审计完成阶段，分析程序的主要目的是显示可能的错报。帮助注册会计师对财务报表进行总体复核。

风险评估阶段和审计完成阶段所使用的数据汇总性比较强，而实质性测试阶段采用的往往是具体项目的单个数据。

（五）资料中发现的情况

1. 直接材料费用发生大额增长，注册会计师应确定材料费增加的原因是材料耗费增加、账户分类出错还是材料存货存在错报。

2. 广告费用占销售收入的百分比增长，注册会计师应确定公司是否制订了新的广告计划。对于维修保养费的上升，注册会计师应查明客户是否发生未预期的修理费用，以确定该账户波动是否正常。

3. 坏账费用金额并没有发生大的变动，但其占销售收入的比例有所下降，注册会计师应搜集证据以便查明公司是否低估了坏账费用和坏账准备。

4. 折旧费用占固定资产的比例远远低于上一年，注册会计师应搜集证据以便查明公司是否少提了折旧。

四、思考与实践

新江公司是信达会计师事务所的常年审计客户，注册会计师张华负责审计新江公司 2024 年度的财务报表。审计工作底稿中与分析程序相关的部分内

容摘录如下：

（1）张华对销售费用实施实质性分析程序，确定已记录金额与预期值之间可接受的差异额为250万元，实际差异为450万元。张华就超出可接受差异额的200万元询问了管理层，并对其答复获取了充分、适当的审计证据。

（2）张华认为存货减值准备的计提存在特别风险，在了解相关内部控制情况后，对存货减值准备实施了实质性分析程序，结果满意，据此认可了管理层计提的存货减值准备金额。

（3）张华采用实质性分析程序测试新江公司2024年度的借款利息支出，发现已记录金额与预期值之间存在350万元差异，因可接受差异额为250万元，张华要求管理层更正了100万元的错报。

要求：针对上述事项，请分析注册会计师的做法是否恰当。

案例六　风险评估

一、本案例学习目标

完成本案例学习后，学生应当能够：理解风险评估的含义，理解重大错报风险、特别风险的含义，掌握风险评估的总流程，注册会计师了解被审计单位及其环境的程度。

二、本案例的关键内容

（一）案例资料

顺利公司是以煤炭为基础的一体化能源公司，主营业务是煤炭、电力的生产与销售，煤炭的铁路、港口和船队运输等。顺利公司于2001年11月8日在中国北京注册成立，公司H股和A股于2006年6月和2008年10月分别在香港联合交易所及上海证券交易所上市。为了加快发展，从2004年开始，顺利公司又进入了日用品生产行业。顺利公司是中国上市公司中第三大煤炭销售商。2024年商品煤产量达281.9百万吨，同比增长14.8%，煤炭销售量达387.3百万吨，同比增长23.7%，截至2024年12月31日，公司的煤炭资源储量为全国第二。

顺利公司拥有规模可观、增长迅速的清洁发电业务，与公司的煤炭业务优势互补，协调发展。2024年顺利公司积极通过兼并收购加快电力业务发展，与安徽、福建等多个省（区）市开展战略合作，加快电力业务在沿海和沿江布局。2024年公司新增装机容量8 520兆瓦，较上年末增长29.8%。2024年12月31日，公司总发电量达到1 790.97亿千瓦·时，同比增长27.2%；总售电量达到1 670.61亿千瓦·时，同比增长27.3%；发电分部燃煤机组平均利用小时数达到5 914小时，比2023年全国6 000千瓦及以上火电设备平均利用小时4 361小时高出1 553小时。同时，加强环保质量管理，严格控制关键耗能指标，建设低碳环保电厂。2024年公司燃煤机组售电标准煤耗为302克/(千瓦·时)，比全国平均水平［2023年全国6 000千瓦及以上电厂供电标准煤耗为308克/(千瓦·时)］低6克/(千瓦·时)。

公司拥有由铁路和港口组成的大规模一体化运输网络，为公司带来了巨大的协同效应和低运输成本的优势。2024年自有铁路运输周转量同比增长8.0%。2024年公司通过自有港口和第三方港口下水的煤炭量占煤炭销售量的54.2%。

2024年，公司实现营业收入为2 081.97亿元，同比增长32.1%。按企业会计准则，公司总资产为3 975.48亿元，归属于本公司股东的净利润为448.22亿元，每股收益为2.253元。

自2005年以来，公司曾三次更换会计师事务所。公司较早进行信息化建设。公司的存货流转等内部原始单据均由系统自动生成。

2024年10月，由于能源价格下降，公司股价也受到连累，出现大跌。基本面方面，公司一季度净利润同比增长13%，预计上半年同比增长70%~100%。

2024年8月，京永会计师事务所接受委托审计顺利公司2024年度财务报表，并委派注册会计师张平作为该审计项目合伙人。张平已经连续6年担任某上市公司公司年报审计的项目合伙人。在制订审计计划而进行的项目组讨论时，注册会计师王年根据其在其他同类上市公司多年的审计经验，认为可以省略某些风险评估程序，直接将顺利公司某些交易、账户和披露认定层次的风险确定为高风险，但张平认为还是应该开展风险评估程序。注册会计师在工作底稿中记录了所了解的被审计单位的情况，部分内容摘录如下：

1. 从2020年开始，该公司进行全方位的改革。董事会决议从2021年开始实行基本年薪加任期奖金的报酬机制，管理层报酬根据3年任期内各项经济指标完成的程度上下浮动。2021年，董事会确定公司2022至2024年销售收入和利润指标的每年平均增幅为18%。虽然2022年的主营业务收入等指标未能完成任期目标，但2023年相同指标的完成情况良好，使两年平均水平仍达到了总经理任期目标。由于受到国家环保政策的影响，2024年该公司所在行业的经济效益总体水平不如 2023 年，该行业的 2024 年平均销售增长率是 12%。

2. 因工作压力过大，顺利公司财务总监于 2024 年 9 月被顺利公司的竞争对手高薪聘请。受其影响，2024 年顺利公司会计和内审部门有多人跳槽离开，目前除会计主管和审计部经理服务期超过 3 年之外，其余人员的服务期均少于 2 年。为提高会计核算质量，预防重大差错的发生，2024 年 6 月 30 日，财务部门按公司分管财务的副总经理的指示在财务部门内部进行了定期的人员轮换，此次轮换变更了所有财务人员的工作内容。

3. 为了巩固市场占有率并完成销售增长目标，顺利公司实施了多项措施，包括：被审计单位通过发展中小城市的新客户和放宽授信额度，争取销售收入比上一年度有较大增长；于 2024 年 4 月将 A 类煤炭的销售价格下调了 9%，注册会计师已经查明 A 产品在 2024 年的毛利率为 7%。2024 年 12 月中旬，顺利公司以诱人的优惠条件吸引新、老客户于 2024 年底之前签订销售合同、预付部分货款。部分客户受优惠条件的吸引，已提前预付了货款，并承诺下一年度提货。对于这一阶段发生的新的销售业务，财务人员进行了销售处理。

4. 2023 年末，顺利公司某煤矿周边的居民联名向当地环保机构举报，要求查处该煤矿对当地空气、环境及地下水源的严重污染问题。当地环保部门已立案调查，预计公司会受到罚款处理。为应对日益严格的环保法规的要求，顺利公司准备大批更新生产设备。

5. 由于行业技术进步，顺利公司的主打产品面临快速更新换代的压力。为开发新的产品，公司决定出资 1 000 万元建立产品研究基地，该基地已于 2024 年 4 月开始运行。

6. 自 2023 年以来，顺利公司主要煤炭产地之一辽宁某煤矿储量初步显现出枯竭的迹象。为维持正常的经营，顺利公司自 2023 年 8 月起派出专家在全国开发新的煤矿储量。

7. 由于受通货膨胀的影响，2024 年顺利公司生产 A 产品的原材料运输单价比上年平均上升了 15%，同时 2024 年度主要原料的价格比上年上涨 10%。为了应对成本上涨，顺利公司采取了精益生产管理流程，使得产品成本仅上涨 3%。

8. 2024 年 12 月 20 日，有网民称顺利公司的某生产基地生产的 D 产品存在安全隐患，会影响到消费者的健康。顺利公司随即发表调查声明，表明该产品符合国家标准。但网络调查显示，仍有半数网民对该产品的安全性表示怀疑。

9. 通过对内部控制的初步了解发现，该公司内部控制薄弱且多次出现按照管理层特定意图记录的交易。

（二）案例分析要求

1. 什么是风险评估程序？注册会计师应在什么时点执行风险评估程序？风险评估程序本身能否为形成审计意见提供充分、适当的审计证据？评价对被审计单位了解的程度是否恰当，要如何判断？

2. 张平为什么没有采纳王年的建议？

3. 什么是重大错报风险和特别风险？为了识别重大错报风险，注册会计师可以采用的风险评估程序有哪些？注册会计师了解和评估的范围包括哪些？如何确定了解的程度？

4. 针对本案例中注册会计师所了解的顺利公司及其环境，假定不考虑其他条件，请列出所列示的事项是否表明财务报表可能存在重大错报风险，如果存在重大错报风险，该风险属于财务报表层次还是认定层次？如果属于认定层次，请指出相关事项与何种账户、交易、余额和列报的认定相关。为识别上述风险，注册会计师可以采用哪些审计程序？

5. 结合本案例中事项，请说明，针对识别出的财务报表层次的重大错报风险，注册会计师应采用哪些总体应对措施？

6. 本案例中，分析被审计单位通过发展中小城市的新客户和放宽授信额度争取销售收入比上一年度增长25%所带来的重大错报风险。请结合上述事项说明针对识别出的认定层次的重大错报风险，注册会计师应采用哪些应对措施（至少列举一项审计程序）？

三、本案例需要关注的问题

（一）风险评估程序的含义

风险评估程序是指注册会计师为了解被审计单位及其环境，以识别和评估财务报表层次和认定层次的重大错报风险（无论错报由于舞弊或错误导致）而实施的审计程序。

风险评估贯穿于整个审计过程的始终，是一个连续地收集、更新和分析信息的过程。注册会计师在审计的所有阶段都要实施风险评估程序。审计风险准则要求，注册会计师应当将识别的风险与认定层次可能发生错报的领域相联系，实施严格的风险评估程序，不得未经风险评估直接将风险设定为高水平。

注册会计师应当实施风险评估程序，为识别和评估财务报表层次和认定层次的重大错报风险提供基础，但风险评估程序本身并不能为形成审计意见提供充分、适当的审计证据。

本案例中，王年建议不实施风险评估程序就确定风险水平是错误的，因此张平没有采纳王年的建议。

（二）重大错报风险和特别风险的含义

重大错报风险指财务报表在审计前存在重大错报的可能性。注册会计师应当从财务报表和交易、账户余额、列报认定两个层次来考虑重大错报风险。财务报表层次重大错报风险可能影响多项认定。其中，注册会计师需要特别考虑的重大错报风险被称为特别风险。

为了识别重大错报风险，注册会计师可以采用的风险评估程序包括：询问被审计单位管理层和员工或其他相关人员、检查以前年度的审计工作底稿等内部与外部的信息资料、运用分析程序、观察被审计单位的主要生产经营场所等。

注册会计师了解和评估的范围主要包括以下六个方面：

1. 行业状况、法律环境风险与监管环境以及其他外部因素；
2. 被审计单位的性质；
3. 被审计单位对会计政策的选择和运用；
4. 被审计单位的目标、战略以及相关经营风险；
5. 被审计单位财务业绩的衡量和评价；
6. 被审计单位的内部控制。

（三）进行风险评估的总流程

在识别和评估重大错报风险时，应考虑识别的风险导致财务报表发生重大错报的可能性，判断识别的风险是否重大，将识别的重大风险与各类交易、账户余额和列报相联系，并将识别的风险与认定层次可能发生错报的领域相联系。进行风险评估的总流程一般包括如下几个步骤：①了解被审计单位及其环境（不含内控）；②了解内部控制，包括了解控制环境、被审计单位的风险评估过程、信息系统与沟通、控制活动以及对控制的监督；③针对风险评估进行讨论和汇总，并形成风险评估结果汇总表。风险评估结果汇总表的主要内容包括：识别和评估的重大错报风险，财务报表层次风险及应对方案，特别风险结果汇总及应对措施，对重要账户和交易采取的进一步审计程序方案（计划矩阵）。

（四）了解的程度

确定对被审计单位及其环境了解程度的标准，即注册会计师对被审计单位及其环境的了解是否足以评估财务报表的重大错报风险，如果获得的信息足以识别和评估财务报表重大错报风险，可以设计和实施进一步审计程序，那么了解的程度就足够了。

（五）了解和评价目标客户的资料来源渠道

1. 通过巡视经营场所、检查文件资料、与管理当局和员工讨论等获得。

2. 通过搜索客户、行业、政府网站、媒体、政府数据库等获取公共信息。

3. 利用事务所经验。如对老客户，复核其以前年度工作底稿，续约前重新评价老客户，主要涉及以前年度在审计范围、意见类型、审计费用方面存在的分歧，事务所和客户间的未决诉讼，管理当局品行是否正直诚实等，必要时执行审计程序确定上次审计后发生的重大变化。对新客户，后任注册会计师向前任注册会计师咨询等。对新客户要彻底调查，必要时聘请专业调查人员或利用相关监管部门来获取管理当局关键人物信用和背景方面的信息。

（六）存在的情况及说明

被审计单位存在重大错报风险的事项和情况主要有以下几个方面：

1. 公司在经济不稳定的国家或地区、高度波动的市场开展业务，或在严格、复杂的监管环境中经营；

2. 持续经营和资产流动性出现问题，包括重要客户流失、融资能力受到限制；

3. 开发新产品或提供新服务，或进入新的业务领域、开辟新的经营场所、供应链及行业环境发生变化；

4. 发生重大的关联方交易、非常规交易，重大收购、重组、出售分支机构或业务分部或其他非经常性事项，运用表外融资、特殊目的实体、复杂的联营或合资以及其他复杂的融资协议；

5. 关键人员变动，缺乏具有胜任能力的会计人员；

6. 内部控制薄弱，按照管理层特定意图记录的交易；

7. 安装新的与财务报告有关的重大信息技术系统，信息技术战略与经营战略不协调，信息技术环境发生变化，应用新颁布的会计准则或相关会计制度；

8. 经营活动或财务报告受到监管机构的调查；

9. 以往存在重大错报或本期期末出现重大会计调整，存在未决诉讼和或有负债，事项或交易在计量时存在重大不确定性，会计计量过程复杂等。

本案例中存在的情况及说明如下：

事项 1 表明存在重大错报风险。理由是：该行业 2024 年平均销售增长率仅是 12%，并且 2024 年该公司所在行业的经济效益总体水平不如 2023 年，

2024 年顺利公司管理层达到治理层确定的、高于行业平均增长率的 18% 销售增长率存在较多困难，由于管理层的薪酬与销售增长目标挂钩，所以管理层有可能会虚增收入。可能存在的重大错报风险属于认定层次，与“营业收入”的发生认定、“应收账款”的存在认定相关。

事项 2 表明存在重大错报风险，理由是：2024 年顺利公司关键财务人员发生变动，并且由于会计人员频繁变动，企业缺乏具有胜任能力的会计人员，故可能存在重大错报风险。此重大错报风险属于财务报表层次。

事项 3 表明存在重大错报风险，理由是：被审计单位通过发展中小城市的新客户和放宽授信额度会导致应收账款坏账准备计提不足的风险，该风险是认定层次的风险，与应收账款计价和分摊认定相关；A 产品在 2024 年的毛利率为 7%，但是在 2024 年 4 月将价格下调了 9%后，产品的可变现净值将小于其成本，很有可能存在高估存货成本的风险，该重大错报风险属于认定层次，与存货的计价认定相关；2024 年 12 月中旬，顺利公司以诱人的优惠条件吸引新、老客户于 2024 年底之前签订销售合同、预付部分货款并进行了销售处理，表明很有可能存在收入的重大错报风险，该重大错报风险属于认定层次，与销售收入的发生认定相关。

事项 4 表明存在重大错报风险，理由是：由于当地法院已经受理了针对该公司的诉讼，该公司可能会存在或有损失。该风险属于认定层次，与“或有负债”的存在与发生认定相关。被审计单位因相关环境法规的实施需要更新设备，将导致对原有设备提取减值准备，与固定资产的计价与分摊认定相关。

事项 5 表明存在重大错报风险，理由是：由于行业技术进步，公司的主打产品面临快速更新换代的压力，可能导致被审计单位的主要产品在短期内过时，因此公司库存存货可能陈旧和过时长期资产（如固定资产等）减值。该风险属于认定层次，与“存货”的计价认定相关。

公司决定出资 1 000 万元建立产品研究基地，该基地已于 2024 年 4 月份开始运行，由于尚未开发出新产品，存在研发费用不当资本化的风险。该风险属于认定层次，与资产的存在认定和管理费用的完整性认定相关。

事项 6 表明存在重大错报风险，理由是：公司主要煤炭产地之一辽宁某煤矿储量初步显现出枯竭的迹象，企业的部分分公司可能无法持续经营，该重大错报风险属于财务报表层次重大风险。

事项 7 表明存在重大错报风险，理由是：2024 年运输单价平均上升了 15%，并且材料单价也上涨了 10%，但产品成本只上升了 3%，因此可能存在低估2024年运输费用的风险，也可能存在产品成本计算不准确的风险。该风险属于认定层次，与销售费用的完整性和产成品的计价认定相关。

事项8表明存在重大错报风险，理由是：由于消费者对D产品的安全性存在疑虑，D产品销售前景存在较大不确定性，可能导致D产品滞销，从而2024年末存货可能存在减值风险。该风险属于认定层次，与存货的计价和分摊认定相关。

事项9表明存在重大错报风险，理由是：通过对内部控制的初步了解发现，该公司存在内部控制薄弱、按照管理层特定意图记录的交易等情形。该重大错报风险属于财务报表层次重大风险。

（七）应对措施

针对识别出的财务报表层次的重大错报风险，注册会计师应采用下列总体应对措施：

1. 向项目组强调在收集和评价审计证据过程中保持职业怀疑态度的必要性。

2. 分派更有经验或具有特殊技能的注册会计师，或利用专家的工作。由于本公司是一个集团公司，涉及多个行业，审计项目组成员中应有部分人员曾经参与过被审计单位以前年度的审计，或具有被审计单位所处特定行业的相关审计经验。必要时，要考虑利用煤炭、运输等行业的专家的工作。

3. 提供更多的督导。项目负责人等经验较丰富的人员，要对其他成员提供更详细、更经常、更及时的指导和监督，并加强项目质量复核。

4. 在选择进一步审计程序时，应当注意使某些程序不被审计单位管理层预见或事先了解。例如，通过与前任注册会计师的沟通结果，在设计本年的审计计划时，应采取与往年不同的审计抽样方法，使当期抽取的测试样本与以前有所不同，也可以选取不同的地点实施审计程序。

5. 对拟实施审计程序的性质、时间和范围做出总体修改。例如，由于被审计单位内部控制薄弱，可增加更多的实质性测试程序，减少或取消内部控制测试程序；在期末而非期中实施更多的审计程序，因为控制环境的缺陷通常会削弱期中获得的审计证据的可信赖程度；扩大审计程序的范围，扩大样本规模，或采用更详细的数据实施分析程序。

针对识别出的认定层次的重大错报风险，注册会计师应根据涉及的各类交易、账户余额和列报的特征，采用不同的审计程序。例如：本案例中，针对被审计单位通过发展中小城市的新客户和放宽授信额度争取销售收入比上一年度增长25%所带来的重大错报风险，注册会计师可以采用的审计措施包括：①与销售经理讨论所执行的坏账风险评估程序；②与财务经理讨论坏账准备的计提；③审阅账龄分析报告和还款协议签订及执行报告；④抽查还款协议和贷款收回情况。

四、思考与实践

上市公司新江公司是信达会计师事务所的常年审计客户，主业是新能源汽车生产和销售。注册会计师张华负责审计新江公司2024年度财务报表。

资料一：

张华在审计工作底稿中记录了对新江公司及其环境的了解，部分内容摘录如下：

（1）新江公司从2023年10月开始研发石墨烯电池。到2024年末，公司已完成可行性研究。

（2）2023年1月，新江公司以6%的年利率借入2亿元专门借款，用于在安徽合肥建设电动汽车生产基地。2024年9月，该生产基地达到预定可使用状态，转入固定资产。

（3）2024年12月，新江公司完成了新型电动汽车平台建设，收到地方政府补助5 000万元。

（4）新江公司每年都向母公司支付商标使用费500万元，2024年度母公司豁免了该项费用。

资料二：审计工作底稿中记录了新江公司的财务数据，部分内容摘录如下：

单位：万元

项　目	未审数	已审数
	2024年	2023年
开发支出——石墨烯电池	5 000	0
研发费用——石墨烯电池研发	3 000	2 000
在建工程——合肥电动车生产基地	0	8 000
长期借款——专门借款	20 000	20 000
财务费用——专门借款利息支出	0	0
其他收益——电动汽车平台政府补助	5 000	0
营业外收入——母公司豁免的商标使用费	500	0

要求：请结合资料二，逐项指出资料一所列事项是否可能表明存在重大错报风险。

案例七 评估与应对舞弊风险

一、本案例学习目标

完成本案例学习后，学生应当能够：识别舞弊风险因素，掌握注册会计师审计中对舞弊审计的责任，熟悉识别和评估舞弊的基本程序，了解项目组讨论舞弊风险的内容，掌握舞弊审计中采用的询问程序。

二、本案例的关键内容

（一）案例资料

达曼实业股份有限公司主要从事矿山机械的加工和销售。1996 年 12 月，达曼公司在上交所挂牌上市，并于 2007 至 2010 年两次配股，在股市募集资金共 7.17 亿元，众林集团是达曼公司控股大股东。达曼实业股份名为集体企业，实际上完全由董事长许某控制。从公司报表数据可知，到 2009 年，达曼公司实现销售收入合计 18 亿元，净利润合计 4.12 亿元，资产总额比上市时增长 5 倍，达到 22 亿元，净资产增长 4 倍，达到 12 亿元。公司货币资金中存在 4.27 亿元大额定期存单。在 2009 年之前，公司各项财务数据呈现均衡增长。从 2009 年起，公司开始实施大规模的扩张和多元化经营，但也因此出现资金短缺。2010 年公司首次出现净利润亏损，主营业务收入由 2009 年的 3.16 亿元下降到 2.14 亿元，亏损达 1.4 亿元，每股收益为-0.49 元。2023 年，公司总资产锐减为 13 亿元，净资产价值变为-3.46 亿元，仅半年时间亏损高达 14 亿元，不仅抵销了上市以来大部分业绩，而且濒临破产退市。

达曼公司所处行业竞争激烈，同行业主营业务收入增长率低于 5%。为了渡过危机、实现扭亏目标，公司董事会要求管理层将 2024 年的主营业务增长率确定为 7%，并且规定管理层的奖金金额与收入完成情况挂钩。

自达曼公司上市以来，上元会计师事务所一直承担着该公司的年报审计工作。在以前年度的审计过程中，注册会计师并未发现收入确认方面存在舞弊行为，因此进行 2023 年度审计时并未将收入确认作为舞弊导致的重大错报风险领域。

2024 年，达曼实业股份有限公司扭亏为盈。达曼公司决定继续委托上元会计师事务所对其 2024 年年报进行审计。注册会计师初步审查发现公司存在一项涉及 3.45 亿元的重大担保事项；另外还有重大质押事项涉及 5.18 亿元。在审计过程中，项目组多次就舞弊问题询问管理层及内部审计人员等相关人员，并针对由于舞弊导致财务报表发生重大错报的可能性进行了讨论。

（二）案例分析要求

1. 你认为该公司存在哪些舞弊风险因素？什么程序能发现这些预警信号？

2. 你作为注册会计师，在接受该企业的委托时，如何对舞弊风险进行评估与应对？

3. 注册会计师对上市公司的审计是否仅需局限于考虑财务报表重大错报风险，是否还应考虑舞弊风险？本案例中，注册会计师根据以前年度的经验而未将收入确认作为舞弊导致的重大错报风险领域，这种做法是否正确？

4. 项目组就舞弊进行讨论意图达到什么目的？

5. 在了解被审计单位及其环境时，注册会计师应当就舞弊风险向管理层询问哪些事项？注册会计师询问治理层的目的是什么？询问治理层主要想得到哪方面的信息？

6. 注册会计师应当考虑向被审计单位内部的哪些人员询问是否存在或可能存在舞弊？注册会计师就舞弊风险询问内部审计人员，应当询问哪些内容？

7. 注册会计师对于管理层的答复应保持谨慎态度，为什么？注册会计师通过询问管理层可能获取哪类舞弊导致的财务报表重大错报风险的有用信息，但难以获取关于哪些方面的舞弊导致的重大错报风险的有用信息？

三、本案例需要关注的问题

（一）舞弊风险因素

无论是编制虚假财务报告还是侵占资产，舞弊均涉及实施舞弊的动机或压力、机会以及借口。在审计过程的早期应确认舞弊风险因素（即表明可能存在的舞弊的条件和事项），对舞弊风险因素的评价和应对应贯穿于审计全过程。

本案例中，注册会计师应该发现的预警信号有：

1. 压力与动机方面：经营或财务上的困境以及对资本的急切需求，企业濒临退市破产；公司董事会要求管理层将 2024 年的主营业务增长率高于同行业平均水平，并且规定管理层的奖金金额与收入完成情况挂钩。

2. 机会方面：达曼集团完全由董事长许某控制，存在宽松的控制以及信息不对称。

3. 自我合理化方面："我们只是为了暂时度过困难时期"。

（二）舞弊审计程序

为识别和评估舞弊风险，注册会计师应实施下列审计程序：

1. 通过了解被审计单位及其环境，关注判断可能存在对财务信息做出虚假报告的动机。

2. 通过询问被审计单位的管理层、治理层以及内部的其他相关人员，以及参加相关会议、阅读会议纪要，以了解管理层针对舞弊风险设计的内部控制，以及治理层如何监督管理层对舞弊风险的识别和应对过程。

3. 通过其他信息对管理层的答复进行印证，如果不一致，应当获取进一步的审计证据予以解决。

4. 考虑被审计单位的规模、复杂程度、所有权结构及所处行业等，以确定舞弊风险因素的相关性和重要程度。

5. 通过实施分析程序以识别异常的交易或事项，以及对财务报表和审计产生影响的金额、比率和趋势。

6. 通过项目组内部的讨论、客户承接或续约过程以及向被审计单位提供其他服务所获得的经验，以识别评估被审计单位是否存在舞弊导致的重大错报风险。

7. 考虑管理层对重大会计政策（特别是涉及主观计量或复杂交易时）的选择和运用，以识别管理层是否通过操纵利润对财务信息做出虚假报告。

8. 采用对不常关注的账户余额实施实质性审计程序，调整审计程序的时间、运用不同的抽样方法、对不同地理位置的多个组成部分实施审计程序、以不预先通知的方式实施审计程序等方法，避免被熟悉常规审计程序的被审计单位内部人员预见或事先了解。

9. 测试日常会计核算过程中做出的会计分录以及为编制财务报表做出的调整分录是否适当，复核会计估计是否有失公允，关注异常的重大交易，了解其商业理由的合理性。

10. 向被审计单位索取有关舞弊的管理当局声明书。

11. 验明舞弊的披露是否恰当。

（三）注册会计师对舞弊的审计责任

从事公共部门实体（含上市公司）审计的注册会计师的责任应不限于考

虑财务报表重大错报风险，还包括考虑舞弊风险。

注册会计师应该在整个审计过程中保持职业怀疑，不应受到以前对管理层诚信判断的影响，在识别和评估由舞弊导致的重大错报风险时，应假定收入确认存在舞弊风险。

本案例中，注册会计师根据以前年度的经验而未将收入确认作为舞弊导致的重大错报风险领域，这种做法是不正确的。

（四）项目组针对舞弊风险的讨论

项目组就由于舞弊导致财务报表发生重大错报的可能性进行的讨论可以达到以下目的：

1. 具有较多经验的项目组成员有机会与其他成员分享关于财务报表易于发生由于舞弊导致的重大错报的经验和见解。

2. 针对财务报表易于发生由于舞弊导致的重大错报的方式和领域考虑适当的应对措施，并确定分派哪些项目组成员实施特定的审计程序。

3. 确定如何在项目组成员中共享实施审计程序的结果以及如何处理可能引起注册会计师注意的舞弊指控。

（五）与管理层和治理层讨论舞弊风险

在了解被审计单位及其环境时，注册会计师应当向管理层询问下列事项：

1. 管理层对舞弊导致的财务报表重大错报风险的评估。

2. 管理层对舞弊风险的识别和应对过程。

3. 管理层就其对舞弊风险的识别和应对过程与治理层沟通的情况。

4. 管理层就其经营理念及道德观念与员工沟通的情况。

注册会计师应当询问治理层，其目的是确定其是否知悉任何舞弊事实、舞弊嫌疑或舞弊指控，注册会计师应当了解治理层如何监督管理层对舞弊风险的识别和应对过程。

（六）询问内部人员

注册会计师应当考虑向被审计单位内部的下列人员询问是否存在或可能存在舞弊：

1. 不直接参与财务报告过程的业务人员。

2. 负责生成、处理或记录复杂、异常交易的人员及其监督人员。

3. 负责法律事务的人员。

4. 负责道德事务的人员。

5. 负责处理舞弊指控的人员。

如果被审计单位设有内部审计职能部门，注册会计师应当询问内部审计人员，询问内容主要包括：

1. 内部审计人员对被审计单位舞弊风险的认识。

2. 内部审计人员在本期是否实施了用以发现舞弊的程序。

3. 管理层对通过内部审计程序发现的舞弊是否采取了适当的应对措施。

4. 内部审计人员是否了解任何舞弊事实、舞弊嫌疑或舞弊指控。

（七）评价管理层的答复

在评价管理层对询问做出的答复时，注册会计师应当保持职业怀疑态度，认识到管理层通常最有条件实施舞弊。

注册会计师通过询问管理层可能获取关于员工舞弊导致的财务报表重大错报风险的有用信息，但难以获取关于管理层舞弊导致的重大错报风险的有用信息。

四、思考与实践

上市公司新江公司是信达会计师事务所的常年审计客户，注册会计师张华负责审计新江公司 2024 年度财务报表，审计工作底稿部分内容摘录如下：

（1）新江公司拥有 4 家子公司，分别生产不同的白色家电。家电行业正处于成熟期，市场处于饱和状态，同行业公司的主营业务收入年增长率普遍低于 5%，但新江公司董事会仍要求管理层将 2024 年度主营业务收入增长率确定为 8%。管理层采用各种促销手段，最终完成了董事会的考核指标。新江公司 2024 年度财务报表显示，当年实现营业收入增幅为 8.1%。

（2）除领取固定年薪外，新江公司管理层还能得到与当年主营业务收入完成情况挂钩的年终绩效奖。

（3）在对报告期末做出的会计分录和其他调整进行测试时，张华选取了 40 笔符合预定特征的样本项目，检查这些会计分录是否获得管理层批准，入账金额是否准确，未发现错报。

（4）张华发现新江公司负责销售的副总经理挪用客户回款 100 万元，就该事项与总经理和治理层进行了沟通，因管理层已同意调整该错报并对相关内部控制缺陷进行整改，张华未再执行其他审计工作。

要求：

1. 针对事项（1）和（2），分析被审计单位是否存在舞弊风险因素。

2. 针对事项（3）和（4），请分析注册会计师做法是否适当。

案例八　重要性水平的确定及错报的评价

一、本案例学习目标

完成本案例学习后，学生应当能够：理解和应用重要性概念，能初步确定重要性水平的金额标准，能够用重要性判断审计结果，讨论重要性和审计风险的关系并将重要性和风险融合到审计过程中，理解重要性水平与可容忍错报的关系，掌握错报的种类，理解不同错报对审计结论的影响。

二、本案例的关键内容

（一）案例资料

华德公司是一家食品加工企业，生产经营较为稳定，原材料、产成品的品种较多，涉及的客户也较多，注册会计师评估的内部控制风险处于中等水平，其总资产的构成及利润如表 2-15 及表 2-16 所示。

表 2-15　资产负债表

2024 年 12 月　　　　单位：万元

现金	300	应付账款	3 000
应收账款	3 000	长期负债	5 000
存货	4 700	实收资本	5 000
固定资产	6 000	留存收益	2 000
长期投资	1 000		
总计	15 000	权益总额	15 000

表 2-16　利润表

2024 年 12 月　　　　单位：万元

销售收入	10 000
销售成本	8 500
毛利	1 500
营业和管理费用	2 700
净收益	-1 200

信达会计师事务所根据变动百分比法建立的重要性水平的计算原则如表 2-17 所示。

表 2-17 重要性水平的计算原则

常用的基准	参考比例
总资产	0.5%~1%
净资产	1%
净利润	3%~10%
营业收入	0.5%~1%

在具体执行审计时，注册会计师发现如下事实：

1. 报表中的存货金额出现了小额的蓄意错报。

2. 由于流动资产多计 500 元，使得企业财务报表中的营运资金比贷款协议中的最低限额多出 300 元。

3. 在过去 3 年中，企业财务报告中的利润每年减少了 1%，但今年利润增加了 0.2%。经审查，注册会计师发现该项利润的增加是资产减值损失少计提 3 万所致，如果扣除该项错报，企业今年利润仍比去年少，但该项错报低于重要性水平。

4. 本期营业收入多报了 10 万元，低于重要性水平，但公司管理层由此完成了董事会的营业收入指标，因此能够获得当年的奖金 100 万元。

5. 注册会计师发现现金和实收资本账户存在小额错报。

6. 被审计单位账面应付账款为 1 000 万元，注册会计师抽查了 20%的样本，发现有 100 万元的低估，低估部分占所抽取样本账面金额的 10%。

7. 在测试管理费用及研发费用时，注册会计师发现公司少计会议费 5 万元，多计研发支出 7 万元。

（二）案例分析要求

1. 如果本次审计的目标是华德公司增发债券，那么在初步设置重要性水平时应以什么要素作为判断基础？如果是为上市公司招股说明书提供审计，则应以什么报表要素作为初步判断重要性水平的基础？

2. 有人认为，出于成本效益的考虑，应将重要性水平设置得高一些，这种看法是否正确？为什么？还有人认为，为了保持职业谨慎，在初步设定重要性水平时就应把重要性水平定得高一些，这种看法是否正确？

3. 对于注册会计师在审计中发现的问题，请判断哪些是性质比较重要的错报？

4. 如果判断重要性水平的参考数值为利润总额的3%、资产总额的0.4%、营业收入总额的0.8%，根据上述问题，请对该企业报表层次的重要性水平做出初步判断，并简要说明理由。

5. 对于会计报表中的各科目，你应考虑把哪些项目的重要性水平设置高一些，哪些必须设置较低的重要性水平。假设企业的资产状况如表2-18所示，注册会计师初步判断的会计报表层次的重要性水平是资产总额的1%（计14万元，即资产账户可容忍的错报或漏报为14万元）。表2-18列示了注册会计师采用的确定交易、账户余额、列报认定层次重要性水平时的初步考虑方案，请予以评价。

表2-18 初步考虑方案 单位：万元

项目	金额	方案1	方案2	方案3
库存现金	300	3	0	1
应收账款	3 000	30	50	48
存货	4 700	47	50	50
固定资产	6 000	60	35	35
长期投资	1 000	10	15	16
总计	15 000	150	150	150

6. 如果注册会计师在资产负债表日之前对重要性水平做出初步判断，而这时被审计单位尚未完成财务报表的编制，无法取得年末财务报表的有关数据。请问注册会计师如何确定重要性水平？

7. 在执行部分审计程序后，如果根据新的证据发现要接受更低的重要性水平，注册会计师应当执行什么审计程序以便将审计风险降至可接受的低水平？

8. 注册会计师通常将错报区分为事实错报、判断错报和推断错报，这三者有何区别？推断错报包括哪些种类？请根据案例中所给资料，计算出推断错报。

9. 若注册会计师将明显微小错报的临界值确定为3万元，对于发现的管理费用和研发费用中的错报，注册会计师是否应予累积？

三、本案例需要关注的问题

（一）重要性的含义

根据我国发布的《中国注册会计师审计准则第1221号——计划和执行审

计工作时的重要性》的规定，重要性概念可从下列方面进行理解：

1. 如果合理预期错报（包括漏报）单独或汇总起来可能影响财务报表使用者依据财务报表做出的经济决策，则通常认为错报是重大的；

2. 对重要性的判断是根据具体环境做出的，并受错报的金额或性质的影响，或受两者共同作用的影响；

3. 判断某事项对财务报表使用者是否重大，是在考虑财务报表使用者整体共同的财务信息需求的基础上做出的。由于不同财务报表使用者对财务信息的需求可能差异很大，因此不考虑错报对个别财务报表使用者可能产生的影响。

根据上述定义中第 3 条可知，注册会计师对重要性的确定属于职业判断，受注册会计师对财务报表使用者对财务信息需求的认识的影响。在本案例中的事项 1 中，如果本次审计的目标是华德公司增发债券，因为报表使用者是以资产作为可否购买债券的主要依据，报表使用者在财务信息中更关注资产所反映的偿债能力，因此，在设置重要性水平时应以资产要素作为判断基础；如果是为上市公司招股说明书提供审计，则应以财务报表的营业收入和利润要素作为重要性水平的判断基础，因为潜在股东进行决策的基础是企业未来的获利能力。

注册会计师应保持应有的职业谨慎并合理确定重要性水平，重要性水平偏高或偏低都是不恰当的。因此，“出于成本效益的考虑，应将重要性水平设置得高一些”的观点是错误的。注册会计师只应站在报表使用者的角度确定重要性水平，而考虑成本效益是从注册会计师的立场出发的。反之，“出于谨慎执业的考虑而故意低估重要性水平”也是不正确的。因为如果重要性水平定得偏低，注册会计师就得扩大审计范围或增加审计程序，实际上只是浪费了审计资源，是没有必要的。

（二）重要性的金额和性质

在计划审计工作时，注册会计师应该确定一个可接受的重要性水平，以发现在金额上重大的错报。根据上述定义中第 3 条，注册会计师在运用重要性原则时，应以错报的金额和性质两方面作为判断的标准。一般认为，错报的金额越大越重要。对于小金额错报，注册会计师应当关注其出现的频率以及性质是否严重。

某些错报仅从其性质方面判断就可认为其是重要的。这些情况主要包括：①涉及舞弊或违法行为的错报；②可能引起履行合同义务的错报；③影响收益趋势的错报；④不期望出现的错报或漏报；⑤错报会大幅增加管理层的报酬；⑥账户余额的错误分类对报表中需要单独披露的项目产生较大影响，如经营收益和非经营收益的错误分类；⑦财务报表使用者最感兴趣的其他信息。

根据上述原则，可以分析本案例中具体情形如下：

事项 1 中，报表中存货金额出现了小额的蓄意错报，属于涉及舞弊的错报，因为舞弊反映出管理当局在诚信和可靠性方面存在缺陷，故属于重要的错报。

事项 2 由于流动资产多计 500 元，使得企业财务报表中的营运资金比贷款协议中的最低限额多出 300 元，剔除该项错报，正确的营业资金净额将导致该项贷款违约，会严重影响到企业流动负债和非流动负债的分类，因此这项小额错报是重大的。

事项 3 中，资产减值损失少计提 3 万使得利润增加了 0. 2%，会影响利润的趋势，尽管该项错报低于重要性水平，仍是重要的。

事项 4 中本期营业收入多报了 10 万元错报会大幅增加管理层的报酬，因此也是重要的。

事项 5 中，注册会计师发现现金和实收资本账户存在的错报属于不期望出现的错报或漏报，即使金额较小也认为是重要的。

（三）两个层次重要性水平的确定方法

注册会计师在审计过程中必须从财务报表层次和交易、账户余额、列报认定层次两个层次来考虑重要性。报表整体的重要性有助于得出报表是否公允反映的结论，而只有通过验证各类交易、账户余额、列报的相关认定，注册会计师才能得出财务报表的整体性结论，因此要根据报表层次的重要性水平设置交易、账户余额、列报认定层次的重要性水平。

1. 财务报表层次重要性水平的确定。注册会计师通常先选择一个恰当的基准，再选用恰当的百分比（固定比率或变动比率），两者相乘从而计算出财务报表层次的重要性水平。其基本计算公式为：

计划重要性水平＝判断基础×适用比率

判断基准通常包括资产总额、净资产、营业收入、净利润等，注册会计师应根据被审计单位的具体情况合理选用恰当的基准。例如：当被审计单位的净利润接近于零时，净利润便不适合被当作重要性水平的判断基础；被审计单位净利润波动幅度较大时，不应将当年的净利润作为重要性水平的判断基础，而应选择近几年的平均净利润。

若采用固定比率法，采用的比率是一个固定百分比。若采用变动比率法，其适用比率是一个变动百分比。该变动百分比一般是按照“规模越大的企业，允许的错报或漏报的金额比率就越小”的基本原理，实务中往往根据资产总额或营业收入两者中较大的一项作为确定变动比率的基准。

由于财务报表层次重要性水平的计算方法是多基础、多比率的，因而同一期间各财务报表确定的重要性水平可能不同，即使是同一张财务报表也可能会存在多个计划重要性水平。在这种情况下，注册会计师应当首先对每张财务报表确定一个重要性水平，然后再从中选择最低者作为财务报表层次的重要性水平。也就是说，在编制审计计划时，注册会计师应使用被认为对任何一张财务报表都重要的最小的错报或漏报总体水平。

本案例中情况如下：

如果判断重要性水平的标准设为利润总额的3%，资产总额的0.6%，营业收入总额的0.8%，则报表层次重要性计算过程如下：

因为期末净利润为负数，不能作为判断基础。根据资产计算的重要性水平为90万元（15 000万元×0.6%），以营业收入总额为基础计算的重要性水平为80万元（10 000万元×0.8%）。由于同一期间各会计报表的重要性水平不同，注册会计师应当取其最低者作为会计报表层次的重要性水平，应将企业重要性水平设置为80万元。

2. 交易、账户余额、列报认定层次重要性水平的确定。交易、账户余额、列报认定层次的重要性水平也称“可容忍错报”。注册会计师可以采用“分配的方法”和“不分配的方法”两种方式确定交易、账户余额、列报认定层次重要性水平。

分配的方法是指将财务报表层次的重要性水平分配到各账户或各类交易的一种方法，既可以用相同的比例分配，也可以采用不同比例分配。在实务中，注册会计师一般以资产负债表账户项目作为分配的对象和基础。在采用分配的方法时，各账户或交易层次的重要性水平之和应当等于财务报表层次的重要性水平。

不分配的方法是指单独确定各账户或各类交易的重要性水平的一种方法。实务中可将各账户或交易的重要性水平定为报表层次的20%~50%，或将各账户或交易的重要性水平定为报表层次的1/6~1/3。

无论是采用分配的方法，还是采用不分配的方法，注册会计师在确定各账户或各类交易的重要性水平时，都应当考虑两项主要因素：一是各账户或各类交易的性质及错报的可能性；二是各账户或各类交易的重要性水平与财务报表层次重要性水平的关系。在实务中，注册会计师还应考虑账户或交易的审计成本因素。

在实务中，注册会计师确定交易、账户余额、列报认定层次的重要性水平时，应考虑以审计成本最小化为目标，以审计程序能保证会计报表整体公允表达为限制条件，确定各项目的最大可容忍误差。一般对于出现错报和漏报可能性大的账户和交易，从效益角度考虑，可以在将审计风险降至可接受水平的前提下将重要性水平定得高一些。

在本案例中，方案 1 是按 1%对各资产进行同比例分配，并没有考虑各类交易的性质及错报的可能性，一般来说这并不可行，注册会计师必须对其进行修正。

由于应收账款和存货错报或漏报的可能性较大，故应分配较高的重要性水平，以节省审计成本，如方案 2 与方案 3。固定资产虽然金额较大，但由于其在一个审计年度中增减变动的次数相对较少，涉及的凭证相对也不多，故可以分配较小的重要性水平，这虽然会导致固定资产的审计工作量稍许增加，但由于这种分配方案可以使分配至应收账款和存货的重要性水平相应提高，大大减少应收账款和存货的审计工作量，这对于注册会计师是很值得的。现金是企业里流动性最强的资产，并且报表使用者不希望现金方面有较大的错误，但方案 2 将现金的重要性水平分配为 0，这并不是一个很好的安排，它意味着注册会计师必须对与现金有关的业务进行全面的审计，这是不符合成本效益原则的。

综上所述，可选择方案 3。

（四）财务报表尚未编制完成时重要性水平的确定

由于注册会计师通常是在资产负债表日之前对重要性水平做出初步判断，而这时被审计单位尚未完成财务报表的编制，无法取得年末财务报表的有关数据。因而，注册会计师在编制审计计划时，应当根据期中财务报表推算出年度会计报表，或根据被审计单位经营环境和经营情况的变动对上年度财务报表做出必要修正，以确定财务报表层次的重要性水平。

（五）重要性水平的修正

对重要性水平的估计贯穿于审计全过程。在计划阶段，注册会计师进行重要性的初步判断，并将初步判断的重要性水平分配到各个账户，用以确定所需审计证据的数量并计划测试的工作量，计划阶段确定的重要性水平需要在以后的审计过程中根据新得到的审计证据加以修正。在执行阶段，要估计每个账户的总体错报金额，然后估计所有账户错报金额的汇总数，并将所有账户的错报金额的汇总数与初步的或经修正后的重要性水平进行比较，用以评价测试的结果。

在确定审计程序后，如果注册会计师决定接受更低的重要性水平，审计风险将增加。注册会计师应当选用下列方法将审计风险降至可接受的低水平：

1. 如有可能，通过扩大控制测试范围或实施追加的控制测试，降低评估的重大错报风险，并支持降低后的重大错报风险水平；

2. 通过修改计划实施的实质性程序的性质、时间和范围，降低检查风险。

（六）错报的种类

错报可区分为事实错报、判断错报和推断错报。事实错报指实际发现的数据上的错误。判断错报是注册会计师认为管理层对会计估计做出不合理的判断或不恰当地选择会计政策而导致的判断差异。推断错报是指注册会计师对总体存在的错报做出的最佳估计数，是根据审计样本中识别出的错报来推断的总体错报。

本案例中，应付账款为300万元，注册会计师抽查了20%的样本发现有6万元的低估，低估部分占所抽取样本账面金额的10%，则总体错报金额为30万元（300万元×10%），进而推断错报为24万元（30万元-6万元）。

（七）明显微小错报

在制定审计策略和审计计划时，注册会计师需要确定一个明显微小错报的临界值，低于该临界值的错报被视为明显微小的错报，可以不累积，因为这些错报的汇总数明显不会对财务报表产生重大影响。

通常将明显微小错报的临界值确定为财务报表整体重要性的3%~5%，但不超过财务报表整体重要性的10%。

在本案例中，两笔错报金额均大于明显微小错报的临界值，虽然对报表的影响方向相反，但对两笔错报不能相互抵销，应予以累积。

四、思考与实践

信达会计师事务所首次接受委托，审计A公司2024年度财务报表。A公司是一个家电企业，由于其产品市场已处于成熟期，公司面临较大的竞争压力。张华是该项目的负责人。审计工作底稿中与重要性和错报评价相关的内容摘录如下：

（1）由于营业收入是高管薪酬协议中最重要的考核指标，张华将营业收入作为确定财务报表整体重要性的基准。

（2）经与前任注册会计师沟通，张华了解到，A公司以前年度内部控制运行良好，审计调整较少，前任注册会计师出具了无保留意见审计报告，因此张华将实际执行的重要性确定为财务报表整体重要性的75%。

（3）张华对金额低于实际执行的重要性的财务报表项目不再实施进一步

审计程序。

（4）采用分析程序测试销售费用时，张华发现销售费用账面金额比预期值小 100 万元，因该差异额低于实际执行的重要性水平，张华认可了该账面金额。

（5）在运用审计抽样对管理费用实施细节测试时，由于管理费用的重大错报，风险被评估为低水平，张华将可容忍错报的金额设定为实际执行的重要性的 110%；

（6）由于应付账款的年初、年末余额均低于实际执行的重要性水平，张华拟不对其实施进一步审计程序。

要求：请针对上述事项，分析注册会计师的做法是否恰当。

第三章
审计测试与审计方法

案例一　内部控制活动

一、本案例学习目标

学完本案例后，学生应该能够：了解内部控制的含义、目的，掌握关键控制活动的内容，比较管理当局和注册会计师关注的内部控制制度有何不同。

二、本案例的关键内容

（一）案例资料

下列内部控制程序摘自兴达会计师事务所用于评价内部控制风险的标准内部控制文件。

1. 在购买原料之前，需要由生产部长和财务经理审批。

2. 公司专卖店有业务员负责开票、收款工作，每次出售货物的发票均事先连续编号。顾客交钱后，业务员开票。顾客将发票交给仓库保管员才能领取商品。

3. 公司的财务软件不允许输入信用管理主文件中未包括的客户的应收货款。

4. 定期盘点有价证券，妥善保管和处理作废支票。

5. 管理层定期检查各部门预算的执行情况。

（二）案例分析要求

1. 确定每一项控制所对应的控制活动类型及管理层设置这些控制活动的目的。

2. 指出这些控制活动是预防性控制还是检查性控制。

三、本案例需要关注的问题

(一) 审计师关注的内部控制

内部控制是被审计单位为了合理保证财务报告的可靠性、经营的效率和效果以及对法律法规的遵守，由治理层、管理层和其他人员设计和执行的政策和程序。

在识别和评估重大错报风险时，审计准则要求注册会计师了解与审计相关的内部控制。虽然大部分与审计相关的控制可能与财务报告相关，但并非所有与财务报告相关的控制都与审计相关。确定一项控制单独或连同其他控制是否与审计相关，需要注册会计师做出职业判断。

在进行风险评估时，注册会计师了解内部控制的目的是设计适合具体情况的审计程序，而不是对内部控制的有效性发表意见。注册会计师应了解内部控制设立的目标、被审计单位的控制活动、控制活动对实现控制目标是否有效及是否得到有效执行。

(二) 控制活动

控制活动是指有助于确保管理层的指令得以执行的政策与程序，包括与授权、业绩评价、信息处理、实物控制、职责分离等相关的活动。当了解控制活动时，注册会计师应重点关注控制活动能否以及如何防止、发现和纠正重大错报。

对于本案例：

事项 1 中，购买原料之前需要由生产部长和财务经理审批涉及的控制活动是授权。授权的目的是保证交易在管理层授权范围内进行。

事项 2 涉及的控制活动是职责分离。职责分离的目的是防止员工在履行多项职能时发生错误和舞弊。

事项 3 涉及的控制活动是信息处理，与信息处理有关控制活动的目的是保证交易的准确性、完整性和授权。

事项 4 涉及的控制活动是实物控制。实物控制的目的是保证资产的安全，从而影响到财务报表的可靠性。

事项 5 涉及的控制活动是业绩评价。业绩评价的目的是识别可能影响经营目标实现的情形。

(三) 预防性控制和检查性控制

业务流程层面的控制可以划分为预防性控制和检查性控制。预防性控制的目的是防止错报的发生。检查性控制的目的是发现流程中可能发生的错报。

在本案例中，事项 1、事项 2、事项 3 属于预防性控制，事项 4 和事项 5 属于检查性控制。

四、思考与实践

2020 年，国有控股上市公司万有公司，在没有得到股东批准的情况下向一位董事的关联公司提供了 3 亿元的银行信用证担保，占上市公司资本金的 30%左右。款项贷出后，该关联公司一直未能还款，因而有关银行已向万有公司提出追讨。

2021 年，万有公司以 4 亿元收购了某新能源汽车制造企业 90%的股权。2023 年，万有公司以 3 亿元将其在新能源汽车制造企业中的一半股权出售给马来西亚一家公司，并记录了 1 亿元的营业外收入。这家马来西亚公司直到 2024 年底仍未按协议支付对价，交易被迫中断。

万有公司的治理结构不规范，董事长独揽大权，缺乏权力制衡的机制，没有建立合规方面的风险管理机制，公司财务报告系统既没有为上述关联交易做出适当的披露，也没有为拖欠的贷款提取坏账准备。

要求：请指出万有公司内部控制中的薄弱环节。

案例二　计划的审计流程和审计测试类型

一、本案例学习目标

完成本案例学习后，学生应当能够：理解审计计划的重要性，掌握制定审计计划的步骤，制订初步审计计划，理解审计计划的组成，理解总体审计计划和具体审计计划的内容区别，了解审计过程的各个阶段，掌握五种测试类型及应用范围，理解审计循环划分的意义，掌握审计测试类型与审计证据获取方法之间的对应关系，掌握审计流程，理解控制测试，了解内部控制程序之间的关系，理解控制测试与实质性测试之间的关系，理解信息技术对审计流程的影响。

二、本案例的关键内容

（一）案例资料

以下资料摘自注册会计师在制订审计计划时确定的审计流程（各个事项分别属于不同的审计计划）。

1. 以下审计程序摘自注册会计师的具体审计计划：

（1）选取借款申请表或综合授信使用申请，检查是否得到适当审批。

（2）检查期末材料采购或在途物资，核对有关凭证，查看是否存在不属于材料采购（在途物资）核算的交易或事项。

（3）选取信贷情况表并检查是否得到适当复核。

（4）复核销售日记账和主文件中的异常业务和金额。

（5）选取交易流水单，与记账记录核对，检查是否准确记录于适当期间。

（6）追查选取的发货凭证到销售日记账以确保所有的发货凭证均已经记账。

（7）抽取采购订单、验收单和采购发票，检查所记载内容是否核对一致。检查发票上是否盖上“相符”印戳。

（8）比较库存商品销售量和平均单位成本之积与账面库存商品销售成本的差异，并分析其合理性。

（9）对于上一步骤选择的项目，检查应付账款记账员是否已核对采购订单。

（10）比较原材料的实际用量与预算用量的差异，并分析其合理性。

（11）比较销售日记账入账日期与销售发票副联和发货凭证的日期。

（12）核对发票记录的数量与发货量、订货量、主营业务成本记录的销售量是否一致，并要求财务经理对差异原因做出解释。

（13）向客户寄发询证函，函证应收账款。

（14）监盘期末存货。

2. 为了节约审计时间，对于资产负债日是 12 月 31 日的每项审计业务，注册会计师王敏都坚持在期中执行控制测试和业务实质性测试。

3. 注册会计师张敏在对一家年度资产负债日是 12 月 31 日的公司进行常规审计时执行的部分审计程序如下：

（1）函证应收账款。

（2）执行销售与收款循环的控制测试和业务实质性测试。

（3）进行应收账款余额的其他测试。

（4）审核期后事项。

（5）完成业务承接评价表或业务保持评价表，接受客户委托，签订审计业务约定书。

（6）风险评估，制定总体审计策略和具体审计计划。

（7）执行应收账款的分析程序。

（8）出具审计报告。

4. 注册会计师王玲认为，由于控制测试与了解内部控制程序之间存在大量的交叉部分，因此，可以用了解内部控制的程序代替控制测试，以此节约审计时间。

5. 深大财务公司是一家从事金融服务的大型企业，该公司分支机构遍布国内外，每年处理数以百万计的业务。公司成立了一个有两套网络系统的计算机中心，其中一条系统是后备系统，其目的是防范系统中断对公司运作的影响。公司建立了一套特殊的内部复核系统，各分公司的业务记录余额每天都要与数据处理中心核对，数据处理中心的数据定期与外部银行核对。当出现数据差异时，公司会派人及时查找原因并处理。公司有大量内部审计人员负责监督数据的运行和差异的处理情况。

2024 年，深大财务公司成为信达会计师事务所的客户。由于深大财务公司的业务采用电子商务形式，缺乏常规的审计证据。因此，注册会计师在审计时非常信赖信息控制制度和内部审计程序，注册会计师详细地测试了这些内部控制，并且在年末前执行了大量的实质性测试。

6. 在对某单位进行审计的过程中，注册会计师王艺采用了如下审计流程，首先，对被审计单位基本情况和内控制度进行初步了解，然后将其评价为高信赖程度，并据此认为，只要进行少量控制测试、不用进行实质性测试就可得出审计结论。

（二）案例分析要求

1. 针对案例资料 1 部分的内容，请指出：各个程序分别属于控制测试、业务实质性测试、分析程序或余额详细测试中的哪一种？每个审计程序涉及的获取证据的方法及所审计的业务循环的名称是什么？请结合资料 1，分析按财务报表循环开展审计的优点，并分析各种审计测试方法的区别。

2. 针对案例资料 2 部分的内容，分析王敏在中期进行控制测试和业务实质性测试的恰当性。如果注册会计师决定年底不追加控制测试和业务实质性测试，会对她执行审计业务的其他测试有何影响？

3. 根据案例资料 3 部分的内容，说明在常规审计中你会按照怎样的顺序执行第 1 项至第 8 项审计工作？请将上述审计程序重新编号排序，指出在 12 月 31 日前注册会计师应完成哪些工作。

4. 根据案例资料 4 部分的内容，请分析内部控制测试与了解内部控制程序之间的关系并评价王玲的看法。

5. 根据案例资料 5 部分的内容，请分析信息技术对信达会计师事务所执行审计测试的影响。

6. 根据案例资料 6 部分的内容，分析王艺的审计流程对吗？如果不正确，错在哪里？

三、本案例需要关注的问题

(一) 五种测试类型

在制定审计计划时，注册会计师可以采用五种测试类型来确定财务报表的列示是否公允，包括：风险评估程序、控制测试、业务实质性测试、分析程序、余额详细测试。所有的审计程序都属于这五种测试类型，其中业务实质性测试、分析程序、余额详细测试都属于实质性测试程序。

控制测试是用于确定内部控制运行有效性的程序。

实质性测试是用于测试直接影响财务报表余额正确性的金额错报的程序。

业务实质性测试的目的是确定注册会计师是否实现了与各种业务类型相关的审计目标。

余额详细测试的对象主要是资产负债表账户和利润表账户的总账期末余额，尤其是资产负债表账户期末余额。

本案例的资料 1 中，程序（1）（3）（5）（7）（9）属于控制测试。

程序（4）（6）（11）（12）属于业务实质性测试。

程序（8）（10）属于分析程序。

程序（2）（13）（14）属于余额详细测试。

(二) 测试类型与获取审计证据的程序之间的关系

一般每种测试类型只包含特定获取审计证据的程序，如表 3-1 所示。

表 3-1　测试类型与获取审计证据的程序之间关系

测试类型	获取审计证据的程序						
	重新执行	函证	检查	观察	询问	重新计算	分析程序
风险评估程序			√	√	√	√	√
控制测试	√		√	√	√	√	
业务实质性测试			√	√	√	√	
分析程序					√		√
余额详细测试		√	√		√	√	

本案例的资料1部分的内容中：

程序（1）涉及的获取证据的方法是检查。

程序（2）涉及的获取证据的方法是检查。

程序（3）涉及的获取证据的方法是重新计算。

程序（4）涉及的获取证据的方法是检查。

程序（5）涉及的获取证据的方法是检查。

程序（6）涉及的获取证据的方法是检查。

程序（7）涉及的获取证据的方法是检查。

程序（8）涉及的获取证据的方法是分析程序。

程序（9）涉及的获取证据的方法是检查。

程序（10）涉及的获取证据的方法是分析程序。

程序（11）涉及的获取证据的方法是检查。

程序（12）涉及的获取证据的方法是观察和检查。

程序（13）涉及的获取证据的方法是函证。

程序（14）涉及的获取证据的方法是询问、检查和观察。

（三）审计业务中财务报表循环

财务报表循环是注册会计师在执行审计业务时将财务报表分解成较小单位，将联系紧密的业务和账户余额作为一个部分进行审计。这种分解便于审计业务的管理，能够提高审计效率。一般可将审计业务划分为销售与收款循环、购货与付款循环、工薪与人事循环、存货与仓储循环、筹资与偿付循环等。

本案例的事项1中，程序（1）（3）属于筹资与偿付循环，程序（2）（7）（9）（14）属于购货与付款循环，程序（4）（5）（6）（7）（8）（11）（12）（13）属于销售与收款循环，程序（10）（14）属于生产与存货循环。

（四）中期执行的审计测试

注册会计师可以在期中或期末执行控制测试或实质性测试。如果注册会计师评估的重大错报风险较高时，应该考虑在期末或接近期末执行实质性程序，或在管理层不能预见的时间实施审计程序。在期中执行审计程序可能有助于注册会计师在审计工作中识别和解决重大事项，但由于注册会计师难以仅凭期中实施的审计程序获取充分适当的审计证据，并且从期中到期末这段剩余时间往往会发生对财务报表认定产生重大影响的事项，因而如果在期中实施了进一步的审计程序，注册会计师仍应对剩余期间取得审计证据。

综上可知，本案例的资料 2 中，王敏总是在中期进行控制测试和业务实质性测试是不恰当的。

(五) 审计过程的四个阶段

总结整个审计过程需要完成的工作，可以将其划分为四个阶段：

第一阶段是制定审计计划与设计审计方法阶段。这一阶段要完成的工作主要包括接受客户委托、制定初步的审计计划、了解客户、评价风险、执行初步的分析程序、确定重要性水平、制订审计计划等。

第二阶段的主要工作是执行控制测试和业务实质性测试。

第三阶段的主要工作是执行分析程序和余额详细测试。

第四阶段是完成审计并出具审计报告。这一阶段要完成审核或有负债、期后事项、对审计证据的最后评估与搜集、出具审计报告及与管理当局的再次沟通等工作。

因此，本案例的资料 3 部分中，注册会计师执行常规审计时审计程序的顺序应该是：

(1) 完成业务承接评价表或业务保持评价表，接受客户委托，签订审计业务约定书。

(2) 风险评估，制定总体审计策略和具体审计计划。

(3) 执行销售与收款循环的控制测试和业务实质性测试。

(4) 执行应收账款的分析程序。

(5) 函证应收账款。

(6) 进行应收账款余额的其他测试。

(7) 出具审计报告。

(8) 审核期后事项。

12 月 31 日前注册会计师应完成 (1) 至 (6) 项审计工作。

(六) 控制测试与了解内部控制之间的关系

尽管控制测试与了解内部控制程序之间存在大量的交叉部分，两者都包括询问、观察和检查程序，但在两个阶段应用相同的程序时，存在两个重要区别：

1. 在了解内部控制时，注册会计师针对拟了解的所有与审计相关的内部控制应用询问、观察和检查程序，而在控制测试时，上述程序仅应用于关键控制，并且其应用的前提是控制风险的评估值低于最大值。

2. 了解内部控制所执行的程序仅涉及少量业务，执行观察程序时仅限于某个时点，执行控制测试时要选取较多业务，并且在多个不同时点执行观察程序。

3. 对于关键控制而言，除了重新执行之外，控制测试中的程序是了解内部控制相关程序的延伸。如果注册会计师在审计初期就计划采用低水平的控制风险评估值，应该将了解内部控制和控制测试结合起来。

综上所述，注册会计师不能简单地用了解内部控制程序来代替控制测试。因此，本案例资料 4 部分的内容中，王玲的看法是片面的。

（七）信息技术对审计流程的影响

如果信息仅以电子形式保存，不恰当地产生或更改信息的可能性会增大。审计准则规定，注册会计师应当考虑被审计单位实施的信息安全政策和安全控制措施是否足以防止未经授权修改会计系统或会计记录，或修改向会计系统提供数据的系统。在存在大量电子形式审计证据的情况下，注册会计师仅仅执行实质性程序可能无法将检查风险降至可接受的低水平。在考虑电子证据的充分性和适当性时，注册会计师需要测试自动化控制（如记录完备性检查、数字签章和版本控制等），并根据对这些控制的评价结论，考虑是否需要实施追加的审计程序。

因此，本案例的资料 5 中，注册会计师在审计时非常信赖深大财务公司的信息控制制度和内部审计程序，详细地测试了这些内部控制，并且在年末前执行了大量的实质性测试。如果深大财务公司内部控制不健全，注册会计师会认为无法进行对该公司的审计。

（八）控制测试与实质性测试的关系

控制测试与实质性测试有着密切的联系，控制测试是实质性测试的基础，它的结果可以决定实质性测试的性质、时间和范围；实质性测试是在控制测试的基础上，注册会计师所实施的进一步的审计工作。

由于执行恰当的控制测试可以减少实质性测试，注册会计师需要在控制测试与实质性测试间加以权衡。但控制测试中发现的例外事项只能代表可能存在影响财务报表的金额错报的一种迹象，而实质性测试中的例外事项是实际存在的财务报表错报，故不能用控制测试代替实质性测试。

因此，案例资料 6 部分的内容中，即使注册会计师将控制风险评估为高信赖程度，也不能代替实质性测试。

四、思考与实践

新江公司是信达会计师事务所的常年审计客户，注册会计师张华负责审计新江公司 2024 年度的财务报表。审计工作底稿中部分内容摘录如下：

（1）新江公司执行了一套严格的收入内部控制制度，张华信赖与营业收入相关的内部控制，通过穿行测试确定了相关内部控制运行有效。

（2）万达公司是新江公司的重要客户，张华向万达公司发出应收账款询证函后迟迟未收到回函，因仅实施替代程序无法获取充分、适当的审计证据，张华通过电话与万达公司确认了函证信息，万达公司告知张华回函已寄出，预计次日便能寄到。张华于当日出具了审计报告。

（3）新江公司年末应收票据余额重大，因票据丢失，张华检查了这些票据的复印件，并核对了相关信息，结果满意。

（4）张华随机选取新江公司的部分分公司实施库存现金监盘，发现某分公司存在以报销凭证冲抵现金的情况。因错报金额低于明显微小错报的临界值，张华未再实施其他审计程序。

要求：针对资料中事项，请分析注册会计师的做法是否恰当。

案例三　审计抽样方法的应用

一、本案例学习目标

完成本案例学习后，学生应当能够：理解审计抽样的含义，理解设计审计样本和抽样方法时注册会计师应考虑的因素，掌握随机数表的用法，会用系统选样法进行审计抽样。

二、本案例的关键内容

（一）案例资料

1. 注册会计师对达光公司的销售发票副本进行抽查，发票号码是四位数，所检查的发票号码从 3217 至 8234 连续编号。注册会计师拟利用随机数表法选择其中的 200 份进行检查，随机数表如表 3-2 所示。

表 3-2　随机数表

	1	2	3	4	5
1	07 434	93 462	32 905	95 439	36 877
2	70 411	69 881	38 404	24 038	84 220
3	07 541	84 347	53 658	83 971	35 779
4	52 305	68 925	01 223	25 946	90 222

续表

	1	2	3	4	5
5	69 357	11 846	03 102	28 679	75 983
6	29 870	05 291	65 689	27 939	86 460
7	00 500	57 924	38 303	05 286	10 702
8	32 846	93 874	52 709	15 730	96 277
9	25 980	21 608	63 790	67 883	02 435
10	77 874	83 419	20 361	48 964	12 863

2. 为测试“发出商品都已经开票”这项内部控制制度是否有效，注册会计师计划对达光公司全年的发票加以检查。注册会计师对截至 10 月 31 日的发票实施了中期测试。在中期测试时，截至 10 月 31 日已经开具了从 1 号至 10000 号发票。注册会计师预计到 12 月 31 日，公司还将开具 2 000 张发票。注册会计师将总体设定为从 1 号至 12000 号发票。到了年底，企业实际开具发票数量是 13 000 张。注册会计师据此采取了相应的对策。

（二）案例分析要求

1. 根据案例资料，请思考：若使用随机数表中每个随机数的前四位数字，并且以第 1 行、第 1 列数字为起点，自左往右，审计员选择的最初 3 个样本的号码分别是多少？若使用随机数表中每个随机数的后四位数字，以第 4 行、第 2 列数字为起始点，自上到下，注册会计师选择的最初 3 个样本的号码分别是多少？

2. 若发票号码为 625 至 3026，注册会计师计划采用系统选样法选取 120 个样本，并用选取第 7 个样本作为随机起点，则最初 3 个样本的号码分别是多少？注册会计师采用系统选样法对总体有什么要求？

3. 针对案例资料 2，请指出注册会计师可以进一步采用何种审计抽样程序？如果从 10 月 31 日到年底，企业只开具了 1 000 张发票，注册会计师可以采用怎样的对策？

三、本案例需要关注的问题

（一）审计抽样的含义

审计抽样（即抽样），是指注册会计师对具有审计相关性的总体中低于百分之百的项目实施审计程序，使所有抽样单元都有被选取的机会，为注册会计师针对整个总体得出结论提供合理基础。

（二）样本设计、样本规模和选取测试项目

在设计审计样本时，注册会计师应当考虑审计程序的目的和抽样总体的特征，确定足够的样本规模，以将抽样风险降至可接受的低水平。在选取样本项目时，注册会计师应当使总体中的每个抽样单元都有被选取的机会。

（三）随机数表的使用

随机数表是由 0 到 9 这 10 个数字随机生成的数所组成的数表，每个数字在表中出现的次数大致相同，它们出现的顺序是随机的。使用随机数表法抽取样本的步骤一般包括两步：首先，要将每个项目均冠以一个唯一的号码，通常要审计的总体是由预先连续编号的凭证组成，故可直接使用这些编号。其次，在总体项目与随机数表间建立联系，即建立选取样本的起点和路线。在本例中，以每个随机数的前四位数字为标准，并且以第 1 行、第 1 列数字为起点，自左往右，审计员选择的最初 3 个样本的号码分别是 3290、3687、7041。

（四）系统选样法

系统选样法也称等距选样，是按相等间隔选取样本的随机选样方法。系统选样要求总体的特性随意分布在总体内，否则样本可能不具有代表性。系统选样法的一般步骤包括：首先，计算抽样间隔，抽样间隔=总体量/所需样本量，然后，在第一个抽样间隔选取随机起点，最后，从随机起点开始，按抽样间隔顺序地选取样本项目。

本案例中，选取一个随机数是 632（625+7），从第 7 个项目开始，每隔 20 个项目选取一个样本，则第二个、第三个样本的号码分别是 652、672。

（五）控制测试中应用审计抽样

注册会计师通常在期中实施控制测试，为得到全年的审计证据，注册会计师可以有两种做法：一种做法是将测试扩展至在剩余期间发生的交易，以获取额外的证据；另一种做法是不将测试扩展至在剩余期间发生的交易。

当将测试扩展至在剩余期间发生的交易时，注册会计师将实施额外的程序，以获取额外的证据，此时总体由整个被审计期间的所有交易组成。

本案例资料 2 中，在中期测验时，注册会计师将总体定义为 12000 号，本次仅测验 10000 号之内的发票。到后两个月，会出现三种情况：

1. 公司恰好开具 2 000 张发票。此时，注册会计师可以对这 2 000 张发票进行控制测试。

2. 中期高估了剩余项目数量，公司实际仅开具 1 000 张发票。此时，对于未发生的交易，注册会计师可用其他交易代替。

3. 低估了剩余项目数量，公司实际又开具了 3 000 张发票。此时注册会计师可以有两种做法：第一种方法是将总体重新定义为 1 号至 13000 号，将其余 3 000 个项目统一加以测试。第二种方法是将 500 张发票作为一个独立的总体，单独测试。

总之，注册会计师的原则是不能遗漏任何发票。

在许多情况下，注册会计师可能不需等到被审计期间结束，就能得出关于控制的运行有效性是否支持其计划评估的重大错报风险水平的结论。因此，在中期测试后，注册会计师也可能不将测试扩展至在剩余期间发生的交易。比如，仅测试 10 月 31 日前的样本，剩余项目用其他替代方法测试。

在确定是否需要针对剩余期间获取额外证据以及获取哪些证据时，注册会计师通常考虑下列因素：

（1）评估的认定层次重大错报风险的重要程度。

（2）在期中测试的特定控制和测试结果，以及自期中测试后控制发生的重大变动。

（3）在期中对有关控制运行有效性获取的审计证据的程序。

（4）剩余期间的长度。

（5）在信赖控制的基础上拟缩小实质性程序的范围。

（6）控制环境。

四、思考与实践

注册会计师张华负责审计甲公司 2024 年度财务报表。在针对管理费用实施细节测试时，张华决定采用传统变量抽样方法实施统计抽样，部分做法如下：

（1）将抽样单元界定为管理费用总额中的每个货币单元。

（2）将总体分成两层，使每层的均值大致相等。

（3）在确定样本规模时不考虑管理费用账户的可容忍错报。

（4）采用随意选样的方式选取样本项目进行检查。

（5）在对选中的一个样本项目进行检查时，张华发现所附发票丢失，于是另选一个样本项目代替。

要求：针对上述（1）至（5）项，请分析注册会计师的做法是否正确。

案例四　应用审阅法审阅明细账

一、本案例学习目标

完成本案例学习后，学生应当能够理解审阅法的含义和要点。

二、本案例的关键内容

（一）案例资料

注册会计师获得的澳达公司 2024 年 12 月产品销售费用明细账如表 3-3 所示，注册会计师对产品销售费用明细账进行了审阅，并判断可能存在的问题。

表 3-3　澳达公司 2024 年 12 月产品销售费用明细账

2024 年		摘要	包装费	运输费	装卸费	保险费	广告费	展览费	其他
月	日								
12	1	付产品包装费	3 500						
12	2	付电视广告费					3 000		
12	3	付广交会展览费							
12	3	付运费		650					
12	5	招待客户用餐							
12	7	付装卸费			400				
12	8	付税收罚款							
12	11	付产品包装费	2 000						
12	13	付车站装卸费			1 860				
12	18	付销货合同违约金							
12	22	付电台产品广告费					4 000		
12	26	付运输保险费				1 480			
12	31	付门市部职工工资							
12	31	付门市部差旅费							
12	31	销售费用结转	8 500	650	3 260	1 480	9 000		

（二）案例分析要求

结合本案例，说明审阅法的要点。

三、本案例需要关注的问题

（一）审阅法的含义和要点

审阅法是指通过对会计凭证、会计账簿和会计报表书面资料进行仔细观察和阅读来取得查账证据的一种查账技术方法。审阅时应根据有关法规、政策理论、方法等查账标准或依据对书面资料进行审阅，借以鉴别资料本身所反映的经济活动是否真实、正确、合理、合理及有效等。审阅的主要目的是通过有关资料的仔细观察和阅读，借以发现疑点和线索，以抓住重点，缩小检查范围。要有效地运用审阅法，必须结合使用复核、核对等方法以便于及时证实审阅中发现的问题。

审阅时可以从以下几个方面判断被审计单位可能在哪些方面存在问题，包括：

1. 从数据中的异常金额来判断。例如，追查库存商品等资产类账簿出现赤字金额等。

2. 从资料所反映经济活动的真实程度来判断。

3. 从会计账户核算内容和对应关系的正确性来判断。

4. 从时间上有无异常来分析判断。例如，若在有关资料上载明的业务发生时间从发生日至记账日（或结转日）之间的时差相距甚远，则可能隐藏着某种问题。

5. 从资料应具备的要素内容是否齐全，判断是否存在可疑之处。

（二）对账簿的审阅

本案例涉及对账簿的审阅。

审阅会计账簿时，应注意是否符合《企业会计准则》及国家统一会计制度等规定。审阅账簿时要审阅总账与明细账、账簿与凭证是否相符，此外，还应重点审阅明细分类账的内容是否合法、合规，合计数是否计算准确，期初余额、借贷方向、合计数是否登记有误等。在审阅时，可根据摘要栏记载的内容，对照金额栏的数额进行审阅。例如，本案例中，从摘要上可以看出，交税收罚款不应计入销售费用，应进一步检查相关凭证，看是否存在会计账户核算内容上的错误。此外，对于付产品包装费的业务，要进一步查明包装费的性质。若包装费是产品成本的组成部分，属于随同商品出售而不单独计价的包装费，应计入销售费用。若属于随同商品出售单独计价的包装物，不应计入销售费用，而应计入其他业务支出。

四、思考与实践

注册会计师张华负责审计张江公司 2024 年度的财务报告，在审查凭证时，发现如下事项。

（1）2024 年 12 月 21 日 60 号凭证上记载的会计分录如下：

借：应收账款——万达公司　　11 300

　贷：主营业务收入——销售 W 商品　　10 000

　　　应交税费——应交增值税（销项税额）　　1 300

张华查明，张江公司委托万达公司销售 W 商品 200 件，W 商品已经发出，每件成本为 60 元。合同约定万达公司应按每件 100 元对外销售，张江公司按不含增值税的销售价格的 10%向丙公司支付手续费。张江公司于 2024 年 12 月 21 日确认了销售收入，编制了第 60 号凭证。

（2）2024 年 12 月 21 日 61 号凭证中记录了上笔业务的销售成本。会计分录如下：

借：主营业务成本——销售 W 商品　　6 000

　贷：库存商品——W 商品　　6 000

张华检查记账凭证后附的原始凭证，发现该转账凭证后仅附有出库单。

（3）张华又追查到 2025 年 1 月的账簿记录，发现 2025 年 1 月 3 日 17 号凭证后附有上述 200 件商品的代销清单和支付手续费的转账凭单。

第 17 号记账凭证上记载的会计分录如下：

借：销售费用——代销手续费　　1 000

　贷：银行存款　　1 000

审计人员认为该公司的处理不当，提出了审计调整意见。

要求：（1）请总结审阅记账凭证和原始凭证的要点。

（2）结合案例，请写出注册会计师的审计调整意见。

案例五　应用核对法检查存货

一、本案例学习目标

完成本案例学习后，学生应当掌握核对法的要点。

二、本案例的关键内容

（一）案例资料

注册会计师对金山股份有限公司审计时，取得如下资料：

1. 2024 年 12 月 31 日资产负债表如表 3-4 所示。

表 3-4　资产负债表

2024 年 12 月 31 日　　　　单位：元

资产	金额	负债和所有者权益	金额
现金	1 640.00	短期借款	10 000.00
银行存款	97 000.00	应付账款	150 000.00
应收账款	23 510.00	应交税费	12 000.00
存货	240 800.00	应付职工薪酬	6 000.00
其中：材料	110 000.00	长期借款	10 000.00
在产品	130 800.00	负债合计	188 000.00
产成品	0	实收资本	300 000.00
长期投资	30 000.00	盈余公积	10 000.00
固定资产净值	177 200.00	未分配利润	21 150.00
在建工程	40 000.00	所有者权益合计	331 150.00
资产合计	519 150.00	负债和所有者权益合计	519 150.00

2. 2024 年 12 月材料总账如表 3-5 所示。

表 3-5　材料总账

2024 年		凭证字号	摘要	收入	发出	结存
月	日					
12	1	略	期初结余			25 000.00
	2		购入	140 000.00		
	16		购入	250 000.00		
	31		生产领有		296 000.00	119 000.00
	31		小计	390 000.00	296 000.00	119 000.00

3. 2024 年 12 月生产成本总账如表 3-6 所示。

表 3-6　生产成本总账　　单位：元

成本项目	直接材料	直接人工	制造费用	合计
期初在产品	40 000.00	4 000.00	8 000.00	52 000.00
本期投入	295 000.00	32 000.00	50 000.00	377 000.00
费用合计	337 000.00	36 000.00	58 000.00	430 000.00
单位成本	2 240.00	288.00	464.00	2 992.00
结转产成品	224 000.00	28 800.00	46 400.00	299 200.00
期末在产品	111 000.00	7 200.00	11 600.00	129 800.00

4. 2024 年 12 月材料收发存报表如表 3-7 所示。

表 3-7　材料收发存月报表

项目		A 材料	B 材料	C 材料	D 材料	合计
期初	数量	50 件	80 公斤	80 公斤	400 公斤	
	单价	40.00	100.00	50.00	5.00	
	金额	2 000.00	8 000.00	4 000.00	2 000.00	16 000.00
收入	数量	5 200 件	1 000 公斤	1 440 套	2 000 公斤	
	单价	40.00	100.00	50.00	5.00	
	金额	208 000.00	100 000.00	72 000.00	10 000.00	390 000.00
期初	数量	50 件	80 公斤	80 公斤	400 公斤	
	单价	40.00	100.00	50.00	5.00	
	金额	2 000.00	8 000.00	4 000.00	2 000.00	16 000.00
发出	数量	4 500 件	800 公斤	560 套	1 600 公斤	
	单价	40.00	100.00	50.00	5.00	
	金额	180 000.00	80 000.00	28 000.00	8 000.00	296 000.00
结存	数量	750 件	280 公斤	960 套	800 公斤	
	单价	40.00	100.00	50.00	5.00	
	金额	30 000.00	28 000.00	48 000.00	4 000.00	110 000.00

5. 2024 年 12 月 31 日存货盘存表如表 3-8 所示。

表 3-8　存货盘存表

存货名称	单位	数量
A 材料	件	1 300
B 材料	公斤	460
C 材料	公斤	1 020
D 材料	公斤	800
在产品	件	200
产成品	件	0

6. 该公司所得税税率为 25%。

(二) 案例分析要求

根据上述资料对资产负债表中的存货进行检查，指出存在的问题，并做出调整，编制调整后的资产负债表。

三、本案例需要关注的问题

核对法，是指对会计资料等书面资料或是对书面资料的记录与实物进行相互核对以验证其是否相符的一种稽查技术方法。会计资料间的相互核对包括证证核对、账证核对、账账核对、账表核对、表表核对。

核对法是检查程序中较为重要的技术方法。按照复式记账的原理核算的结果，资料之间会形成一种相互制约关系，若被稽查单位的有关人员存在无意的工作差错或是故意的舞弊行为，都会使形成的制约关系失去平衡。因此，通过相关资料之间的相互核对，就能发现可能存在的各种问题。

本案例中，注册会计师需要用核对法对资产负债表、生产成本和材料总账、材料收发存月报表明细账、存货盘存表之间进行相互核对，可以发现如下问题：

（1）材料总账和材料收发存月报表上的材料领用数均为 296 000.00 元，但生产成本总账上的本期领用直接材料金额为 295 000.00 元，二者相差 1 000 元。

（2）材料收发存月报表和存货盘存表中的 A 材料、B 材料、C 材料结存数量均不符。

（3）资产负债表中的材料金额为 110 000.00 元，材料总账上的结存额是 119 000.00 元，二者不相符。

四、思考与实践

中盛仓储超市股份有限公司的财务人员在核对账目时发现公司发行的购物充值卡出现异常的巨额退货操作，怀疑有系统性的舞弊问题，于是聘请信达事务所的张华等注册会计师到公司开展舞弊审计。审计工作底稿中记录的审计过程如下：

（1）核对购物充值卡系统余额与预收账款账面余额，发现差异624万元。在财务人员协助下剔除了未达项目后，仍有差异564万元。

（2）抽取3个月的购物充值卡明细账，发现有4笔异常的大额退货款退至购物充值卡中，但与收银系统核对后，未发现退款记录。

（3）从收银系统和购物充值卡系统中导出一年内的全部退款记录，将二者相互核对，发现245万元的差异。

（4）就发现的差异询问门店财务经理，门店财务经理无法解释原因。询问公司信息部的员工，排除了两个系统不同步的情况。初步判定这些差异是虚假退货产生的。为避免进一步扩大损失，建议公司将异常卡锁定。

（5）追踪异常退货的数据，找到产生异常退货数据的操作员ID，锁定操作人员。

（6）分别单独询问相关收银员，通过访谈得知收银系统和购物充值卡系统存在的对接漏洞。

（7）对嫌疑收银员进行访谈，在证据面前，嫌疑人承认了舞弊行为。此次舞弊是几个收银领班伙同下属实施的。他们利用退货系统漏洞，给使用过的购物卡办理虚假退款手续，从而变相为购物卡充值，再将购物卡卖给黄牛赚取差价。

要求：根据本案例，请讨论对于核对时发现的差异，审计师应如何处理？

案例六　调节法的应用

一、本案例学习目标

完成本案例学习后，学生应当能够掌握调节法的应用要点。

二、本案例的关键内容

（一）案例资料

注册会计师发现宏伟股份有限公司2024年12月31日产成品明细账结存

数量如表 3-9 所示。

表 3-9　产成品明细账结存数

品种	一等品	二等品	三等品
产成品 1	640	160	50
产成品 2	880	220	100
产成品 3	450	120	30

遵照注册会计师张明的要求，该厂于 2025 年 1 月 14 日上午进行了盘点，盘点的结果如表 3-10 所示。

表 3-10　产成品盘点表

品种	一等品	二等品	三等品
产成品 1	608	216	46
产成品 2	857	255	58
产成品 3	414	56	20

查阅产成品仓库卡片，1 月 1 日至 14 日收付记录如表 3-11 所示。

表 3-11　产成品收支明细表

品种	收入			支出		
	一等品	二等品	三等品	一等品	二等品	三等品
产成品 1	1340	170	60	1 172	214	64
产成品 2	1 430	170	120	1 393	195	162
产成品 3	640	170	70	666	234	80

注册会计师已经检查了结账日后至盘点日期间的收发业务。

（二）案例分析要求

根据 2025 年 1 月 15 日实际盘点的结果，用调节法核实 2024 年 12 月 31 日的结存数，并与原明细账结存数量进行核对，检查原记录的真实性和正确性。

三、本案例需要关注的问题

调节法是以一定时点的数据为基础，根据已经发生的正常业务进行增减计算，将其调节为所需要的数据，从而验证被查事项是否正确的方法。调节法通常用来审查银行存款和存货的结存情况。

当调节法用于审查银行存款时，注册会计师可编制银行余额调节表。如被查单位已经编制调节表，查账人员可用核对法加以证实。

当使用调节法核查财产物资时，由于盘点日往往迟于结账日，因而必须将盘点日数据调节为结账日数据，以便核实查账目标是否确实正确。调节公式如下：

结账日存量＝盘点日存量+结账日至盘点日发出量−结账日至盘点日收入量

应该注意的是，应用上面的调节算式前，必须将结账日后至盘点日止期间的收发业务进行审阅和核对。

如果调节后结账日存量与该物资的账面存量相符，即可以由盘点日存量推算出结账日存量，则说明账实相符。如不符，应继续加以审查核实。

本案例中，产成品 1 的一等品决算日存货应存量 = 608（审查日存货盘存量）+1 172（上年决算日至审查日存货发出量）−1 340（上年决算日至审查日存货收入量）= 440，与账面数字不符，故应继续检查账面数字的准确性。

与此类似，可以推算出其他产成品的结账日存量。

四、思考与实践

在信达公司年报审计业务中，注册会计师张华负责审计银行存款项目。

张华取得信达公司的银行存款对账单，与被审计单位账面数核对后，发现如下未达账项：

(1) 5 月 29 日，企业为支付职工借支差旅费开出现金支票一张，计 1 350 元，持票人尚未到银行取款。

(2) 5 月 30 日，企业开出转账支票一张，计 7 550 元，银行尚未入账。

(3) 5 月 31 日，企业收到购货单位转账支票一张，计 18 400 元，已开具送款单送银行，企业已经入账，但银行尚未入账。

(4) 5 月 31 日，企业经济纠纷案败诉，银行代扣违约罚金 12 000 元，企业尚未接到凭证而未入账。

(5) 5 月 31 日，银行计算企业存款利息 4 400 元，已记入企业存款户，企业尚未接到凭证而未入账。

（6）5 月 31 日，银行收到企业委托代收销货款 24 590 元，已收妥记入企业存款户，企业尚未接到凭证而未入账。

张华拟根据上述未达账项，编制银行存款余额调节表。

要求：（1）请根据资料编制银行余额调节表。

（2）如果注册会计师能获取被审计单位编制的银行余额调节表，应怎样检查银行存款余额调节表？

第四章

销售与收款循环审计

案例一　销售与收款循环关键控制及控制测试

一、本案例学习目标

完成本案例学习后，学生应当能够：熟悉销售与收款循环的关键控制目标及其控制活动，熟悉销售与收款循环的审计目标、控制测试程序，掌握销售折让与退回的测试程序。

二、本案例的关键内容

（一）案例资料

1994 年 5 月，G 投资公司、F 电器集团和 K 公司共同发起设立了大为股份有限公司。公司主营业务为电视机的生产与销售，大型制冷设备生产加工、销售，高科技产品的研制、生产、经销及相关技术服务。

华康会计师事务所于 2025 年 2 月 15 至 3 月 6 日审计了该公司 2024 年度会计报表。事务所派出了以郑洁为项目组长及以李芳、张同、刘欣为组员的审计组。在审计销售与收款环节时，注册会计师执行了以下审计程序：

1. 了解、描述、测试和评价被审计单位销售与收款环节内部控制制度，初步认为该公司的内部控制具有一定的可信性，运用抽查凭证法、实地考察法等对销售与收款循环的内部控制进行了控制测试，在此基础上，对其做了评价。

在审计中，注册会计师了解到大为公司在销售和收款循环的部分控制活动如下：

(1) 按照企业规定，新客户的赊销应由信用经理审批，注册会计师发现有几笔订单上没有经理的赊销审批签字。经询问，发现这些业务是企业在外地设立的办事处接受的顾客订单，由于距离总部比较遥远，故由销售员根据实际情况确定是否接受该笔赊销订单，并于事后向总经理汇报。此外，还发现信用部门批准了五张销售单，但开单时未考虑顾客的信用限额。企业规定由财务人员每月与客户核对应收款项，但实际上并没有定期与客户核对，只是偶尔针对存在纠纷的应收账款进行核对。

(2) 企业派一个专门的信息管理员负责将顾客采购订单和销售合同信息输入 ERP 系统，由系统自动生成连续编号的销售订单。每周末该信息管理员汇总本周内所有录入的销售合同，编制销售信息报告。

(3) 信息管理员根据系统显示的“已完工”销售订单信息和销售合同约定的交货日期，开具连续编号的销售发票（出口发票一式六联），交销售经理审核，发票存根联由销售部留存，其他联次分别用于报关、出口押汇、税务核销、外汇核销以及财务记账等。应收账款记账员根据销售发票所载信息编制凭证和登记入账。注册会计师在检查中发现了销售发票与相关凭据不符的情形。

(4) 大为公司仪器仪表的销售业务系以出口销售为主，与顾客签订的销售合同中不允许退货，若发生质量纠纷，应采取索赔的方式，根据双方确定的金额调整应收账款。注册会计师发现，有几笔冲减应收账款的业务未经销售经理和总经理审批。

(5) 大为公司的小家电业务以国内销售为主，由于国内市场竞争激烈，公司制定了比较灵活的销售折扣与折让政策。

2. 对销售收入进行分析性复核，发现销售收入可能存在虚记。

3. 进行凭证抽查，发现收入虚记的确切证据。

4. 审查收入确认和关联方交易，发现有价格高估行为。

5. 进行销售截止期测试，发现销售收入入账期间不恰当。

(二) 案例分析要求

根据上述事项，请指出：

1. 销售与收款循环的控制目标是什么？销货业务的关键控制点有哪些？注册会计师应如何了解被审计单位的内部控制情况？

2. 该公司销售与收款循环内部控制设计与运行中存在哪些缺陷？请针对上述内部控制缺陷提出改进建议。

3. 上述内部控制缺陷与哪些会计报表项目或科目的何种认定有关？

4. 注册会计师应如何对销售退回与折让进行审计？

三、本案例需要关注的问题

(一) 销售与收款循环的内部控制目标

销售与收款循环的内部控制目标主要有：与销售货物相关的权利均已记录至应收账款；销售货物交易均已记录于适当时期；已记录的销售退回、折扣与折让均为真实发生的；已发生的销售退回、折扣与折让均已记录；准确计提坏账准备和核销坏账，并记录于适当时期；收款是真实发生的；准确记录收款；收款均已记录于适当期间；监督应收账款及时收回；对顾客档案变更均为真实有效等。

(二) 销售业务的关键控制

销货业务关键控制包括：以经过审核的发运凭证、经过批准的顾客订货单为依据入账；赊购要经过授权批准；销售发票要事先编号，并入账；每月向顾客送对账单；销售价格、付款条件等要经过适当授权批准；采用适当的会计科目表等。

(三) 了解内部控制与控制测试

内部控制是指被审计单位为了保证业务活动的有效进行，保护资产的安全和完整，防止、发现、纠正错误与舞弊，保证会计资料的真实、合法、完整而制定和实施的政策与程序。

1. 了解内部控制。了解内部控制可以采用询问、观察、检查和穿行测试四类程序，只不过在不同的业务循环中，注册会计师询问、观察、检查和穿行测试的内容有所不同。例如，在销售和收款循环中，可以采用如下程序了解被审计单位的内部控制：

（1）向任职于销售部门、仓储部门和财务部门的员工询问相关内部控制制度的执行情况，这些员工通常会参与销售和收款流程的业务活动。

（2）获取并阅读内部控制手册和业务流程图等资料。

（3）观察销售与收款业务流程中重要控制的运行情况，例如观察商品打包发运前，物流部门是否独立核对商品和出库单内容并在出库单上签字。

（4）检查销售和收款业务涉及的销售单、出库单、客户对账单等文件资料。

（5）实施穿行测试，即追踪销售交易从发生到最终反映于财务报表中的整个处理过程。

注册会计师可利用调查表、文字描述和流程图等方式记录所了解的内容。

若了解内部控制后认为内部控制设计和执行都比较“好”，即注册会计师通过职业判断认为内部控制设计合理且运行有效，则可以进行控制测试。

2. 控制测试。控制测试常用的审计程序包括询问、观察、检查和重新执行。在销售和收款循环审计中，注册会计师可以结合该循环的特点灵活应用这四种审计程序。例如，询问员工销售单的生成过程，实地观察收银台、销售点的收款过程，并检查在这些地方是否有足够的物理监控，检查出库单上客户的签名，重新计算发票金额等。

注册会计师对内部控制制度进行控制测试后，再对其进行评价，确定控制风险水平，进而可确定实质性测试的性质、时间和范围。

（四）评价

就本案例来讲，注册会计师刘欣首先通过调查表等方法对其进行了调查了解，初步认为该公司的内部控制具有一定的可信性，运用抽查凭证法、实地考察法等对销售与收款循环的内部控制进行了控制测试，在此基础上，对其做了评价。

如前所述，该公司销售与收款循环内部控制得到了执行，但在内部控制制度中也存在一些问题。从了解内部控制和控制测试中可以发现，本案例中大为股份有限公司内部控制的缺陷包括：

1. 企业应管理并审核批准信用额度，以保证仅接受在信用额度内的订单。事项 1 中由销售员相机决定是否赊销会使接受订单和批准赊销信用环节缺乏内控，并且应收款项未能定期与客户核对，应收款项的管理较为混乱。

具体改进建议如下：

如果是新顾客，销售经理应进行客户背景调查，获取包括信用审批机构对顾客信用等级的评定报告等，填写“新顾客基本情况表”，并附相关资料交至信用管理经理审批。信用管理经理将在“新顾客基本情况表”上签字注明是否同意赊销。如果是现有顾客，业务员应对订单金额与该顾客已被授予的信用额度以及至今尚欠的账款余额进行检查，经销售经理审批后，交至信用管理经理复核。如果是超过信用额度的采购订单，应由总经理审批，并且应严格执行应收账款的定期核对制度。

上述内部控制缺陷与应收账款的准确性、计价和分摊认定以及主营业务收入的发生认定有关。

2. 企业应由不负责输入销售订单的人员比较销售订单数据与支持性文件是否相符。在事项 2 中，企业派一个信息管理员负责订单的输入、核对和报告是不正确的，致使出现了销售发票与相关凭据不符的情形，为销售发票的虚开提供了可能。

改进建议：应另派一个不负责输入销售订单的人员定期比较销售订单数据与支持性文件是否相符，并对任何不连续编号的情况进行检查。如有不符，复核人员应通知信息管理员，与其共同调查该事项。

上述内部控制缺陷与应收账款的存在认定以及营业收入的发生认定有关。

3. 企业内部控制制度应使得销售订单、销售发票已连续编号，编号连续性已被核对，以保证与销售货物相关的权利已记录至应收账款。

事项3中应收账款记账员仅根据销售发票所载信息编制凭证和登记入账，存在控制缺陷。

正确的做法是：应收账款记账员在编制凭证前，先将销售订单信息、销售发票所载信息和报关单、运货提单等进行核对。如所有单证核对一致，可在发票上加盖“相符”印戳并将有关信息编制凭证和输入系统。

上述内部控制缺陷与应收账款的存在、完整性、权利和义务的认定以及主营业业务收入的发生、完整性认定有关。

4. 企业内控制度应保证管理层制定有关销售退回、折扣、折让的政策和程序，并监督其执行，以此实现已记录的销售退回、折扣、折让为真实发生的。

事项4中未经相关主管人员签字即冲减应收账款的业务是不正确的。正确的做法是：业务员在接到顾客的索赔传真等资料后，编制连续编号的顾客索赔处理表，交至生产部门和技术部门，由生产经理、技术经理确定是否确属产品质量问题，并签字确认；如确属该公司的责任，才能减记应收账款账目，并在顾客索赔处理表上注明货款结算情况。另外企业还可以规定，对于索赔金额不超过一定限额的，由销售经理批准，如超过该标准，应由总经理审批。

（五）实质性测试

1. 实质性测试是为会计报表每项认定的公允性提供证据，它所披露的是被审计单位记录交易和余额的过程中发生的错报和漏报情况。

2. 实质性测试要解决的问题。实质性测试要解决其测试的性质、时间和范围。实质性测试的性质是指要执行的审计程序的种类及其组合。实质性测试的时间是指，对被审计单位会计报表进行测试是在会计期中、会计期末还是接近会计期末。实质性测试的范围是指执行实质性测试的种类的多少，所审计的项目的数量。

就本案例来讲，刚才在审计方法与过程中提到的实质性测试程序包括：

（1）对销售收入进行分析性复核，发现销售收入可能存在虚记。

（2）进行凭证抽查，发现收入虚记的确切证据。

（3）审查收入确认和关联方交易，发现价格高估行为。

（4）进行销售截止期测试，发现销售收入入账期间不恰当。

（六）销售折扣与折让的审计程序

在审计销售折扣与折让时，注册会计师一般可执行下列审计程序：

1. 获取或编制折扣与折让明细表，复核加计正确，并与明细账合计数核对相符。

2. 取得被审计单位有关折扣与折让的具体规定和其他文件资料，并抽查较大的折扣与折让发生额的授权批准情况，与实际执行情况进行核对，检查其是否经授权批准，是否合法、真实。

3. 销售折让与折扣是否及时足额提交对方，有无虚设中介、转移收入、私设账外“小金库”等情况。

4. 检查折扣与折让的会计处理是否正确。

四、思考与实践

信永会计师事务所受托审计樱花公司2024年年度财务报表。审计工作底稿中部分内容摘录如下：

（1）被审计单位的内部控制制度规定，信用部门负责根据统一标准审核批准客户信用期，销售经理负责审核批准延长信用期的申请，公司只对重要的长期客户延长信用期。财务部于季末与客户对账，向客户寄送对账单，若客户回复结果表明差异超过该客户欠款余额的10%，则由财务部门和销售部门联合展开调查。

（2）公司的产品全部通过企业电子商城销售，收入交易高度依赖信息系统。事务所聘请信息技术专家对与收入交易相关的信息技术应用控制进行了测试。注册会计师在此基础上抽查了20%的销售单据，未发现销售收入存在错报，认为产品销售收入无误。

要求：针对事项（1）的内容，请指出公司内部控制中存在哪些缺陷？针对事项（2）的内容，请分析注册会计师的做法是否恰当？

案例二　营业收入实质性测试

一、本案例学习目标

完成本案例学习后，学生应当能够：掌握营业收入审计的目标，掌握营业收入审计的实质性测试程序内容，理解各个审计程序与审计目标及管理层认定之间的关系，理解业务实质性测试的设计方法。

二、本案例的关键内容

（一）案例资料

注册会计师刘欣和李明负责对大为股份有限公司的营业收入进行实质性测试，在工作底稿中记录了所执行的审计程序，部分内容摘录如表 4-1 和表 4-2 所示。

表 4-1　审计目标与财务报表认定对应关系表（一）

审计目标	财务报表认定					
	发生	完整性	准确性	截止时间	分类	列报
A：利润表中记录的营业收入已发生，且与被审计单位有关						
B：所有应当记录的营业收入均已记录						
C：与营业收入有关的金额及其他数据已恰当记录						
D：营业收入已记录于正确的会计期间						
E：营业收入已记录于恰当的账户						
F：营业收入已按照企业会计准则的规定在财务报表中做出恰当的列报						

表 4-2　审计目标与审计程序对应关系表（二）

审计目标	可供选择的审计程序
	1. 获取或编制主营业务收入明细表： （1）复核加计是否正确，并与总账数和明细账合计数核对是否相符，结合其他业务收入科目与报表数核对是否相符 （2）检查以非记账本位币结算的主营业务收入的折算汇率及折算是否正确

续表

审计目标	可供选择的审计程序
	2. 实质性分析程序。针对已识别需要运用分析程序的有关项目，并基于对被审计单位及其环境的了解，通过进行以下比较，同时考虑有关数据间关系的影响，以建立有关数据的期望值： （1）将本期的主营业务收入与上期的主营业务收入进行比较，分析产品销售的结构和价格变动是否异常，并分析异常变动的原因 （2）计算本期重要产品的毛利率，与上期比较，检查是否存在异常，各期之间是否存在重大波动，查明原因 （3）比较本期各月各类主营业务收入的波动情况，分析其变动趋势是否正常，是否符合被审计单位季节性、周期性的经营规律，查明异常现象和重大波动的原因 （4）将本期重要产品的毛利率与同行业企业进行对比分析，检查是否存在异常 （5）根据增值税发票申报表或普通发票，估算全年收入，与实际收入金额比较 （6）确定可接受的差异额 （7）将实际的情况与期望值相比较，识别需要进一步调查的差异 （8）如果其差额超过可接受的差异额，调查并获取充分的解释和恰当的佐证审计证据（如通过检查相关的凭证等） （9）评估分析程序的测试结果
	3. 检查主营业务收入的确认条件、方法是否符合企业会计准则，前后期是否一致；关注周期性、偶然性的收入是否符合既定的收入确认原则、方法
	4. 获取产品价格目录，抽查售价是否符合价格政策，并注意销售给关联方或关系密切的重要客户的产品价格是否合理，有无以低价或高价结算的方法，相互之间有无转移利润的现象
	5. 抽取发货单，审查出库日期、品名、数量等是否与发票、销售合同、记账凭证等一致
	6. 抽取记账凭证，审查入账日期、品名、数量、单价、金额等是否与发票、发货单、销售合同等一致
	7. 结合对应收账款的审计，选择主要客户函证本期销售额
	8. 对于出口销售，应当将销售记录与出口报关单、货运提单、销售发票等出口销售单据进行核对，必要时向海关函证
	9. 销售截止测试
	10. 存在销货退回的，检查手续是否符合规定，结合原始销售凭证检查其会计处理是否正确；结合存货项目审计关注其真实性
	11. 销售折扣与折让
	12. 检查有无特殊的销售行为，如委托代销、分期收款销售、商品需要安装和检验的销售、附有退回条件的销售、售后租回、售后回购、以旧换新、出口销售等，选择恰当的审计程序进行审核

(二) 案例分析要求

1. 请指出营业收入审计的目标及对应的财务报表认定，并填写于审计工作底稿中。

2. 对注册会计师执行的实质性测试程序，请确定其要完成的审计目标。请根据上述回答填写完成审计工作底稿。

三、本案例需要关注的问题

如案例中的审计工作底稿所示，营业收入的审计目标可分为六类，并分别与相应的管理当局认定相对应。

确定了审计目标后，注册会计师要进行审计程序的选择。有些审计程序在每一项审计业务中都可使用，而另外一些审计程序取决于了解内部控制和内部控制测试的结果。根据不同的情况，注册会计师所采用的审计程序会有很大差异，故确定营业收入的实质性测试程序并非一蹴而就的事情。作为注册会计师，必须清楚地了解其所采用的审计程序的目的和适用环境。

本案例中情况如表 4-3 及表 4-4 所示。

表 4-3　审计目标与认定对应关系表（一）

审计目标	财务报表认定					
	发生	完整性	准确性	截止	分类	列报
A：利润表中记录的营业收入已发生，且与被审计单位有关	√					
B：所有应当记录的营业收入均已记录		√				
C：与营业收入有关的金额及其他数据已恰当记录			√			
D：营业收入已记录于正确的会计期间				√		
E：营业收入已记录于恰当的账户					√	
F：营业收入已按照企业会计准则的规定在财务报表中做出恰当的列报						√

表 4-4　审计目标与审计程序对应关系表（二）

审计目标	可供选择的审计程序
C	1. 获取或编制主营业务收入明细表： （1）复核加计是否正确，并与总账数和明细账合计数核对是否相符，结合其他业务收入科目与报表数核对是否相符 （2）检查以非记账本位币结算的主营业务收入的折算汇率及折算是否正确

续表

审计目标	可供选择的审计程序
A，B，C	2. 实质性分析程序。针对已识别需要运用分析程序的有关项目，并基于对被审计单位及其环境的了解，通过进行以下比较，同时考虑有关数据间关系的影响，以建立有关数据的期望值： (1) 将本期的主营业务收入与上期的主营业务收入进行比较，分析产品销售的结构和价格变动是否异常，并分析异常变动的原因 (2) 计算本期重要产品的毛利率，与上期比较，检查是否存在异常，各期之间是否存在重大波动，查明原因 (3) 比较本期各月各类主营业务收入的波动情况，分析其变动趋势是否正常，是否符合被审计单位季节性、周期性的经营规律，查明异常现象和重大波动的原因 (4) 将本期重要产品的毛利率与同行业企业进行对比分析，检查是否存在异常 (5) 根据增值税发票申报表或普通发票，估算全年收入，与实际收入金额相比较 (6) 确定可接受的差异额 (7) 将实际的情况与期望值相比较，识别需要进一步调查的差异 (8) 如果其差额超过可接受的差异额，调查并获取充分的解释和恰当的佐证审计证据(如通过检查相关的凭证等) (9) 评估分析程序的测试结果
A，B，C，D	3. 检查主营业务收入的确认条件、方法是否符合企业会计准则，前后期是否一致；关注周期性、偶然性的收入是否符合既定的收入确认原则、方法
C	4. 获取产品价格目录，抽查售价是否符合价格政策，并注意销售给关联方或关系密切的重要客户的产品价格是否合理，有无以低价或高价结算的方法，相互之间有无转移利润的现象
A，B，C，D	5. 抽取发货单，审查出库日期、品名、数量等是否与发票、销售合同、记账凭证等一致
A，C，D	6. 抽取记账凭证，审查入账日期、品名、数量、单价、金额等是否与发票、发货单、销售合同等一致
A，C	7. 结合对应收账款的审计，选择主要客户函证本期销售额
A	8. 对于出口销售，应当将销售记录与出口报关单、货运提单、销售发票等出口销售单据进行核对，必要时向海关函证
D	9. 销售截止测试
A	10. 存在销货退回的，检查手续是否符合规定，结合原始销售凭证检查其会计处理是否正确，结合存货项目审计关注其真实性
C	11. 审计销售折扣与折让的授权审批，看其是否及时、足额提交给对方，会计处理是否正确

续表

审计目标	可供选择的审计程序
A，B，C，D，E	12. 检查有无特殊的销售行为，如委托代销、分期收款销售、商品需要安装和检验的销售、附有退回条件的销售、售后租回、售后回购、以旧换新、出口销售等，选择恰当的审计程序进行审核

四、思考与实践

韵达公司是立信会计师事务所的常年审计客户，主要从事数控产品的研发、生产与销售。注册会计师李平负责审计韵达公司 2024 年年度财务报表中的营业收入。李平在审计工作底稿中记录了实施的进一步审计程序，部分内容摘录如下：

（1）公司将发票和产品一起交付给客户，待产品完成安装后再确认收入。为确定营业收入是否存在低估，注册会计师从主营业务收入明细账中选取会计分录，检查后附的订购单、销售单、出库单、发票等相关原始凭证。

（2）李平计划现场走访公司 2024 年新增的 4 家重要代理商，为提高访谈效率，李平委托公司销售经理将访谈提纲提前转交给代理商。

（3）韵达公司向母公司销售了一批产品。管理层在财务报表附注中指出该交易符合公平交易原则。注册会计师将这笔关联方交易的价格与相同产品的市场价格相比较，未发现明显差异，因此认为该项披露不存在重大错报。

要求：请分析该注册会计师的做法是否恰当。

案例三　销售收入截止测试

一、本案例学习目标

完成本案例学习后，学生应当能够：掌握销售截止测试的含义、目的、常用审计程序及其适用范围。

二、本案例的关键内容

（一）案例资料

伟达公司是生产和销售高档家具的公司，公司产品分为标准型和定制型两类，公司要求销货时必须有预先编号的出库单。标准型家具不需要提供安装服务。截至 2024 年 12 月 31 日，标准型家具最后一张出库单的号码是 4544，这张出库单对应的当月最后一张发票号码是 1545。注册会计师刘欣和李明负责对伟达公司标准型家具的销售收入进行截止测试，在工作底稿中记录了所抽取的凭证和单据信息，部分内容摘录如表 4-5 所示。

表 4-5　销售截止性测试

被审计单位名称：伟达公司　　编制：刘欣

日期：2025 年 2 月 8 日　　索引号：D1-3

会计期间或截止日：2024 年 1~12 月　　复核：李明　日期：2025 年 3 月 1 日

客户名称	发票记录				记账凭证		出库单	备注
	编号	日期	数量（台）	金额（元）	日期	编号	日期	
A 公司	1539	2024-12-17	20		2024-12-17		2024-12-17	√，H
B 公司	1540	2024-12-18			2024-12-18		2024-12-18	√，H
C 公司	1541	2024-12-19			2024-12-19		2024-12-19	√，H
D 公司	1542	2024-12-20	35	23 400	2024-12-22	转字 125	2025-01-20	H
J 公司	1543	2024-12-25	28	18 900	2024-12-26	银收字 56	2024-12-25	√，H
Q 公司	1544	2024-12-28	90	72 540	2024-12-29	转字 140	2025-01-14	H
W 公司	1545	2024-12-31	68	48 300	2025-01-05	字 18	2025-01-01	√，H
K 公司	1546	2025-01-05	35	24 000	2025-01-07	转字 23	2025-01-05	发票和出库单均为红字，退货
L 公司	1547	2025-01-05					2025-01-05	√，H
M 公司	1548	2025-01-05					2025-01-05	√，H
N 公司	1549	2025-01-06					2025-01-06	√，H
审计说明： √：表示与发货核对相符；H：表示过入明细账和总账。								

注册会计师随后又对定制型家具实施了截止测试。伟达公司对定制型家具提供安装服务。公司会将家具和发票同时交付给客户，并在完成家具安装后确认收入。在实施销售收入截止测试时，注册会计师选取资产负债表日前后 15 天的明细账记录和销售发票，核对发票日期和记账日期，未发现收入跨

期情况。

（二）案例分析要求

1. 伟达公司的1539至1546号发票与号码分别与4539至4546的出库单号一一对应，假设负责开发票的员工误将1545至1549号发票的日期写成12月31日，请分析这种错误对财务报表的影响，并指出注册会计师如何才能发现这种错误？

2. 结合本案例，请讨论：在审计实务中注册会计师可以考虑选择哪些审计路线实施营业收入的截止测试？

3. 本案例中哪些销售业务需要调整，哪些不需要调整？若本案例中有关发票记录和记账凭证记录做了调整后，对销售收入的期末数如何进行调整？

4. 请列出进行销售截止测试常用的审计程序。

5. 请分析注册会计师针对定制型家具实施的审计程序是否恰当？

三、本案例需要关注的问题

（一）销售截止测试的目的

销售截止测试就是检查发票开具日期、记账日期和发货日期是否归属于同一适当的会计期间，其主要目的是确定被审计单位主营业务收入的会计记录归属期是否正确，应计入本期或下期的主营业务收入是否被推迟至下期或提前至本期，发现企业期末高估收入或低估收入及利润操纵行为。

在本案例中，由于截至2024年12月31日，最后一张出库单的号码是4544，其对应的当月最后一张发票号码是1545，但员工误将1545至1549号发票的日期写成12月31日，这种出库单和销售发票不在同一年度的截止错误容易造成企业提前确认收入，注册会计师执行截止测试可以发现这种错误。

需要注意的是，执行销售截止测试时，注册会计师需要核对的文件是能决定销售收入确认时间的文件。例如，在本案例中，注册会计师针对需要安装的定制型家具实施截止测试时，还应当检查能够体现安装完成日期的支持性文件，而不能仅核对发票日期与账面收入确认日期。

（二）截止测试路线

在审计实务中，有三条不同起点的截止测试路线可供注册会计师选择：一是以账簿记录为起点，从报表日前后若干天的账簿记录追查至记账凭证，并检查对应的发票和发运凭证是否与之相符，是否所有营业收入都是真实的，均已开具发票并发货，有无高估收入现象。二是以销售发票为起点，抽取报表日前后若干天的发票存根，追查至发运凭证与账簿记录，确定已开具发票的货物是否已经发货并于同一会计期间确认收入。三是以发运凭证为起点，从报表日前后若干天的发运凭证入手，追查发票开具情况与账簿记录情况，确定营业收入是否已记入恰当的会计期间。

本案例中，对 D 公司和 Q 公司的销售，经与销售合同核对，确定具体供货日期为 2025 年 1 月，但伟达公司将这两笔业务均记入了 2024 年度，入账期间提前，应调入 2025 年，两笔收入共计 95 940 元，调整销售收入的分录为：

借：主营业务收入　　82 000

　　应交税金——应交增值税　　13 940

　贷：应收账款——Q 公司　　72 540

　　　　　　　——D 公司　　23 400

A 公司、B 公司、C 公司、J 公司、L 公司、M 公司、N 公司和 W 公司的销售收入确认日期与开票和发货日期相符，不需要调整。

对 K 公司的退货在 1 月的记录中冲销了 2024 年的销售收入，账务处理正确，不需要调整。

（三）销售截止测试常用的审计程序

进行销售截止测试常用的审计程序包括：

1. 通过测试资产负债表日前后若干天且金额大于某标准的发货单据，将应收账款和收入明细账进行核对；同时，从应收账款和收入明细账选取在资产负债表日前后若干天且金额大于某标准的凭证与发货单据核对，以确定销售是否存在跨期现象。

2. 复核资产负债表日前后销售和发货水平，确定业务活动水平是否异常（如与正常水平相比），并考虑是否有必要追加截止程序。

3. 取得资产负债表日后所有的销售退回记录，检查是否存在提前确认收入的情况。

4. 结合对资产负债表日应收账款的函证程序，检查有无未取得对方认可的大额销售。

5. 调整重大跨期销售。

四、思考与实践

上市公司英华化工公司是韵达会计师事务所的常年审计客户，主业是利用原油提炼聚乙烯、聚丙烯和汽油等精细化工产品，在生产过程中产生的副产品渣油也很受市场欢迎。注册会计师黎明负责审计英华化工公司 2024 年年度财务报表。黎明在审计工作底稿中记录了实施实质性程序的情况，部分内容摘录如下：

（1）英华化工公司规定，客户在接收产品时需在出库单上签字，以之作为收到商品且商品与订购单一致的证据，公司在客户签收商品时确认收入。黎明认为主营业务收入存在高估风险。在实施销售截止测试时，黎明从资产负债表日前若干天的客户签收记录追查到主营业务收入明细账，并从资产负债表日后若干天的主营业务收入明细账追查到客户签收记录，未发现异常。

（2）英华化工公司生产的渣油多用于修筑山区公路，因渣油运输需要专用车辆且客户距离较远，公司提供送货上门服务。公司的销售合同中都约定，货物一旦送达就不再退货。公司在发出矿渣时就将渣油销售收入记入其他业务收入入账。由于公司发生过管理层贪污渣油款的行为，黎明认为其他业务收入存在低估风险。在实施截止测试时，黎明从企业的出库单中抽取了部分凭证，追查到账簿记录，未发现异常。

要求：请分析注册会计师黎明的做法是否恰当。

案例四　应收款项及坏账准备审计

一、本案例学习目标

完成本案例学习后，学生应当能够：了解在应收账款及坏账准备中存在的主要会计舞弊形式及对其进行实质性测试的主要程序和方法，并掌握应收款项函证的过程和方法以及坏账准备计提和转销的审核过程和内容。

二、本案例的关键内容

（一）案例资料

蓝格股份有限公司由原蓝格集团内剥离出的部分优质资产组建而成，并于 1997 年在上海证券交易所上市，总股本为 10 600 万股，其中法人股为 600 万股，国家股为 7 000 万股，流通 A 股为 3 000 万股。公司主营各类大重型机床、专用机械设备、食品机械等产品的开发、制造和销售。

华康会计师事务所派出了以李明为项目组长及以张芳、张迪、谢雨为组员的项目组。审计组于 2025 年 3 月 15 至 4 月 6 日对该公司 2024 年度的会计报表进行审计。在审计应收账款和坏账准备时，注册会计师主要实施了以下审计程序：

（1）通过了解、调查、描述、测试与评价等方法进行控制测试。

（2）对应收款项进行分析性复核。

（3）对大额应收款项进行凭证抽查，并执行函证程序。

注册会计师确定的函证样本和方式如表 4-6 所示。

表 4-6　函证取样表

项　目	余额（万元）	户数（户）	函证方式	函证数量
应收账款	100 以上	2	肯定式函证	全部函证
	50～100	4	肯定式函证	全部函证
	10～50	56	肯定式函证	选取 20 户函证
	1～10	62	否定式函证	选取 20 户函证
	1 以下	34	否定式函证	选取 15 户函证
预付账款	100 以上	1	肯定式函证	全部函证
	50～100	2	肯定式函证	全部函证
	50 以下	无		
其他应收款	50 以上	5	肯定式函证	全部函证
	10～50	3	肯定式函证	全部函证
	10 以下	为内部备用金及职工欠款		

在执行函证程序的过程中，注册会计师遇到如下特殊事项：

1. 在选择函证样本的过程中，注册会计师计划将几个贷方余额较大的账户包含在函证范围内，但遭到被审计单位销售经理的强烈反对，其理由是如果对这些客户函证，对方会要求立刻偿还欠款。

2. 在注册会计师发出的应收账款询证函中，有 4 份没有收到回函，其中：嘉华公司因地址错误，被邮局退回；意林公司先发来传真件回复；滨力公司已经被注销；林银公司已经进入破产清偿程序。

3. 在注册会计师收到的应收账款询证函的回函中有 6 份存在问题，分别为：丁原公司购买的 30 万元货物的货款已经于 12 月 26 日结清；滨海公司购买的 20 万元货物尚未收到；可达公司已经于 12 月 28 日将不符合合同要求的 35 万元货物退回；德润公司对运输途中损坏的货物已经提出诉讼，要求半价支付，故应收账款应为 15 万元，而非询证函中的 30 万元；益达公司提出其所欠款项已经于 12 月 22 日付讫；枫叶公司提出其曾于 10 月预付一笔 30 万元的货款，希望以此抵销对照单中列示的欠款 15 万。

对于上述问题，注册会计师采取了相应的审计程序。最后，注册会计师张迪根据要求，编制了“应收款项函证情况汇总表”，其部分内容见表 4-7。

表 4-7　应收款项函证情况分析表

被审单位名称：蓝格股份公司　　编制者：张迪　　日期：2025 年 4 月 1 日

会计截止日：2024 年 12 月 31 日　　复核者：李明　　日期：2025 年 4 月 15 日

函证单位	账面余额（元）	收到回函		未收到回函，通过替代程序确认（元）	未确认金额（元）	备　注
		直接确认（元）	实施追加程序后确认（元）			
JD 公司	340 000	340 000				
咸阳公司	420 000			420 000		已于次年 1 月 5 日收到 20 万元货款
永锡实业	250 000		140 000			110 000 元的差额为串户错误
泛海公司	400 000		493 600			93 600 元为漏记错误
友谊公司	1 500 000					账务处理错误
……						
合计	12 300 000	11 000 000	900 000	380 000	10 000	
函证户数占总户数的 55%，抽取样本进行函证的金额占应收款项总额的 80%，可确认金额占样本总金额的 99%						

（二）案例分析要求

1. 结合本案例，请说明注册会计师应如何确定函证对象，以及对于每个函证对象应如何选择函证方式。

2. 本案例的事项 1 中，对于销售经理反对函证一些客户的要求，注册会计师应如何处理？

3. 本案例中，注册会计师对于未收到回函的应收账款应采用哪些审计程序？

4. 对应收账款进行函证时是否需要对所有债务人进行函证？在确定函证规模时应考虑哪些因素？

5. 为取得可靠的证据，注册会计师应如何对函证过程实施控制？

6. 若本案例中对坏账准备的转销抽查时，该公司有一笔转销分录为：

借：坏账准备　　150 000

　　银行存款　　100 000

　贷：应收账款——光明集团　　250 000

该笔应收账款的账龄为 3 年整，问对该项业务进行这种处理后，可能会有哪些后果？

7. 本案例中若应收账款和其他应收款计提坏账准备的方法为余额百分比法，两个账户合计的期末余额为 1 010 万元，计提比例为 10%，坏账准备账户的期初余额为 120 万元，本期借方发生额为 181 万元，预付账款和应收票据无需要计提坏账准备的情形。不考虑其他项目的影响，蓝格公司坏账准备本期提取数为 101 万元，请问坏账准备的计提数额是否正确？

三、本案例需要关注的问题

（一）函证的含义

函证（即外部函证），是指注册会计师直接从第三方（被询证者）获取书面答复作为审计证据的过程，书面答复可以采用纸质、电子或其他介质等形式。

（二）应收账款函证的目的

审计准则规定，注册会计师应当对银行存款、借款、应收账款进行函证。尤其是应收账款，除非有充分证据表明应收账款对财务报表不重要，或函证很可能无效，否则不可省略函证程序。若不进行函证，注册会计师应当在工作底稿中说明理由。

应收账款函证的目的是证实应收账款账户余额的真实性、正确性，防止和发现被审计单位及其有关人员在销售业务中发生的差错或弄虚作假、营私舞弊行为。

本案例即反映出注册会计师张迪对蓝格股份有限公司应收款项进行函证的过程。

（三）函证对象的确定

注册会计师可以运用抽样方式确定函证样本，样本应当足以代表总体，并包括：

1. 余额较大的项目。

2. 坏账龄较长的项目。

3. 交易频繁但期末余额较小的项目。

4. 重大关联方交易。

5. 重大或异常的交易。

6. 可能存在争议以及产生重大错误或舞弊的交易。

（四）函证方式的确定

函证方式包括积极方式和消极方式。

1. 积极方式。积极的函证方式，也称肯定式函证，注册会计师应当要求被询证者在所有情况下必须回函。本案例中，注册会计师对于余额较大的应收账款项目实施了肯定式函证。

2. 消极方式。消极的函证方式，也称否定式函证，注册会计师只要求被询证者仅在不同意询证函列示信息的情况下才予以回函。

当同时存在以下情况时，注册会计师可考虑采用消极的函证方式：固有风险和控制风险评估为低水平；涉及大量较小的账户余额；预计不存在大量的错误；没有理由相信被询证者不认真对待函证。

（五）选定函证对象

执行应收账款的函证程序时，为了提高审计效率，一般不需要对所有债务人进行函证，可以根据审计抽样确定的样本规模，并结合以下几种因素的影响来选定函证对象。

1. 应收账款在全部资产中的重要程度。如果应收账款在全部资产中所占的比例较大，那么，函证量也应相应大一些。

2. 被审计单位内部控制的强弱。如果内部控制比较健全，可以相应缩小函证范围；反之，要扩大函证范围。

3. 以前年度的函证结果。如果以前年度函证中发现重大差异或欠款纠纷较多，函证范围应扩大一些。

4. 函证方式的选择。如果选择肯定式函证，可相应减少函证量；如果选择否定式函证，则应增加函证量。

一般情况下，账龄长、金额大、存在纠纷的应收账款，非正常名称的账户，关联方余额，有贷方余额的账户，是注册会计师必须向债务人函证的对象。

（六）对未回函的应收账款应实施替代程序

在采取积极的函证方式的情况下，对未回函的被函证对象，应实施替代程序，一般是审阅有关会计资料，主要包括：审阅应收账款明细账和银行存款日记账；抽查有关的会计凭证；核对相关发票、出库单、货运凭证、顾客订单、销售合同等；查找资产负债表日后收回的款项，以证明应收账款的存在性。

本案例中：

1. 对退回的嘉华公司的询证函，注册会计师首先应查明退函原因，其次执行替代审计程序。

2. 对意林公司先发来的传真件，注册会计师应直接接收，并要求意林公司寄回询证函原件。

3. 对滨力公司的应收账款，注册会计师应执行替代审计程序，并且追加审计程序以获取滨力公司被吊销的文件及清算报告，建议被审计单位对此坏账加以注销。

4. 林银公司已进入破产清偿程序，注册会计师应提醒蓝格公司对该公司的应收账款及时进行债权登记。

（七）对函证实施过程进行控制

审计准则规定，当实施函证程序时，注册会计师应当对询证函保持控制，包括：

1. 确定需要确认或填列的信息。

2. 选择适当的被询证者。

3. 设计询证函，包括正确填列被询证者的姓名和地址，以及被询证者直接向注册会计师回函的地址等信息。

4. 发出询证函并予以跟进，必要时再次向被询证者寄发询证函。

（八）管理层不允许寄发询证函

在本案例中，在选择询证函样本的过程中，注册会计师计划将几个贷方余额较大的账户包含在函证范围内，但遭到被审计单位销售经理的强烈反对，理由是如果对这些客户函证，对方会要求立刻偿还欠款。对于这种情况，注册会计师应结合具体情况考虑其要求是否合理，如果认为管理层的要求合理，注册会计师应评价管理层不允许寄发询证函对评估的相关重大错报风险（包括舞弊风险）以及其他审计程序的性质、时间安排和范围的影响，并且实施替代审计程序，以获取与这些账户余额或其他信息相关的充分适当的审计证据。如果注册会计师认为这些要求不合理，且被其阻挠不能实施函证，则应视为审计范围受到限制，并考虑该事项对审计报告的影响。

（九）恰当应对回函中有问题的事项

对于回函中有问题的事项，注册会计师应追加审计程序，取得充分适当的审计证据。本案例中，注册会计师应实施以下审计程序：

1. 针对丁原公司购买的 30 万货物的货款已经于 12 月 26 日结清的情况，注册会计师应检查 12 月 26 日及以后的银行对账单及银行日记账，确定该货款的入账日期，以确定该应收账款的真实性。

2. 针对滨海公司购买的 20 万元货物尚未收到的事项，注册会计师应检查相关合同、销售发票及发运凭证，确定该笔业务是否符合销售收入的确认条件，并检查该在途存货是否纳入企业本期的存货盘点表。

3. 针对可达公司将不符合合同要求的 35 万元货物退回的事项，注册会计师应检查退回通知单、退税证明、红字发票及入库单，以确认货物是否退回，如果确实已经退回，应要求企业调整当前收入和相关科目。

4. 针对德润公司对损坏货物提出诉讼的事项，注册会计师应检查涉及诉讼的相关文件，征求律师的意见，以确定应收账款的金额。

5. 针对益达公司提出其所欠款项已经于 12 月 22 日付讫的事项，注册会计师应检查银行记录及银行收款的原始单据和相关明细账。

6. 针对枫叶公司提出其曾于 10 月预付一笔 30 万元的货款，希望以此抵销对照单中列示的欠款 15 万元，注册会计师应检查预付账款明细账、相关银行记录和原始单据，询问公司管理层对此项业务的处理意见。

（十）坏账转销的处理

对刚满 3 年的应收账款不应一次转销，应视其可收回情况进行处理，不能随意转销。本案例中的转销处理会带来的后果是：如果公司内部控制不严，很容易出现当款项收回时，被有关人员贪污挪用的问题。

（十一）坏账准备的计提

本案例中坏账准备的计提数额不正确，根据会计准则的规定，应提金额为：101+（181−120）= 162（万元）。

四、思考与实践

永新会计师事务所负责审计英达公司 2024 年的财务报告。注册会计师张华在实施函证程序时遇到下列情况。

（1）英达公司在工商银行国泰支行开立了养老保险专用账户。除此之外，英达公司未在该银行开立其他账户。张华认为不需要对该专用账户实施函证程序。

（2）2024 年初，英达公司账面上有一笔 1 年内到期的大额银行借款。2024 年 10 月 31 日，该公司将借款全部归还。由于 12 月 31 日该笔借款余额为零，张华决定不对该笔借款实施函证，仅检查还款凭证、银行对账单等相关文件和记录。

(3) 张华计划对英达公司应付利安公司的一笔大额销货款实施函证程序。双方因该笔销货合同产生法律纠纷，因此英达公司管理层要求注册会计师不实施函证程序。张华认为该要求合理，实施了替代审计程序。

(4) 为应对英达公司的应付账款中存在的低估风险，审计项目组从英达公司的应付账款明细账中选取90%的客户实施函证，未发现差异。

(5) 为提高工作效率，张华请英达公司员工帮忙填写客户询证函信封，张华负责填写客户的询证函信息。在将员工填写的信封与销售部门提供的客户清单中的地址核对后，张华将询证函加盖公章并装入信封，亲自到邮局将询证函寄出。

(6) 张华跟随英达公司出纳员李佳到城市银行太平路支行对银行存款实施函证。到银行后，由于李佳需要到柜台办理银行存款业务，张华便委托李佳顺便代办函证相关事宜，自己在等候区等候。

(7) 张华根据公司提供的电子邮箱地址，向境外客户甲公司发送电子邮件，询证应收账款余额。甲公司通过电子邮件确认余额准确无误。张华认可了该应收账款余额。

(8) 张华向客户长江公司寄发了询证函，回函显示对应收账款结果无异议，但其中附有一条说明“本信息是从电子数据库中取得，可能不包括被询证方所拥有的全部信息”，张华认为该说明不影响回函的可靠性，认可了账面应收账款余额。

(9) 由于一直未收到客户南海公司的应收账款询证函回函，张华向英达公司财务人员索取了南海公司财务人员刘航的微信号，通过微信核实了函证内容，并在审计工作底稿中记录了沟通情况。

(10) 客户万达公司的回函邮戳显示回函地址与英达公司提供的地址不一致。英达公司财务人员的解释是万达公司有多个办公地址。张华认为该解释合理，在审计工作底稿中记录了这一情况。

要求：请指出注册会计师实施函证时是否存在不当之处。为什么？

案例五　虚列销售收入

一、本案例学习目标

在完成本案例学习后，学生应当能够：掌握在销售业务中虚列销售收入的主要舞弊形式，掌握在销售收入审计中应用分析程序的要点，掌握注册会计师发现虚列销售收入的审计方法，了解销售业务实质性测试的主要环节及程序、方法。

二、本案例的关键内容

（一）案例资料

大禹公司是一家上市公司，其主要业务是出口电子产品及设备。因受外围经济形势影响，该公司 2022 年和 2023 年两年均出现大幅度利润下滑，因此公司管理层受到了股东的强烈指责。为了提高销售业绩，2024 年，该公司推出如下举措：

第一，开展“先试用再买单”活动，允许顾客试用产品 3 个月，在此期间可随时退货。此项活动令大禹公司销售额增长 20%。

第二，在各个省会城市招募代理商，为鼓励和支持代理商，允许代理商将付款日延迟到其将所代理商品售出之时。

第三，将闲置设备出租，以提升资产使用效率。

注册会计师实施了分析程序等审计程序，并重点查证了大禹公司的关联交易情况。在审计中，注册会计师发现如下事项：

1. 注册会计师在库房参加实地盘点时，发现公司有一批商品与其他存货分离放置。经询问得知，该货物与顾客要求之规格不符，故顾客未将货物提走。注册会计师发现此笔业务已经入账。

2. 9 月份向天泰公司销售一批设备，该设备将于 3 个月后交货，故暂时单独存放于公司仓库内。天泰公司购买该设备的目的是用于次年 1 月的 1 号工程投标。天泰公司与大禹公司约定，该项业务是附有条件的，若 1 号工程投标失败，它有权取消订单。由于设备发票已经开出，大禹公司已经将其列为当月销售收入。

3. 12 月 5 日，为缓解资金紧张，大禹公司用自己生产的设备与其材料供应商雷利公司的材料进行交换，大禹公司的会计记录显示，大禹公司已根据设备的市场价格开具发票并确认销售收入。设备已经运送到雷利公司，但供应商提出要先对设备进行试运行，故材料需要第二年才能送到本企业。

4. 大禹公司一直向利郎公司购买 M 材料。12 月 10 日，利郎公司提出必须清偿以前的欠款才继续向大禹公司赊销 M 材料。经协商，大禹公司以本公司生产的 A 设备抵偿以前向供货商利郎公司赊购的材料款。A 设备价值较高，目前已经运至利郎公司。大禹公司将此业务列入销售收入。

5. 大禹公司于2024年12月初以每台10万元的价格向天海公司交付了10台设备。双方约定，在该公司付清货款前，大禹公司仍对未付款的产品保留法定所有权。截至12月31日，天海公司共支付货款50万元，但大禹公司确认销售收入100万元。

6. 注册会计师对大禹公司的设备租金收入实施实质性分析程序时，确定可接受差异额为600万元。公司账面租金收入比期望值少1 500万元，注册会计师针对其中1 300万元的差异进行了调查，结果满意。因剩余差异小于可接受差异额，注册会计师认可了管理层记录的租金收入。

（二）分析要求

1. 结合本案例，请说明进行销售收入的分析性复核时应从哪些方面入手？你认为应分析哪些核心指标？事项6中，注册会计师的做法是否恰当？

2. 针对事项1~4，根据收入确认的原则，请判断大禹公司在销售收入确认中是否存在不妥之处，若存在问题，请提出审计调整意见。

3. 结合本案例，请分别讨论注册会计师应追加什么审计程序，才能查证清楚。

4. 在销售与收款循环审计中为何要关注关联方交易？请说明注册会计师针对关联方交易实施的常规审计程序。

三、本案例需要关注的问题

（一）在销售收入审计中应用分析程序

分析程序是进行销售收入审计的重要程序，通过该程序可以发现销售收入可能存在的高估或低估问题。

在本案例中，可利用分析程序来进行风险评估，并相应追加审计程序，包括：

1. 了解大禹公司的基本情况，关注企业面临的压力、公司治理方面存在的缺陷等可能造成舞弊的因素。

2. 根据收集电子产品及设备行业资料，将大禹公司与同行业公司对比，分析销售增长率、销售毛利率等关键指标是否异常。用近几年的毛利率进行对比分析，看其波动规律，并与该公司所生产产品的价格走势、外部的市场环境、市场占有率等相关因素进行综合分析，以发现公司收入的异常变化。

3. 将本期的收入数与上一期对比，看是否有异常波动；也可将本期数与计划数对比，看其与计划的差异；还可将本期收入与本期的营业费用、管理费用比较，计算销售费用率，看是否有异常变化。主要分析指标可以是销售收入增长率、毛利率、销售费用率等。

4. 收集股东、债权人、其他利害关系人及媒体等社会各界对企业的质疑，对高风险领域追加审计程序。

可接受差异额是可以接受且无须做进一步调查的差异额。当发现的差异超过可接受差异额时，说明可能存在错报，但注册会计师不能立即要求被审计单位更正，此时应该针对全部差异额进行调查证实，而非仅调查超出可接受差异额的部分。

事项 6 中，注册会计师只调查了 1 300 万元的差异，这种做法是不恰当的，应该对 1 500 万元的总差异额展开调查。

(二) 收入确认的条件

一般而言，企业应当履行合同中的履约义务，即在顾客取得相关商品的控制权时确认收入。

取得相关商品的控制权，是指能够主导该商品的使用并从中获得几乎全部的经济利益。试图舞弊的公司往往通过将不满足收入确认条件的业务入账来实现虚增收入的目的。

在本案例中，企业的多项业务均不符合销售收入的确认条件。例如：

“先试用再买单”活动中，允许顾客试用产品 3 个月，在此期间可随时退货，并没有将所有权上的主要风险和报酬转移给购货方。

事项 2 中，该项销售业务的成立是以 1 号工程投标成功为条件的，若 1 号工程投标失败，对方有权取消订单，故不能在当月确认收入。

事项 3 中，大禹公司用自己生产的设备与其材料供应商雷利公司的材料进行交换，设备已经运送到雷利公司，供应商提出要先对设备进行试运行，因此与交易相关经济利益未必能够流入企业，故大禹公司不能立刻确认销售收入。

事项 5 中，双方约定，在该公司付清货款前，大禹公司仍对未付款的产品保留法定所有权。截至 12 月 31 日，天海公司共支付货款 50 万元，故大禹公司应确认销售收入 50 万元。

本案例中注册会计师应该追加的审计程序如下：

针对“先试用再买单”活动，注册会计师应该检查双方的约定及相关会计处理，重点关注未满 3 月退回期的业务对销售收入的影响。

针对事项 2，注册会计师应该检查企业与天泰公司的合同，向天泰公司发出函证信，要求天泰公司确认其对该设备拥有所有权并将无条件付款，并考虑天泰公司的回函对销售收入的影响。

针对事项 3，注册会计师应该检查销售合同及货运凭证，同时检查对方无法及时将材料送到大禹公司的告知函，重点关注销售收入是否真正实现。

针对事项4，注册会计师应该检查销售相关凭证，检查债务重组合同及相关会计处理，重点关注是否是同一债权债务人进行债务抵消，并考虑其对销售收入的影响。

针对事项5，注册会计师应该检查双方约定及相关会计处理，重点关注余款对销售收入的影响。

关联方交易有可能导致销售虚假，高估和低估销售收入，注册会计师要特别关注。

具体做法是：调查向关联方销售的情况，记录其交易品种、价格、数量、金额和比例，并记录占总销售收入的比例。对于合并范围内的销售活动，记录应予合并抵销的金额。

四、思考与实践

胜利集团的主业是钢帘线和化工业务，曾经被誉为“钢帘线大王”。为满足融资需要，2017至2022年，胜利集团共虚增主营业务收入615.39亿元，各年分别为86.53亿元、98.87亿元、142.53亿元、141.84亿元、145.62亿元，占当年对外披露营业收入的比例分别为59.44%、67.30%、71.41%、70.20%、68.50%，5年共虚增利润113.00亿元。2023年6月27日，因涉嫌信息披露违法违规，根据《证券法》《行政处罚法》等法律法规，中国证监会决定对胜利集团公司立案调查。

证监会调查发现，胜利集团采用多种方式虚增营业收入。具体如下：

2017年，胜利集团通过与北方光电公司等13家公司签订虚假销售合同，以虚构销售业务的方式虚增营业收入86.53亿元。2018年，胜利集团通过伪造工程进度确认表、发货单等调节总承包项目完工进度，虚构收入98.87亿元。2019年，胜利集团与星航机电设备公司等17家公司签订销售合同，在客户存在退款可能性的情况下仍将所有销售确认为当期销售收入，当年虚增营业收入142.53亿元。2020年，胜利集团将政府拨付的专项扶持资金虚构成技术许可业务并确认为销售收入，另外公司还通过篡改发运单、签收单或验收单等原始单据日期，人为调节收入入账日期，当年共计虚增营业收入141.84亿元。2021年，胜利集团的子公司作为其他公司的销售代理人，却全额确认收入。公司还通过签订产品购销合同并全额开具发票的方式在形式上掩盖代理加工的交易实质，同时虚增收入和成本。2022年，公司将产品销售给关联方华光公司，然后再由其子公司蓝天公司将产品从关联方购回。公司利用隐性关联方，并串通外部客户、供应商，伪造或变造各类合同、单据和财务凭证等资料，制作虚假财务账套，在采购、生产、销售、物流运输、签收与调试、回款全链条系统性造假。这种没有商业实质的购销活动为公司带来145.62亿元的营业收入。2024年1月17日，公司相关当事人收到了证监会出具的《行政处罚决定书》。

要求：请指出胜利集团采用了哪些收入舞弊手段。

第五章
购货与付款循环审计

案例一　应付账款余额测试

一、本案例学习目标

完成本案例学习后，学生应当能够：掌握购货与付款循环的分析程序，设计应付账款余额的详细测试程序。

二、本案例的关键内容

（一）案例资料

在永锋股份有限公司的年报审计业务中，刘雨等注册会计师负责购货与付款循环的审计业务。下面列举了注册会计师对应付账款余额进行详细测试时执行的部分审计程序。

1. 针对已识别出的需要运用分析程序的有关项目，并基于对被审计单位及其环境的了解，通过进行以下比较，同时考虑有关数据间关系的影响，建立有关数据的期望值，执行如下分析程序：

（1）将本期与购货相关的费用账户余额同以前年度与购货相关的费用账户余额进行比较。

（2）检查应付账款明细清单中是否存在需承担利息的、不属于购货业务的异常应付款项。

（3）将本期重要应付账款的明细项目与以前年度对比分析，检查是否存在异常。

（4）计算本期与应付账款相关的财务比率，如购货占应付账款的比例、应付账款与流动负债的财务比率，与上期比较，检查是否存在异常，各期之间是否存在重大波动，查明原因。

2. 在完成控制测试后，注册会计师通过编制应付账款明细表等工作底稿审查应付账款明细账，见表 5-1。

表 5-1　应付账款明细表（部分）

被审计单位：永锋股份有限公司　　编制人：刘雨
日期：2025 年 1 月 8 日　　编号：永锋 2024/12
截止日期：2024 年 12 月 31 日　　复核人：郑明
日期：2025 年 1 月 9 日　　页　次：20/20

账户名称	期初余额		本期发生额		期末余额		备注
	借方	贷方	借方	贷方	借方	贷方	
阳光公司		200 000	250 000	300 000		250 000	
原扩工厂		82 500	600 000	550 000		32 500	
地博公司		170 000	525 000	500 000		145 000	
迪爱公司		50 000	126 000	120 000		44 000	
明扬公司		260 000	2 500 000	2 600 000		360 000	
远航公司		370 000	2 000 000	2 020 000		390 000	
中太机电		380 000	2 188 000	2 300 000		492 000	
硕英物资		260 000	600 000	870 000		530 000	
维奥工厂		200 000	400 000	100 000	100 000		
大维公司		68 000	900 000	854 000		22 000	
北和公司		76 400	400 000	358 000		34 400	
里司商厦		249 000	211 980	421 000		458 020	
本页合计		2 365 900	10 700 980	10 993 000	100 000	2 757 920	
全部合计		42 124 000	200 109 800	245 806 000	500 000	87 320 200	

注册会计师经过审阅应付账款总账记录，发现 2024 年 7 月 22 日 232 号记账凭证反映的会计分录是：

借：应付账款　　234 000
　贷：银行存款　　234 000

记账人员在登记总账时将应记入“应付账款”总账中内容错误地串记到“应收账款”总账中，而明细账没有串记。

3. 在取得永锋公司应付账款明细表后，注册会计师刘雨执行了函证应付账款的审计程序。

询证函寄给了永锋公司 2 000 家供应商中的 200 家。注册会计师选择了余额较大的应付账款账户对相应的供应商进行了函证。注册会计师和永锋公司职员花费了大量精力查找应付账款询证函回函与公司账面记录之间的差异。对于那些没有回函的供应商，注册会计师执行了替代审计程序。

4. 结合存货监盘对应付账款进行截止测试。

5. 对会计报表日以后有关内容或记录进行审阅。

（二）案例分析要求

1. 说明注册会计师执行上述分析程序所能发现的错报类别。

2. 根据本案例，请总结注册会计师应如何利用应付账款明细表进行审计。

3. 针对注册会计师执行的函证程序，请回答：

（1）注册会计师在进行函证时需要考虑哪些与应付账款相关的审计目标？

（2）说明注册会计师选择余额较大的应付账款账户进行审计，是否是最有效的样本选择办法？如果仅选择应付账款明细表中的两家公司（供货人）进行函证，请问他应该选择哪两家？假设表中的客户为购货人（债务人），所反映的业务内容是应收账款期初余额、本期发生额和期末余额，刘雨又应该选择哪两家客户进行函证？这两种选择在思考角度上有什么不同吗？

（3）在审计应付账款时所取得的供应商的对账单和应付账款的函证回函均属外部审计证据，但是它们的证据力是不同的，请分析其区别。

（4）就函证的重要程度而言，应付账款与应收账款有何不同？

4. 注册会计师结合存货监盘对应付账款进行截止测试的目的是什么？请举例说明应付账款截止与存货监盘之间的关系。

5. 对于应付账款明细账，注册会计师是否需要对会计报表日以后有关内容或记录进行审阅？如果需要，其主要目的是为了查证什么问题？

6. 对于长期挂账的应付账款，若被审计单位将其转入营业外收入账户，会造成什么问题？

7. 假设注册会计师刘雨在审阅、核对永锋公司 2024 年 12 月末有关应付账款会计资料时，发现“应付账款”中含有本期估价入库的价值 300 万元的购货，经检查未发现反映其具体户名、品种、数量及金额计算的有关凭证。永锋公司的这种情况是否正常？刘雨应做哪些进一步的实质性测试工作？

三、本案例需要关注的问题

（一）分析程序在购货与付款循环中的应用

分析程序在购货与付款循环中的使用与其在其他循环中的使用同样重要，特别是在发现应付账款的错报方面更是经常使用。本案例中所列示的分析程序即为购货与付款循环中经常使用的分析程序。

在本案例中，注册会计师执行的应付账款分析程序能发现的错报类型如下：

程序 1 能发现的潜在错报是应付账款和费用的错报。

程序 2 能发现的潜在错报是不属于应付账款的非商业性负债的分类出现错误。

程序 3 能发现的潜在错报是虚构或漏记应付账款。

程序 4 能发现的潜在错报是虚构 、漏记或错报应付账款。

（二）应付账款明细表

1. 明细表及作用。在实质性测试工作中，一项基本工作就是获取或编制明细表。审查明细表的目的是证实应付账款以恰当的金额包括在财务报表中，与之相关的计价调整已恰当记录。

本案例涉及的是应付账款明细表，其他案例中还有固定资产及累计折旧明细表、应收账款明细表、主营业务收入明细表等。

明细表比总账反映的内容要详细，通过明细表，注册会计师可以了解某一方面会计信息与经济活动的具体情况，便于下一步审计工作的开展。本案例中，注册会计师从客户处取得了应付账款明细表，如表 5–2 所示。

表 5–2　应付账款明细表

被审计单位：永锋股份有限公司　　　　编制人：刘雨
日期：2025 年 1 月 8 日　　　　编号：永锋 2024/12
截止日期：2024 年 12 月 31 日　　　　复核人：郑明
日期：2025 年 1 月 9 日　　　　页　次：20/20

账户名称	期初余额		本期发生额		期末余额		备注
	借方	贷方	借方	贷方	借方	贷方	
阳光公司		200 000	250 000	300 000		250 000	
原扩工厂		82 500	600 000	550 000		32 500	
地博公司		170 000	525 000	500 000		145 000	

续表

账户名称	期初余额		本期发生额		期末余额		备注
	借方	贷方	借方	贷方	借方	贷方	
迪爱公司		50 000	126 000	120 000		44 000	
明扬公司		260 000	2 500 000	2 600 000		360 000	
远航公司		370 000	2 000 000	2 020 000		390 000	
中太机电		380 000	2 188 000	2 300 000		492 000	
硕英物资		260 000	600 000	870 000		530 000	
维奥工厂		200 000	400 000	100 000	100 000		
大维公司		68 000	900 000	854 000		22 000	
北和公司		76 400	400 000	358 000		34 400	
里司商厦		249 000	211 980	421 000		458 020	
本页合计		2 365 900	10 700 980	10 993 000	100 000	2 757 920	
全部合计		42 124 000	200 109 800	245 806 000	500 000	87 320 200	

通过这一明细表，注册会计师可以了解到被审计单位有哪些应付账款明细账（客户），以及各个应付账款明细账户的期初余额、本期发生额、期末余额情况，以便下一步进行应付账款的账账核对，确定需要重点审查的明细账等。

2. 明细表的取得。明细表可以从被审计单位获取，也可以注册会计师自己编制，但一般是从被审计单位获取。

3. 明细表的复核与核对。对从被审计单位获取的明细表，注册会计师需要进行复核，包括：与报表数、总账数和明细账合计数核对是否相符；检查非记账本位币应付账款的折算汇率及折算是否正确；分析出现借方余额的项目，查明原因，必要时做出分类调整；结合预付账款等往来项目的明细余额，调查有无同时挂账的项目、异常余额或与购货无关的其他款项（如关联方账户或员工账户），如有，应予以记录，必要时做出调整。

4. 本案例的情况。本案例中：注册会计师刘雨对表 5-2 中所列的应付账款各明细账的期初余额、本期发生额和期末余额及其合计数进行了复核，准确无误；将其与应付账款明细账进行了核对，证明相符；将各明细账期初余额、本期发生额和期末余额的各合计数与应付账款总账进行核对，发现总账中本期借方发生额比明细账合计小、总账期末贷方余额比明细账合计大。

注册会计师经过检查应付账款总账、明细账和会计凭证，发现 2024 年 7 月 22 日 232#记账凭证反映的会计分录是：

借：应付账款　　　　234 000

　贷：银行存款　　　　234 000

记账人员在登记总账时将应记入“应付账款”总账中的内容错误地串记到“应收账款”总账中，而明细账没有串记，造成“应付账款”总账借方少记，同时“应收账款”总账借方多记，故出现了上述应付账款明细表与应付账款总账不相符的情况。由于被审计单位缺乏总账与明细账定期核对制度，所以，在未能发现并调整该问题的情况下编制了会计报表。

（三）应付账款函证

1. 应付账款函证的目的。由于在采购与付款循环中较为常见的重大错报风险是低估应付账款，注册会计师在进行函证时，需要考虑与应付账款相关的审计目标通常是查找应付账款的漏报和错报。

2. 应付账款函证的样本选择。函证应收账款的目的是验证年末账户余额的真实性，防止资产的高估，所以，函证时要选择年末具有较大余额的账户，以取得是否存在高估资产的最有力的证据。

与应收账款函证的样本选择原则不同，应付账款函证应选择那些年度内有大量交易金额的账户，而不是在结账日具有较大余额的账户，因为此时函证的目的不是验证具有较大比重的账户余额的真实性，而是寻找未入账的负债。

因此，本案例中注册会计师选择余额较大的应付账款账户进行审计并不是最有效的样本选择办法。如果仅选择应付账款明细表中的两家公司（供货人）进行函证，在本案例中注册会计师应选择明扬公司和中太机电两家供货单位进行应付账款的函证。

如果表中的客户为购货人（债务人），所反映的业务内容是应收账款期初余额、本期发生额和期末余额，则应该选择硕英物资和中太机电两家客户进行函证。这两种选择在问题考虑上是有所不同的。

3. 函证证据的证明力。在审计应付账款时所取得的供应商的对账单和应付账款的函证回函均属外部审计证据，但是它们的证据力是不同的。其中，应付账款的函证回函证据力更强。因为从被审计单位取得的供应商的对账单与注册会计师直接从被函证单位取得的函证回函比较，前者的独立性与真实性较差。

4. 应付账款函证与应收账款函证的比较。函证应付账款是审查应付账款的程序和方法之一，但并不像函证应收账款那样重要，因为复核负债的最大目的在于发现业已存在但未曾入账的债务，而函证已经入账的负债，并不能证明是否存在未曾入账的债务。决算日已经入账的大多数负债在下年度注册会计师完成审核时已告付讫，付款行为进一步证实了已入账债务的可靠性。所以，与应收账款比较，一般情况下，应付账款不需要函证。另外，与应收账款相比，委托人有卖方发票、对账单等外来证据，可以用来核实应付账款，对应收账款则没有类似的凭证予以证明。

（四）截止和存货监盘之间的关系

确定应付账款截止是否正确时，截止测试与存货监盘的协调统一是非常重要的。通过存货监盘，注册会计师可以获得关于购货截止的信息。例如，假定注册会计师在 12 月 31 日下午完成了存货监盘后，企业又收到一笔金额为 10 万元的存货。如果这笔业务仅包括于存货中或仅包括在应付账款中，都会造成会计报表的错误。因此，应协调好应付账款截止测试和存货监盘之间的关系。

具体做法是，注册会计师核对纳入存货盘点范围的验货报告的编号和应付账款的记录，以确定是否所有的存货验收报告均已经包含在当期的会计记录中。例如，假设纳入存货盘点范围的最后一张验货报告的编号 3222，则注册会计师应登记这一编号，并根据该编号及以前的几张编号的验收报告找到对应的供应商发票和应付账款账簿，核对存货和应付账款的入账时间是否一致，以确定这些验收报告是否正确反映于当期会计记录中。

（五）针对应付账款的其他审计程序

本案例中，对于应付账款明细账，注册会计师需要对会计报表日以后的有关内容或记录进行审阅，其主要目的是为了查证存在于报表日的应付账款是否完整、是否有未入账的应付账款。

对于长期挂账的应付账款，检查应付账款长期挂账的原因并做出记录，注意其是否可能无须支付，对确实无须支付的应付账款的会计处理是否正确，依据是否充分；关注账龄超过 3 年的大额应付账款在资产负债表日后是否偿还，检查偿还记录及单据，并披露。若被审计单位将其转入营业外收入账户，则会造成虚增利润，减少了资本公积，导致损益和权益不实。

缺乏有关凭证是不正常的。被审计单位有可能虚记购货、虚记负债，或者在货物没有到达的情况下，提前确认购货，当然，也有可能是所购货物已经到达，但是会计核算资料不全。注册会计师应进行相应应付账款的函证，将应付账款及所购货物的总账、明细表、明细账进行核对，要求被审计单位提供有关证明估价入账应付账款存在的证据等，以证实问题的实际形态。

四、思考与实践

注册会计师李华负责审计乙公司2024年度财务报表中的应付账款项目。乙公司应付账款年末余额为5 500万元，较上年有较大幅度下降。李华从应付账款明细账中选取了年末余额合计为2 500万元的三家重要供应商实施函证。另外，有一笔账龄超过4年的应付账款，金额达到1 500万元，虽然金额重大，但当年余额没有变化，李华未对其实施实质性程序。

要求：分析注册会计师的上述处理是否恰当。

案例二　购货与付款循环内部控制测试

一、本案例学习目标

完成本案例学习后，学生应当能够：掌握购货和付款循环的关键控制活动，掌握注册会计师进行购货与付款循环控制测试的基本程序，了解购货与付款循环实质性测试程序。

二、本案例的关键内容

（一）案例资料

2024年10月15日至2025年3月6日，华为会计师事务所派出项目组到瑞达股份有限公司，对该公司2024年度的会计报表进行了审计。

瑞达股份有限公司主营业务为金属材料和功能材料的生产、加工及销售，高科技产业投资，高科技产品的研制、生产、经销及相关技术服务。2024年公司主要财务数据和指标（按新会计制度）是：净利润65 142 000元，每股收益0.230 7元，净资产报酬率7.37%，每股经营活动产生的现金流量净额0.298 4元，总资产906 653 000元，股东权益（不含少数股东权益）646 538 000元，资产负债率28.08%，每股净资产2.48元。该公司在董事会下设有审计委员会，在总经理下设有审计部，审计委员会和审计部在业务上是指导与被指导关系。注册会计师的审计工作得到了该公司内部审计部门的协助。

李芳、张方迪等注册会计师于2024年11月1日至11月7日对瑞达公司的内部控制制度进行了解和测试。注册会计师记录的瑞达公司采购与付款循环的部分内部控制活动有：

1. 公司规定，采购物资需由采购部门编制请购单，对金额在 100 万元以下的请购单由采购经理负责审批；金额在 100 万元至 500 万元的请购单由总经理负责审批；金额超过 500 万元的请购单需经董事会审批。由于总经理出差而生产线又急需材料，采购经理多次批准了单笔金额超过 100 万元的采购申请并签订了购买合同。

2. 采购人员根据请购单内容编制订购单寄送至供应商处，订购单没有连续编号。每周，采购部门员工汇总本周内生成的所有采购订单并编制采购信息报告。

3. 收到采购发票后，财务部门的应付账款记账员将发票所载信息和验收单进行核对。如所有单据核对一致，应付账款记账员在发票上加盖“相符”印戳并将有关信息输入系统，此时系统自动生成记账凭证过至明细账和总账。季度末，采购部门和财务部门及仓库共同核对采购订单、发票及验收单汇总数，如发现不符，则进行调查处理。

4. 公司仅仅在与顾客发生纠纷时才进行应付账款的调查与分析。

5. 应付账款记账员编制付款凭证，并附相关单证，提交会计主管审批。在完成对付款凭证及相关单证的复核后，会计主管在付款凭证上签字，作为复核证据，并在所有单证上加盖“核销”印戳。

李芳等注册会计师负责审计购货与付款循环。完成控制测试后，注册会计师通过获取应付账款明细表、审查应付账款明细账、函证应付账款、查找未入账的应付账款、审查长期挂账的应付账款等方法进行了实质性测试，并编制了应付账款明细表等工作底稿。

（二）案例分析要求

1. 购货和付款循环有哪些关键控制活动？

2. 根据案例资料，请分析瑞达公司在应付账款内部控制设计与运行方面有哪些缺陷，注册会计师应采用哪些符合性测试程序才能发现这些控制缺陷？请指出上述内部控制缺陷与哪些会计报表项目的何种认定有关？

3. 根据内部控制的要求，公司应根据哪些原始凭证签发付款支票？

三、本案例需要关注的问题

（一）购货与付款环节的关键控制

购货与付款环节的关键控制包括：采购授权、资产保管和其他职能分离，及时记录和独立核对有关业务，付款授权。

(二) 购货与付款环节的内部控制测试

购货与付款循环的控制测试主要包括购货业务测试、应付账款测试两部分内容。

1. 测试购货业务内部控制的内容与方法通常包括：

(1) 检查应付凭单是否有对应的原始凭证。

(2) 查找购货业务经过审批的迹象，并检查应付账款记账员是否已核对采购订单。

(3) 审核与订货单样本相对应的验收报告、卖方发票、已付讫支票存根和货物入库单，查验有关的购货记录和现金日记账、银行存款日记账。

(4) 检查应付账款记账员是否已复核采购信息报告。同时，检查报告上的采购订单是否按顺序编号以及有否出现任何不符合连续编号的情况。

(5) 检查相关的记账凭证及账务处理，复核相关的材料运杂费在不同货物之间的分配。若材料是按计划成本核算的，还应注意材料成本差异的处理。

(6) 抽取采购订单、验收单和采购发票检查所记载内容是否核对一致，检查发票上是否盖上"相符"印戳。

2. 测试应付账款内部控制的内容与方法通常包括：

(1) 审查预算制度。即是否实行费用预算，是否明确款项支付权限。

(2) 审查款项支付。即款项支付凭证是否及时入账，货款支出与记账的职责是否相分离。

(3) 审查应付账款凭证的编制。即编制付款凭证时，是否与订购合同、预算计划、验收单和发票相核对。

(4) 抽样检查应付账款账户的过账。即在应付账款明细表中选取一定数量的样本，并按所选样本审查应付凭单登记簿和银行存款日记账的过账，以及各明细账户向总分类账的过账，以证实应付账款会计记录的内部控制是否有效。

(5) 核对检查所选各明细账户各笔过账所附的原始凭证。这些原始凭证有订货单、验收单、购货发票和已付发票等，注册会计师既要审查这些原始凭证的正确性、合法性，又要核对有关原始凭证所载金额是否同相关明细账户相一致，以证实各有关部门的内部控制是否有效。

(6) 审查现金折扣。审查现金折扣时，注册会计师重点应注意两类事项：一是有关人员在现金折扣期限内按发票原价支付货款，然后从供货方收取退款支票和现金；二是企业丧失了本应获得的折扣。如果企业的现金折扣单独记账，注册会计师可以通过计算当期所获现金折扣与进货金额的比率，然后与以前各期相比较的方法审查现金折扣。

（三）瑞达公司内部控制中存在的问题

在本案例中，瑞达公司内部控制存在的问题如下：

1. 在货物购买的审批环节，该公司存在内部控制制度执行不严格的缺陷。

注册会计师可以采用从采购部门的业务档案中抽取订货单（购货合同）样本、审核订货单样本是否附有经授权的请购单的程序发现上述缺陷。

该项控制活动与应付账款的存在认定、管理费用和销售费用的发生认定相关。

2. 订购单没有连续编号属于内部控制缺陷。注册会计师可通过检查订单是否连续编号发现此缺陷。该项控制活动与应付账款的完整性认定有关。

3. 收到采购发票后，应付账款记账员仅将发票所载信息和验收单核对，未与采购订单进行核对。季度末，方由采购部门和财务部门及仓库共同核对采购订单、发票及验收单汇总数。这种控制设计不合理，应该在记账前即由应付账款记账员核对发票、验收单和订单，如发现任何差异，应付账款记账员应该立即通知采购经理，以实施进一步调查。

注册会计师可以采用的审计程序包括：将订货单、发票与验收单相比较，了解它们在数量、价格和型号规格等方面是否一致；对采购发票与验收单不符的事项进行调查；如果付款金额与采购发票金额不符，应经适当层次管理层核准。

该项控制活动与应付账款的存在、权利和义务认定有关。

4. 公司仅仅在与顾客发生纠纷时才进行应付账款的调查与分析属于内部控制缺陷。为实现与采购物品相关的义务均已确认并记录至应付账款的控制目标，每月末，应由应付账款主管编制应付账款账龄分析报告，其内容应包括应付账款总额、应付账款明细账合计数以及应付账款明细账与供应商对账单的核对情况。如有差异，应付账款主管应立即进行调查，如调查结果表明需调整账簿记录，应付账款主管应编制应付账款调节表和调整建议，连同应付账款账龄分析报告一并交至会计主管复核，并经财务经理批准后方可进行账务处理。

注册会计师可以采用的审计程序包括：抽取应付账款调节表，检查调节项目与有效的支持性文件是否相符，以及是否与应付账款明细账相符。

该项控制与应付账款、销售费用和管理费用的完整性认定有关。

(四) 内部控制制度对签发付款支票的规定

根据内部控制的要求，公司应根据请购单、订购单、验收报告单、供应商发票及已核准的付款通知书等签发付款支票。

四、思考与实践

注册会计师李华在审计工作底稿中记录了实施购货和付款循环控制测试的情况，部分内容摘录如下：

(1) 销售经理每月比较销售费用实际发生额和预算数，并编制分析报告，交公司总经理审核。李华选取了6个月的分析报告，鉴于总经理的签字齐全，认为该控制运行有效。

(2) 李华采用非统计抽样测试采购业务的审批控制，估计的总体偏差率比可容忍偏差率略低，遂认为该项控制运行有效。

(3) 被审计单位要求负责应付账款核算的财务人员每月与供应商寄对账，发现对账差异需及时查明原因，并报经财务经理复核。李华认为该项控制运行有效。

要求：请指出注册会计师的判断是否恰当。

案例三　固定资产审计

一、本案例学习目标

由于固定资产往往在企业资产总额中占有较大比例，其安全性及完整性对企业的生产经营影响极大，固定资产余额的真实与否对企业财务状况的影响也很大，并且其相关的费用也是决定净利润的重要因素，因此，固定资产的审计在会计报表审计中是举足轻重的。

学习本案例，学生应能够：掌握固定资产内部控制目标及主要控制活动，掌握固定资产所有权验证、固定资产租赁以及固定资产折旧和减值准备审查的内容和过程，掌握固定资产清理审计的目的和常用测试程序。

二、本案例的关键内容

(一) 案例资料

诚信会计师事务所派出了以注册会计师李辰、季小明为成员的审计组，审计组于2025年2月对绿岛公司2024年度会计报表进行审计。绿岛公司是一个业务涉及港口、超市、物流等多个行业的企业。在审计中，注册会计师通过了解、调查、描述、测试与评价等方法对该公司进行了控制测试，采取了监盘、分析性复核等程序，并实施了固定资产增减与折旧情况审计、验证固定资产所有权、观察固定资产等实质性测试。

在了解内部控制过程中，注册会计师发现被审计单位设立了如下与固定资产相关的内部控制制度。

（1）公司建立了固定资产投资的预算管理制度。每年年末，各资产使用部门应编制部门固定资产购置计划，经部门经理复核并签字后上报至公司预算管理部门。预算管理部门应对各部门上报的预算方案进行审查、汇总，将意见及时反馈编制预算的部门。预算经理孙瑜复核汇总后的固定资产购置预算会上报至总经理齐鲁审批。总经理齐鲁负责召集技术和资产购置部门联合进行投资可行性论证，形成可行性报告并存档管理。金额在50万元以内的固定资产投资预算由总经理齐鲁批准，超过50万元的固定资产投资预算应由董事会批准。

（2）资产使用部门填写请购单（一式三联），经部门经理签字批准，附一同经批准的固定资产投资预算交至采购部。公司董事会对固定资产采购合同重要条款进行审批，并授权总经理齐鲁签署合同。采购合同一式四份，且连续编号。

（3）采购信息管理员将有关信息输入Y系统，系统将自动生成连续编号的采购订单（此时系统显示为“待处理”状态）。每月，采购信息管理员核对本月内生成采购订单，并将采购订单存档管理。每月，财务部门应付账款记账员汇总本月内生成的所有采购信息，并与请购单核对，编制采购信息报告。如核对相符，应付账款记账员即在采购信息报告上签字。如有不符，应付账款记账员将通知采购信息管理员，与其共同调查该事项。应付账款记账员还需在采购信息报告中注明不符事项及其调查结果。

（4）每月末，固定资产记账员编制月度内固定资产增、减变动情况分析报告，交至会计主管复核。

（5）每季末，资产使用部门对固定资产进行盘点，由设备管理员编写固定资产盘点明细表，固定资产记账员对盘点结果进行复盘，如有差异，经董事会审批后及时进行账务处理。

在审计中，注册会计师还遇到如下问题：

1. 2024年6月，因无法偿还其长期拖欠的客户货款，绿岛公司用其生产设备锻压机抵债，公司已经将该固定资产进行清理。2024 年，公司报废处理了一台卡车和两台设备，公司进行清理的理由是固定资产已经到了报废年限。

2. 绿岛公司存在多项经营性租赁的固定资产，公司租入一些商铺用于开办绿岛连锁超市。同时，公司还将闲置的厂房租给其他企业使用，每年收取 400 万元的租金。

3. 绿岛公司有较多运输业务，但在对其固定资产的存在性实施审计时，由于该行业固定资产在较为广阔的区域内流动，给盘点带来困难。

4. 注册会计师季小明在按盘点表抽盘固定资产的同时，还采用了现场观察“以物查账”的方法，发现绿岛公司现用的营业楼的扩建部分，已投入使用 3 年，固定资产账面无此项目，补充审计程序查验该项目仍在“在建工程”科目反映。

此外，2024 年度，绿岛公司有四项在建工程已经完工但并未结转为固定资产，具体情形如下：甲生产线已经能生产出合格的产品，但目前因生产组织尚未达到最佳状态，尚未达到设计生产能力；乙生产线可以达到设计产量但生产的产品仅有少量合格产品；丙工程实体和安装已经完成且不需要试运行，但尚未办理竣工结算手续；丁工程不需要试运行，其实体建造和安装已经完成，且已经达到预定可使用状态，但资产负债表日后仍需发生少量购建支出。

5. 注册会计师发现绿岛公司将原投入 C 公司的固定资产，在 C 公司未经清算和未经中介机构评估的情况下，自行估价收回固定资产 30 万元，冲减“长期投资”项目。C 公司是独立的企业法人，绿岛公司无权自行取消协议和章程所规定的权利和义务。

6. 公司 2024 年计提固定资产减值准备 30 万元。

7. 公司所有的固定资产采用直线法计提折旧，其中厂房按 25 年计提折旧，机器设备按 6 年计提折旧。注册会计师发现，2024 年公司的政策是对年内所有购置和处置的资产计提半年的折旧。

（二）案例分析要求

1. 说明绿岛公司设立的每项固定资产相关内部控制的目的，并指出该公司在固定资产内部控制的哪些环节存在缺陷？

2. 注册会计师对于固定资产清理业务的审计目标通常是什么？其对应的财务报表认定是什么？针对事项 1 中固定资产的清理事项，注册会计师应执行何种审计程序？

3. 事项2中，注册会计师对于经营性租赁的固定资产应如何审计？

4. 针对事项3中运输企业盘点中遇到的困难，注册会计师应如何解决这一问题？

5. 针对事项4，请指出注册会计师对此类事项应如何处理？请指出注册会计师应采用哪些审计程序？应建议哪些工程不结转固定资产？哪些要结转为固定资产？

6. 针对事项5，请指出该公司会计处理是否正确，并指出注册会计师应在验证固定资产所有权时采用哪些审计程序？

7. 针对事项6，请指出注册会计师应如何审计公司的固定资产减值准备？

8. 针对事项7，请指出注册会计师在复核折旧分录及其计算的正确性时，应注意哪些问题？注册会计师如何发现绿岛公司在固定资产计提折旧上存在的问题？

三、本案例需要关注的问题

（一）固定资产相关内部控制目标

一般说来，企业针对固定资产设置内部控制制度是为了实现下列控制目标：

1. 只有经管理层核准的固定资产投资预算才能执行，只有经核准的采购合同才能执行。

2. 已记录的采购订单内容准确，所有采购订单均已得到处理，固定资产采购交易、固定资产处置及转移、折旧费用、资产减值损失均已准确计算并记录于适当期间。

3. 已记录的固定资产均确认为公司购置的资产，已记录的固定资产处置及转移均为实际发生的，折旧费用、资产减值损失是真实的。

4. 已充分保障固定资产的安全。本案例中，绿岛公司已经设立的各项固定资产相关内部控制的目的如下：

第1项控制，其控制目标是保证只有经管理层核准的固定资产投资预算才能执行。

第2项控制，其控制目标是只有经核准的采购合同才能执行。

第3项控制，其控制目标是所有采购订单均已得到处理。

第4项控制，其控制目标是已记录的固定资产均为公司购置的资产。

第5项控制，其控制目标是固定资产采购交易均已记录。

绿岛公司针对固定资产的内部控制主要是针对固定资产投资预算管理与

审批、购置环节的，但缺乏针对固定资产折旧及减值、固定资产日常保管、处置及转移环节的内部控制。

(二) 固定资产清理业务的审计

注册会计师对于固定资产清理业务的审计目标包括：

1. 资产负债表中记录的固定资产清理是存在的，其对应的财务报表认定是存在的。

2. 所有应当记录的固定资产清理均已记录，其对应的财务报表认定是完整的。

3. 资产负债表中记录的进入清理的固定资产由被审计单位拥有或控制，其对应的财务报表认定是权利和义务。

4. 固定资产清理以恰当的金额包括在财务报表中，与之相关的计价调整已恰当记录，其对应的财务报表认定是计价和分摊。

5. 固定资产清理已按照企业会计准则的规定在财务报表中做出恰当列报，其对应的财务报表认定是列报。

本案例的事项 1 中，绿岛公司用其生产设备锻压机抵债属于由对外投资、非货币性资产交换、债务重组等原因转出产生固定资产清理的，注册会计师应检查相关的合同协议以及股东大会、董事会的决议，确定合同或协议约定的价值是否公允，检查其会计处理是否正确。

对于该公司因使用年限到期而清理的车辆和设备，注册会计师应检查固定资产清理的发生是否有正当理由，是否经有关技术部门鉴定，固定资产清理的发生和转销是否经授权批准，相应的会计处理是否正确。结合固定资产等账项的审计，检查固定资产、累计折旧及固定资产减值准备等账面转入额是否正确。检查固定资产清理收入和清理费用的发生是否真实，清理净损益的计算是否正确，会计处理是否正确。

(三) 审计经营性租赁的固定资产

对于经营性租赁的固定资产，应审查是否有符合国家规定且经过管理部门审批的合法合同；租金的收取按合同规定，没有多收或少收现象；租入固定资产是否已经登在备查簿；改良支出的核算符合规定等。

(四) 审计固定资产的存在性

在查验有些行业企业的固定资产是否实际存在时，可能有一定困难。运输行业企业的固定资产往往散布在许多地方或正在极为广泛的地区内流动使用，如运货卡车可能大部分正在运货途中，建筑机械正在某个远方城市的工地上。这时，注册会计师可以实施替代性审计程序来查验。如通过审查产权证书、执照登记收据、有投保设备详细说明的财产保险单，以及有关汽油等燃料的消耗和修理开支的明细记录等来确定运输工具的存在。

（五）审计尚未办理移交手续的固定资产

按照会计制度的规定，已投入使用尚未办理移交手续的固定资产，可先行估计价值记账，待确定实际价值后再进行调整。由于绿岛公司未按规定及时结转固定资产，不仅使资产的结构不能如实反映，且又未能及时通过计提折旧使资金得到补偿。因此，注册会计师应做如下审计处理：

1. 根据审验情况扩大审计范围，结合对被审单位“在建工程”项目的审计，确认在建工程项目是否还存在其他类似的情况，如有类似情况，应一并要求被审计单位进行补充会计处理并调整会计报表相应项目的数额。

2. 将审验情况和被审计单位的调整情况，详细记录于审计工作底稿。

3. 如被审计单位拒绝调整，注册会计师应出具保留或否定意见的审计报告。

对于由在建工程转入的固定资产，注册会计师应检查固定资产确认时点是否符合会计准则的规定，核对固定资产的入账价值是否与在建工程的相关记录核对相符，是否与竣工结算、验收报告等相符。对于已经达到可使用状态，但尚未办理竣工结算手续的固定资产，要检查其是否已经按估计价值入账，并计提折旧。

本案例中，应建议甲、丙、丁结转为固定资产，因为甲、丙、丁均已经达到预计可使用状态，但乙生产线生产的产品仅有少量为合格产品，说明此在建工程尚未达到预定可使用状态，故不能转为固定资产。

（六）关于固定资产所有权的验证

1. 重要性。对于固定资产应验证其所有权，因为它是企业的重要资产，金额一般较大，对企业的生产经营活动有着重要的影响作用。

2. 验证方法。注册会计师季小明应通过审阅产权证书、财产保险单、财产税单、抵押贷款的还款收据等合法书面文件，以确定所审查的固定资产是否确实为企业所拥有的合法财产。

对于新增的固定资产，季小明可以索取客户财产的产权证书副本。

季小明应审查有关合同、发票、付款凭证，并与财产税单进行核对。

季小明发现绿岛公司将原投入 C 公司的固定资产，在 C 公司未经清算和未经中介机构评估的情况下，自行估价收回固定资产 30 万元，冲减“长期投资”项目。C 公司是独立的企业法人，绿岛公司无权自行取消协议和章程所规定的权利和义务。

（七）关于固定资产减值准备的审计

如被审计对象是执行新会计制度的单位，注册会计师在审计时还应注意企业是否按规定正确地计提了固定资产减值准备。

固定资产减值准备审计的方法如下：

1. 核对固定资产减值准备报表数、总账数与明细账合计数是否相符。如不符，应查明原因，做审计记录并进行审计调整。

2. 检查固定资产减值准备是否按单项资产计提。

3. 检查对长期闲置不用、在可预见的未来不会再使用且已无转让价值的固定资产，对由于技术进步等原因已不可使用的固定资产，虽然固定资产尚可使用、但使用后产生大量不合格品的固定资产等，是否依照规定按其账面价值全额计提减值准备。

4. 对已全额计提减值准备的固定资产是否依照规定不再计提折旧。

5. 检查已计提减值准备的固定资产价值又得以恢复时，是否依照规定在原已计提减值准备的范围内转回。

6. 检查固定资产减值准备在会计报表附注和资产减值准备明细表中的披露是否恰当。

（八）折旧的审计

在复核折旧分录及其计算的正确性时，注册会计师应先通过复核客户编制的折旧费用明细表和询问客户，确定客户在被审年度所采用的折旧方法。其次，还必须确定本年度所采用的折旧方法是否与上一年度一致。对于连续审计的客户，注册会计师可通过复核去年的工作底稿来确定其一致性。在确定折旧提取的合理性时，应考虑以下两个因素：一是客户过去估计的固定资产使用年限；二是现有资产的剩余使用年限。注册会计师可通过重新计算来验证折旧的正确性。

事项 7 中，注册会计师应重新计算一些主要固定资产的折旧，测试一些本年度增加和报废的固定资产的折旧，应该会发现固定资产折旧中存在的问题。

四、思考与实践

在审计 2024 年万方公司年报时，李明负责审计公司的固定资产。被审计单位情况如下：

万方公司投资建设了一栋办公楼、三个仓库和一条专用运输线，工程预计总投资约 1. 3 亿元。截至 2024 年 1 月，工程初步验收结算，支付给施工队施工费将近1亿元。2024年5至8月，万方公司从该项目中取得装卸费、仓储费等收入600万元，2025年预计还能取得收入1 200万元。万方公司是万达集团的全资子公司。万达集团认为，鉴于货场、仓库基本达到了预定使用状态，万方公司已经从该固定资产中获得了600万元的收入，所以万方公司应将该固定资产以9 000万元的估值入账。但截至2024年底，万方公司转入固定资产的价值仅为3 000万元，理由是办公楼还没有达到入住条件，可暂不估价入账，只有价值3 000万元的固定资产达到了预定使用状态，其他的在建项目还需要返工修理，其中价值最大的货场的硬化地面不合格，夏天存储货物时候会破坏地面，造成更大的损失。万达集团内部审计部门则认为这些固定资产已经达到预定使用状态，按照会计准则规定必须估价入账并按照规定提取折旧。若万方公司遵从万达集团的要求转入固定资产，预计扣除贷款利息、折旧、工资等费用后会出现亏损。2024年万方公司未遵从万达集团的要求，仅转入固定资产3 000万元，并将全部固定资产按照预计提供的工作量计提折旧。

要求：请分析万方公司的固定资产是否存在重大错报风险？

第六章

筹资与投资循环审计

案例一　负债融资审计

一、本案例学习目标

本案例主要反映负债融资的审计过程及相关问题。完成本案例学习后，学生应当能够：熟悉内部控制调查表的结构，了解负债融资核算中主要会计舞弊形式、审核方法及其审计调整，了解负债融资审计工作所形成的主要审计工作底稿，掌握企业负债融资业务的审计目标、内部控制制度的关键控制点及控制测试程序和方法，了解负债融资的实质性测试程序。

二、本案例的关键内容

（一）案例资料

立新会计师事务所于2025年2月10至3月5日对华兴股份有限公司2024年度的会计报表进行了审计。该事务所派出了以王英为组长及以王军、张明、刘佳为组员的项目组。

华兴股份有限公司（以下简称“华兴公司”）的主营业务是节能电光源、照明电器、仪器设备的开发、制造和销售，照明电器技术及生产所需原料、设备的销售和进出口国际贸易等。

注册会计师通过了解、调查、描述、测试与评价对被审计单位进行了控制测试。

王军负责编写了长期借款内部控制调查表，如表6-1所示。

表 6-1　长期借款内部控制调查表

<table>
<tr><td>被审计单位名称</td><td></td><td>编制人</td><td></td><td>日期</td><td></td><td>索引号</td><td></td></tr>
<tr><td>调查项目</td><td>长期借款</td><td>复核人</td><td></td><td>日期</td><td></td><td>页次</td><td></td></tr>
</table>

<table>
<tr><td>调查内容</td><td>是</td><td>否</td><td>不适用</td><td>信赖与否</td><td>符合性测试</td></tr>
<tr><td>借款：借款申请表是否经恰当批准，借款合同金额、期限等内容是否与借款申请表内容一致
会计记录：借款合同金额、期限等内容是否与借款申请表内容一致；新增借款是否记入长期借款明细账贷方；是否登记借款备查账；明细账记录内容是否与借款备查账内容一致；借款备查账记录内容是否与借款合同一致；还款金额、期限等内容是否与付款申请表内容一致；偿还借款是否记入长期借款明细账借方；是否登记借款备查账
偿还借款：付款申请表是否经恰当批准；是否与借款合同规定还款日一致</td><td></td><td></td><td></td><td></td><td></td></tr>
<tr><td colspan="2">审计意见</td><td colspan="4">复核意见</td></tr>
</table>

注册会计师还实施了针对负债融资的实质性测试的审计程序。表 6-2 和表 6-3 是注册会计师在执行审计工作时编制的审计工作底稿的一部分。

表 6-2　审计目标与财务报表认定对应关系表

被审计单位：华兴股份有限公司　　索引号：FK

项目：长期借款　　报表截止日：

编制人：　　复核人：

编制日期：　　复核日期：

<table>
<tr><td rowspan="2">审计目标</td><td colspan="6">财务报表认定</td></tr>
<tr><td>存在</td><td>完整性</td><td>权利和义务</td><td>准确性、计价和分摊</td><td>分类</td><td>列报</td></tr>
<tr><td>A：资产负债表中记录的长期借款是存在的</td><td></td><td></td><td></td><td></td><td></td><td></td></tr>
</table>

续表

审计目标	财务报表认定					
	存在	完整性	权利和义务	准确性、计价和分摊	分类	列报
B：所有应当记录的长期借款均已记录						
C：资产负债表记录的长期借款由被审计单位拥有或控制						
D：记录的长期借款以恰当的金额包括在财务报表中，与之相关的计价调整已恰当记录						
E：长期借款已记录于恰当的账户						
F：长期借款已按照企业会计准则的规定在财务报表中做出恰当列报						

表 6-3　审计目标与审计程序对应关系表

审计目标	可供选择的审计程序	索引号	执行
D	1. 获取或编制长期借款明细表	FK2	
	复核加计是否正确，并与总账数和明细账合计数核对是否相符，减去将于一年内偿还的长期借款后与报表数核对是否相符		
B	2. 检查被审计单位贷款卡，核实账面记录是否完整。对被审计单位贷款卡上列示的信息与账面记录核对的差异进行分析，并关注贷款卡中列示的被审计单位对外担保的信息		
A，C，D	3. 对长期借款进行函证	FK2	
A，B，C，D	4. 检查长期借款的增加。对年度内增加的长期借款，检查借款合同和授权批准，了解借款数额、借款条件、借款用途、借款日期、还款期限、借款利率，并与相关会计记录核对	FK2 FK4	
A，B，D	5. 检查长期借款的减少。对年度内减少的长期借款，检查相关记录和原始凭证，核实还款数额，并与相关会计记录核对	FK2 FK4	
D	6. 复核长期借款利息。根据长期借款的利率和期限，复核被审计单位长期借款的利息计算是否正确，如有未计利息和多计利息，应做记录，必要时进行调整	FK2	

续表

审计目标	可供选择的审计程序	索引号	执行
A，D	7. 检查借款费用的会计处理是否正确。检查资产负债表日被审计单位是否按摊余成本和实际利率计算确定长期借款的利息费用，并正确计入财务费用、在建工程、制造费用、研发支出等相关账户，是否按合同利率计算应付未付利息计入应付利息科目，是否按其差额计入“长期借款——利息调整”。同时应检查专门借款和一般借款的借款费用资本化的时点和期间、资产范围、目的和用途等是否符合资本化条件	FK3	
	⋮		
E	11. 检查长期借款是否已按照企业会计准则的规定在财务报表中做出恰当列报		
	（1）被审计单位是否按信用借款、抵押借款、质押借款、保证借款分别披露		
	（2）对于期末逾期借款，是否分别按贷款单位、借款金额、逾期时间、年利率、逾期未偿还原因和预期还款期等进行披露		
	（3）被审计单位是否在附注中披露与借款费用有关的下列信息：		
	①当期资本化的借款费用金额		
	②当期用于计算确定借款费用资本化金额的资本化率		

注册会计师王军在对负债筹资业务进行审查时，遇到以下两种事项：

1. 该公司于 2024 年 1 月 1 日以 12 万元的价格发行面值为 100 万元的五年期债券，票面利率为 12%。经审查，该公司 2024 年 12 月 30 日的第 97 号凭证的会计分录是：

借：财务费用　　　　120 000

　贷：应付债券——应计利息　　　　120 000

其摘要为计提应付债券的利息费用。经与原始凭证核对，是 2024 年 1 月 1 日以 12 万元的价格发行的票面利率为 12%、面值为 10 万元的五年期债券。根据规定，溢价摊销应冲减财务费用。

2. 2024 年 12 月 31 日的第 90 号凭证分录为：借记“财务费用” 300 000 元，贷记“长期借款” 300 000 元。其摘要为工程借款利息支出。经与原始凭证核对并实际查验该工程，该工程尚未竣工。

（二）案例分析要求

1. 除了本案例中内部控制调查表中所列示的关键控制之外，负债融资内部控制的关键控制点还有哪些?

2. 请将上表中相应审计程序对应的审计目标填入表格中空白处，并在表中审计目标对应的认定处打√。

3. 除了案例中提到的内容，注册会计师在审查长期借款时还应注意把握哪些审查要点，请将其他可选择的审计程序及审计目标填入表 6-5 中空白处。

4. 针对王军在审计中遇到的长期借款利息处理问题，请指出企业会计处理的不当之处，并填写审计说明及调整分录。

5. 负债筹资是企业传统筹集资金的方式，除了本案例中所分析的被审计单位的会计错误与舞弊的形式之外，请列举还可能存在的其他一些错弊。

6. 假设注册会计师王军在对华兴公司负债业务进行审查时，发现该公司于 2024 年 4 月 1 日向海淀工行取得流动资金借款 200 000 元，期限是 3 个月，借款月利率为 5.5‰，该公司的会计处理为：

（1）取得借款时：

借：银行存款　　200 000

　贷：短期借款　　200 000

（2）4 月、5 月、6 月底预提利息时：

借：营业外支出　　1 100

　贷：短期借款　　1 100

（3）6 月底归还借款时：

借：短期借款　　203 300

　贷：银行存款　　203 300

请指出该公司会计处理的不当之处，并分析该公司对这项业务的不当处理是否会影响年度的损益状况，并进行相应的账项调整。

三、本案例需要关注的问题

（一）关于负债融资内部控制的关键控制点

本案例中，除了内部控制调查表中所列示的，负债融资通常还包括以下关键内部控制：是否对计划和合同的制定进行授权控制；对长期借款是否有资产担保；是否定期或不定期地进行核对；对借款利息是否经常复核。

（二）关于长期借款的认定、审计目标和实质性审计程序

为了实现审计目标，注册会计师必须确认各个被审计项目的审计目标与管理当局认定间的联系。本案例中，长期借款的相关审计目标与认定和审计程序之间的对应关系如表 6-4 所示。

表 6-4　审计目标与认定对应关系表

被审计单位：华兴公司　　　　索引号：FK

项目：长期借款　　　　报表截止日：

编制人：　　　　复核人：

编制日期：　　　　复核日期：

审计目标	财务报表认定					
	存在	完整性	权利和义务	准确性、计价和分摊	分类	列报
A：资产负债表中记录的长期借款是存在的	√					
B：所有应当记录的长期借款均已记录		√				
C：资产负债表记录的长期借款由被审计单位拥有或控制			√			
D：记录的长期借款以恰当的金额包括在财务报表中，与之相关的计价调整已恰当记录				√		
E：长期借款已记录于恰当的账户					√	
F：长期借款已按照企业会计准则的规定在财务报表中做出恰当列报						√

（三）其他长期借款审计程序

除了案例中所列示的审计程序，还可实施一些程序，如：审查年末有无到期未偿还的借款，逾期借款是否办理了延期手续；审查借款是否在资

产负债表上恰当披露，一年内到期的长期借款是否已转到流动负债；等等（如表 6-5 所示）。

表 6-5　审计目标与审计程序对应关系表

审计目标	可供选择的审计程序	索引号	执行
D	1. 获取或编制长期借款明细表	FK2	
	（1）复核加计是否正确，并与总账数和明细账合计数核对是否相符，减去将于一年内偿还的长期借款后与报表数核对是否相符		
	（2）检查非记账本位币长期借款的折算汇率及折算是否正确，折算方法是否前后期一致		
B	2. 检查被审计单位贷款卡，核实账面记录是否完整。对被审计单位贷款卡上列示的信息与账面记录核对的差异进行分析，并关注贷款卡中列示的被审计单位对外担保的信息		
A，C，D	3. 对长期借款进行函证	FK2	
A，B，C，D	4. 检查长期借款的增加。对年度内增加的长期借款，检查借款合同和授权批准，了解借款数额、借款条件、借款用途、借款日期、还款期限、借款利率，并与相关会计记录核对	FK2 FK4	
A，B，D	5. 检查长期借款的减少。对年度内减少的长期借款，检查相关记录和原始凭证，核实还款数额，并与相关会计记录核对	FK2 FK4	
D	6. 复核长期借款利息。根据长期借款的利率和期限，复核被审计单位长期借款的利息计算是否正确。如有未计利息和多计利息，应做出记录，必要时进行调整	FK2	
A，D	7. 检查借款费用的会计处理是否正确。检查资产负债表日被审计单位是否按摊余成本和实际利率计算确定长期借款的利息费用，并正确计入财务费用、在建工程、制造费用、研发支出等相关账户，是否按合同利率计算应付未付利息计入应付利息科目，是否按其差额计入“长期借款——利息调整”。同时应检查专门借款和一般借款的借款费用资本化的时点和期间、资产范围、目的和用途等是否符合资本化条件	FK3	
C	8. 检查被审计单位用于长期借款的抵押资产的所有权是否属于被审计单位，其价值和实际状况是否与担保契约中的规定相一致		
A，D	9. 检查被审计单位与贷款人进行的债务重组。检查债务重组协议，确定其真实性、合法性，并检查债务重组的会计处理是否正确		

续表

审计目标	可供选择的审计程序	索引号	执行
	10. 根据评估的舞弊风险等因素增加的其他审计程序		
E	11. 检查长期借款是否已按照企业会计准则的规定在财务报表中做出恰当列报		
	(1) 被审计单位是否按信用借款、抵押借款、质押借款、保证借款分别披露		
	(2) 对于期末逾期借款，是否分别按贷款单位、借款金额、逾期时间、年利率、逾期未偿还原因和预期还款期等进行披露		
	(3) 被审计单位是否在附注中披露与借款费用有关的下列信息： ①当期资本化的借款费用金额 ②当期用于计算确定借款费用资本化金额的资本化率		
	(4) 一年内到期的长期借款是否列为一年内到期的非流动负债		
	(5) 被审计单位在资产负债表日或之前违反了长期借款协议，导致贷款人可随时要求清偿的负债，是否归类为流动负债		

(四) 长期借款利息资本化的审计

1. 会计制度规定。根据企业会计制度规定，企业为购建固定资产而借入的专门借款所发生的借款利息，在所购建的固定资产达到预定可使用状态前所发生的，应当予以资本化，计入所购建固定资产的成本；在所购建的固定资产达到预定可使用状态后所发生的，应于发生当期直接计入当期财务费用。

2. 实际中的问题及本案例的情况。在实际中容易出现两种不正确的做法：

第一种错误做法是将应记入所购建固定资产成本的借款利息错误地记入财务费用，以降低在建工程成本，增大财务费用，减少当期利润；第二种错误做法是将应记入财务费用的利息错误地记入所购建固定资产的成本，以增大在建工程成本，减少财务费用，增加当期利润。

本案例中的情况属于第一种错误。注册会计师填写的审计说明及调整分录如表 6-6 所示。

表 6-6　银行借款利息审计工作底稿

被审计单位：华兴公司　　编制人及日期：王军　2025-02-16　　索引号：H9-1
审计项目：财务费用　　复核人及日期：王英　2025-03-01　　页次：22
会计期间：2024 年度

审计说明及调整分录	该公司 2024 年 12 月 31 日的第 90 号凭证分录为：借记“财务费用”300 000 元，贷记“长期借款”300 000 元。其摘要为工程借款利息支出。经与原始凭证核对，并实际查验该工程，该工程尚未竣工。根据有关规定，该项工程借款利息支出在尚未完工并办理竣工手续之前应记入“在建工程”。华兴公司应做如下调整： 借：在建工程　　300 000 　贷：财务费用　　300 000
审计结论：调整后借款利息金额可以确认	

（五）关于债券发行价格总额与债券面值总额差额的摊销的审查

1. 会计制度的规定。企业会计制度规定：溢价或折价发行债券，其债券发行价格总额与债券面值总额的差额，应当在债券存续期间分期摊销。摊销方法可以采用实际利率法，也可以采用直线法。

若不摊销，则会影响当期损益和应付债券的准确性。

2. 本案例的情况。在审查应付债券时，注册会计师王军发现溢价发行的企业债券实际收到的金额与债券票面金额的差额没有在债券存续期间分期摊销，王军应要求该公司冲减财务费用，调整账务处理。注册会计师填写的审计说明及调整分录如表 6-7 所示。

表 6-7　审计说明及调整分录

审计说明及调整分录	经审查，该公司于 2024 年 1 月 1 日以 12 万元的价格发行面值为 100 万元的五年期债券，票面利率为 12%。经审查，该公司 2024 年 12 月 30 日的第 97 号凭证的会计分录是： 借：财务费用　　120 000 　贷：应付债券——应计利息　　120 000 其摘要为计提应付债券的利息费用。经与原始凭证核对，是 2024 年 1 月 1 日以 12 万元的价格发行的票面利率为 12%、面值为 10 万元的五年期债券。根据规定，溢价摊销应冲减财务费用。该笔业务的正确的会计分录为： 借：财务费用　　80 000 　　应付债券——利息调整　　40 000 　贷：应付债券——应计利息　　120 000
审计结论：调整后借款利息金额可以确认	

（六）负债融资中的常见错误形式

负债筹资是企业筹集资金的传统方式，本案例中所分析的被审计单位的会计错误与舞弊的形式是负债筹资中存在的主要问题，但并不是全部。负债融资记录还可能存在其他一些错弊，如：

1. 混淆长期借款和短期借款的界限。

2. 未经批准擅自扩大或变相扩大债券发行规模。

3. 向证券管理机构和人民银行呈报虚假材料，募集债券时向社会公众和投资法人公布虚假的债券发行简章。

（七）短期借款利息费用的会计处理

1. 该公司对预提借款利息每月 1 100 元的会计处理不当。按企业会计制度的规定，每月预提 1 100 元的借款利息的入账会计分录为：

借：财务费用　　　　1 100

　贷：应付利息　　　　1 100

因此，该公司三个月共少记财务费用和应付利息各 3 300 元，同时又错误地多记营业外支出和短期借款各 3 300 元。

2. 因为无论把利息费用记入“营业外支出”科目还是“财务费用”科目，其数额都在该年度损益中抵减。因此，尽管该公司的会计分录中使用的科目不对，但不会影响该企业该年度的损益。

3. 账项调整为：

借：财务费用　　　　3 300

　贷：营业外支出　　　　3 300

四、思考与实践

在信达公司 2024 年年报审计业务中，注册会计师张华负责执行短期借款利息测算程序，并填写短期借款利息分户测算表（表 6-8）。信达公司借入的短期借款年利率为 7%。

表 6-8　短期借款利息分户测算表

测算期末日：2024 年 12 月 31 日　　　　单位：万元

序号	日期	摘要	借方	贷方	账户余额	占用天数	积数	应计利息	实际计提利息	差异
		合计	50.00	900.00	950.00				10.1	
1	2024/1/1	期初余额			100.00	364			6.98	

续表

序号	日期	摘要	借方	贷方	账户余额	占用天数	积数	应计利息	实际计提利息	差异
2	2024/2/28		50.00		50.00	306			2.93	
3	2024/12/30			900.00	950.00	1			0.18	

要求：请补充完成短期借款利息测算表，并指出利息差异可能由哪些原因造成。

案例二　权益融资审计

一、本案例学习目标

本案例将重点研究权益融资的控制测试程序，权益融资核算中主要会计舞弊形式、审核方法及其审计调整，权益融资的审计程序及所形成的主要审计工作底稿等。学习本案例，学生应重点掌握未遵守资本保全原则、多列或少列资本公积或盈余公积等会计错弊形式及其测试过程和方法。

二、本案例的关键内容

（一）案例资料

北方会计师事务所派出了以赵新为组长及以李欣、张红、刘丽为组员的项目组，于 2025 年 2 月 12 至 3 月 8 日对东安股份有限公司 2024 年度的会计报表进行审计。东安股份有限公司（以下简称“东安公司”）属纺织工业化学纤维行业，其主营业务范围是聚酯切片及化纤、纺织原料及成品的生产及销售等。

李欣等人主要负责权益融资的审计。李欣等注册会计师的审计方法和过程如下：

（1）通过了解、调查、描述、测试和评价对被审计单位进行了控制测试。

（2）审阅“实收资本”账户，审查无形资产投资占企业注册资金比例，审查受捐赠财产的账务处理情况，审查盈余公积形成问题。

在审计中，注册会计师发现如下情况：

1. 2024年10月20日的第60号凭证分录为：借记“银行存款”5 000元，贷记“营业外收入”5 000元。其摘要为接受捐赠5 000元，所附原始凭证是捐赠协议和银行存款回执。

2. 李欣在审阅东安公司“盈余公积”总账下“一般盈余公积”明细账时，发现贷方一处记录摘要内容为“收到股利收入”金额200 000元，调阅该笔记账凭证，记账凭证显示的会计分录为：

借：银行存款　　200 000

　贷：盈余公积　　200 000

所附原始凭证为银行通知单，显示对方付款理由为“年底分派股息”，再查阅该公司“对外投资”账户，证实确有对外长期股权投资。

（二）案例分析要求

1. 结合本案例，请指出权益融资中出现错弊的特点和审计方法。

2. 注册会计师应如何审查盈余公积？

3. 针对审计中注册会计师发现的问题提出你的看法。

三、本案例需要关注的问题

（一）权益融资的错弊及审查

权益融资与负债融资在融资途径和过程上有差别，在会计错误和舞弊的形式及其审查方法方面，也有不同点：

1. 权益融资中容易发生未遵守资本保全原则、无形资产投资超过企业注册资金规定的比例、多列或少列资本公积或盈余公积等会计错弊形式。

2. 注册会计师应通过审阅合约及核对有关所有者权益方面的账户和凭证来验证问题。

（二）关于接受资产捐赠的审计

企业接受捐赠的现金资产和非现金资产，都应记入资本公积；外商投资企业接受捐赠的现金，应按接受捐赠的现金与现行所得税率计算应交的企业所得税。

（三）本案例的情况

本案例中，东安公司将接受捐赠的现金错误地列入“营业外收入”账内，从而虚增了当期损益，减少了所有者权益。

审计结论如表6-9所示。

表 6-9　资本公积审计工作底稿

被审计单位：东安公司　　编制人及日期：李欣 2025-02-16　　索引号：I3-1
审计项目：资本公积　　复核人及日期：李明 2025-03-06　　页次
截止日：2024 年 12 月 31 日

审计说明及调整分录	经审查，2024 年 10 月 20 日的第 60 号凭证分录为：借记“银行存款”5 000 元，贷记“营业外收入”5 000 元。其摘要为接受捐赠 5 000 元，所附原始凭证是捐赠协议和银行存款回执，证明确为捐赠。会计人员把应作为资本公积的捐赠未列入“资本公积”账户，使利润虚增。东安公司应做如下调整： 借：营业外收入　　5 000 　贷：资本公积　　5 000
审计结论：调整后资本公积金额可以确认	

（四）关于盈余公积的审计

注册会计师一般应实施以下审计程序对盈余公积进行审计：

1. 获取或编制盈余公积明细表，复核加计是否正确，并与报表数、总账数及明细账合计数核对是否相符。

2. 收集与盈余公积变动有关的董事会会议纪要、股东（大）会决议以及政府主管部门、财政部门批复等文件资料，进行审阅，并更新永久性档案。

3. 对法定盈余公积和任意盈余公积的发生额逐项审查至原始凭证，包括：审查法定盈余公积和任意盈余公积的计提顺序、计提基数、计提比例是否符合有关规定，会计处理是否正确；审查盈余公积的减少是否符合有关规定，取得董事会会议纪要、股东（大）会决议，予以核实，检查有关会计处理是否正确。

盈余公积是企业从净利润中提取形成的。

本案例中，李欣审阅东安公司“盈余公积”总账下“一般盈余公积”明细账时，发现贷方一处记录摘要内容为“收到股利收入”金额 200 000 元，调阅该笔记账凭证，记账凭证显示的会计分录为：

借：银行存款　　200 000

　贷：盈余公积　　200 000

所附原始凭证为银行通知单，显示对方付款理由为“年底分派股息”。李欣再查阅该公司“对外投资”账户，查明确有对外长期股权投资。据此，李欣认为东安公司把本应作为投资收益的股利收入错入了盈余公积账。后查明，该公司为了少纳所得税，故意隐瞒收入。

四、思考与实践

张华是信达会计师事务所的注册会计师，曾负责审计多家公司。张华在审计过程中遇到下列与资本公积相关的事项。

（1）在审计甲公司2024年会计报表时，张华发现该公司实收资本有变动，于是追加审计程序，发现验资报告显示，甲公司在2024年4月用资本公积300万元转增资本，使得注册资本由原来的700万元变成1 000万元。转增资本之前账面资本公积余额为400万。张华认为该公司转增资本不合法，应当纠正。

（2）截至2024年12月31日乙公司共发行股票30 000 000股，股票面值为1元，资本公积（股本溢价）余额为6 000 000元，盈余公积余额为4 000 000元。2024年1月12日，经股东大会批准，乙公司以每股4元的价格用银行存款回购本公司股票3 000 000股并注销。根据董事会决议要求，乙公司将回购的股份全部冲销股本。乙公司的账务处理如下：

借：库存股	12 000 000	
贷：银行存款		12 000 000
借：股本	12 000 000	
贷：库存股		12 000 000

张华认为该公司董事会的决议不合理，要求乙公司做出会计调整。

要求：（1）请分析对于甲公司的增资事项，注册会计师应当如何处理？

（2）对于不规范的董事会决议，注册会计师应如何应对？乙公司的会计处理有何不当之处？

案例三　投资审计

一、本案例学习目标

投资与筹资是紧密相连的，投资需要以筹资为基础。在审计工作中，对投资的审计也需要在筹资审计的基础上进行。本案例将重点研究投资的控制测试程序，投资核算中主要会计舞弊形式、审核方法及其审计调整，投资审计工作所形成的主要审计工作底稿等。学习本案例，学生应重点掌握投资成本核算合规性审计，以及权益法运用过程中的问题及其审查过程和方法。

二、本案例的关键内容

（一）案例资料

瑞丰股份有限公司是一家从事水产品养殖、加工、深度综合开发及销售，生物工程研究、开发及食品、饮料销售的公司。

新化会计师事务所派出了以李华为组长及以张颖、赵超、刘敬军为组员的项目组于2025年2月10至3月4日对该公司2024年度的会计报表进行审计。

张颖等注册会计师主要负责投资业务的审计。注册会计师的审计方法和过程如下：

（1）通过了解、调查、描述、测试与评价对被审计单位进行了控制测试。

（2）通过审查投资成本，发现投资成本不实问题；审查股利的会计处理情况，发现虚减投资收益问题；审查权益法，发现有不当运用问题；此外，注册会计师还盘点和询证了有价证券等。

注册会计师在审计中发现的其他具体问题如下：

1. 注册会计师张颖在审查瑞丰公司2024年12月31日的资产负债表和该年度利润表时发现，该公司对A公司进行长期股权投资600 000元，占A公司总资本的1/2，会计上采用成本法核算，由于没有收到利润分成款，故未反映投资收益。经查证，A公司2024年度实现净利润200 000元。

2. 瑞丰公司2013年向投资单位B公司投资5 000万元，2015年瑞丰公司为拓展海外市场向B公司借款4 000万元并记录在其他应付款中，该笔款项直至2024年尚未归还。2024年9月，瑞丰公司未经过与B公司协商即根据占用的资金数额直接冲减了其对B公司的长期股权投资4 000万元。

3. 甲公司持有C公司40%的普通股权，采用权益法核算，截至2024年末该项长期股权投资账户余额为380万元，2023年末该项投资减值准备余额为12万元，C公司2024年发生净亏损100万元。2024年12月25日，瑞丰公司与Y公司签署协议，将其对C公司投资以400万元的价格转让给Y公司，Y公司已经支付价款300万元，财务人员说产权过户手续正在办理中。瑞丰公司以该项长期股权投资正在转让之中为由，不再计提减值准备。

4. 瑞丰公司2013年1月1日用25万元现金购买D公司20%的股权，对其有重大影响。D公司净资产账面价值为140万元，公允价值也是140万元。9月30日D公司获得其他公司捐赠8万元，2024年度D公司获得净利润50万元。12月31日，瑞丰公司根据D公司的报表确认了16万元的投资收益。

5. 注册会计师张颖在审查长期股权投资时，发现瑞丰公司于 2024 年 1 月 2 日以 52 万元购入 E 企业实际发行在外股数的 10%，并支付 2 000 元相关费用。该公司对于这项投资采用成本法核算。2024 年 5 月 2 日 E 企业宣告分派现金股利，瑞丰公司可获现金股利 4 万元。2024 年 7 月 2 日瑞丰公司又以 180 万元购入 E 企业实际发行在外股数的 25%，并支付 9 000 元相关费用。此次购买股票后，该公司所购股数占 E 企业实际发行在外股数的 35%。注册会计师审阅了瑞丰公司对 E 企业增加投资后的会计核算过程，发现其并未改成本法为权益法。

6. 该公司会计报表附注中列示了如下有关长期股权投资的信息：

（1）子公司、合营企业和联营企业清单见表 6-10。

表 6-10　股权投资清单

企业名称	注册地	业务性质	持股比例
A 公司	沈阳	采矿	50%
B 公司	青岛	家电生产销售	5%
C 公司	北京	软件研发	40%
D 公司	广州	医药研发销售	20%
E 公司	天津	化工机械生产销售	35%

（2）被投资单位 A 公司因债务纠纷出现大部分流动资金被银行冻结的情况，故向本企业转移资金能力受到限制。

（3）不存在与对子公司、合营企业及联营企业投资相关的或有负债。

7. 瑞丰公司于 2024 年 10 月与 F 公司签订了金额为 6 000 万元、期限为 6 个月的委托理财协议。2024 年 12 月，F 公司汇来 2 000 万元款项，瑞丰公司据此确认投资收益 2 000 万元。

（二）案例分析要求

1. 根据上述资中事项 1，指出该公司用成本法核算长期股权投资是否正确？指出其做法对 2024 年度对外投资的资产价值和投资收益的影响。

2. 针对事项 2，注册会计师应提出什么建议？

3. 针对事项 3，注册会计师应采取什么审计程序？

4. 事项 4 中，瑞丰公司的会计处理是否正确？注册会计师应提出什么样的审计建议？

5. 事项 5 中，瑞丰公司对 E 公司的投资是否应采用权益法？为确定瑞丰公司的长期股权投资所采取的权益法是否适当，可以运用哪些审计程序和方法？

6. 审查瑞丰公司对外投资的会计报告披露，应注意哪些问题？请你运用专业判断，指出瑞丰公司会计报表附注中对长期股权投资的披露可能存在的不合理之处。

7. 事项 7 中，瑞丰公司确认投资收益的会计处理是否正确？如不能确认，注册会计师应采取哪些进一步的审计程序？

三、本案例需要关注的问题

（一）成本法和权益法核算的一般规定

会计准则规定，对投资收益的核算方法有成本法和权益法两种方法。

1. 成本法，就是按股权投资的投资成本计价核算的方法。投资企业的长期股权投资，不随着接受投资企业所有者权益的增减变动而变动，其账面价值反映的是该项投资的投资成本，并且股权投资的价值一经入账，除追加或收回投资外，一般不再进行调整。

2. 权益法是指投资企业的长期股权投资，按照占接受投资单位资本总额的比例，随着接受投资企业所有者权益的增减变动而变动。长期股权投资反映的价值，不是企业的投资成本，而是投资企业对接受投资企业所有者权益的份额。

3. 投资企业长期股权投资占接受投资单位有表决权的资本总额 20%或20%以上，或者投资虽然不足 20%但有重大影响，应采用权益法。

企业因减少投资等原因对被投资单位不再具有重大影响时，应当中止采用权益法，或企业因增加投资等原因对被投资单位具有了重大影响时，应当改成本法为权益法。

（二）本案例的情况

1. 事项 1 中，该公司存在的主要问题是：对长期股权投资会计处埋方法的选择不正确，对该项投资业务应采用权益法进行会计处理。该公司使用成本法导致 2024 年度漏计了对外投资的资产价值和投资收益。对 A 公司投资本年度应计投资收益是 200 000×1/2＝100 000（元），应为：

借：长期股权投资　　　　100 000

　贷：投资收益　　　　　100 000

2. 事项 2 中，瑞丰公司未经过双方协议就直接冲减 B 公司的长期股权投资是不正确的，因为根据会计准则和相关法规的规定，长期股权投资不能随意冲减，并且其他应付款与长期股权投资是不同性质的科目，不可以随意直接冲销。注册会计师应建议瑞丰公司将该笔冲销长期股权投资和其他应付款转回，并且建议其在财务报表附注中披露其占用关联方资金的情况。

3. 事项3中，注册会计师应追加审计程序，以查明长期股权投资转让是否真正完成，如果股权转让确实已经完成，应建议该公司处置该长期股权投资，如果至12月31日，股权转让没有真正完成，应建议瑞丰公司确认投资损失并根据长期股权投资的可回收性计提减值准备。

4. 事项4中，9月30日D公司获得其他公司捐赠8万元，属于被投资单位除净损益以外的所有者权益的其他变动，不应确认为投资收益，瑞丰公司只能对2024年度D公司获得净利润50万元确认投资收益。其调整分录为：

借：投资收益	160 000	
贷：长期股权投资——损益调整		160 000
借：长期股权投资——其他权益变动	160 000	
贷：资本公积——其他资本公积		160 000

（三）对长期股权投资会计处理的审查程序

为确定瑞丰公司的长期股权投资所采取的权益法是否适当，可以运用下列审计程序和方法：通过询问管理当局或函证接受投资企业等方式，确认企业是否确实对接受投资企业具有控制、共同控制或重大影响，检查企业是否对这些项目采用了权益法。如果企业未按有关规定选择权益法核算，注册会计师应该取得该企业不能对接受投资企业拥有控制、共同控制或重大影响的证据。在权益法下，企业“长期股权投资”账户反映的投资额要随着接受投资企业净资产的增减变动而变动，注册会计师应尽量取得被投资企业经过审计的年度会计报表。如被投资企业是股票上市公司，其年度会计报表可以从公开渠道取得，否则，注册会计师应与担任被投资企业审计工作的注册会计师或与被投资企业联系，函证获得所需情况或数据。

事项5中，瑞丰公司于2024年1月2日以52万元购入E企业实际发行在外股数的10%，并支付2 000元相关费用。根据规定，该公司对于这项投资采用成本法核算是正确的。2024年5月2日E企业宣告分派现金股利，瑞丰公司可获现金股利4万元。2024年7月2日瑞丰公司又以180万元购入E企业实际发行在外股数的25%，并支付9 000元相关费用。由于该公司此次购买股票后，该公司所购股数占E企业实际发行在外股数的35%，根据规定，瑞丰公司对于此项投资应采用权益法核算。注册会计师审阅了瑞丰公司对E企业增加投资后会计核算过程，发现其并未改成本法为权益法，这样就影响了损益和长期股权投资的准确性，应建议其改为权益法，并追溯调整。

（四）投资活动的披露要求

企业在披露投资活动信息时，应把握以下内容：

1. 当期发生的投资净损益，其中重大的投资净损益项目应单独披露。

2. 应披露短期投资、长期债权投资和长期股权投资的期末余额，其中长期股权投资中属于对子公司、合营企业、联营企业投资的部分应单独披露，包括：合营企业和联营企业当期的主要财务信息，包括资产、负债、收入、费用等的合计金额；被投资企业的名称、注册地、业务性质、投资企业的持股比例和表决权比例；与对子公司、合营企业及联营企业投资相关的或有负债；当期及累计未确认的投资损失金额；向投资企业转移资金的能力受到严格限制的情况。

3. 在会计报表附注中应披露当年计提的短期投资跌价准备和长期投资减值准备的金额。

4. 在会计报表附注中应披露投资的计价方法。

5. 在会计报表附注中，应披露投资企业期末的短期投资和长期投资账面价值合计占该企业净资产的比例。

6. 采用权益法时，在会计报表附注中，应披露投资企业与被投资单位会计政策的重大差异，如投资企业的存货计价与被投资单位不同等。

7. 在会计报表附注中应披露投资变现及投资收益汇回的重大限制，如被投资单位在境外，由于境外所在地外汇管制等原因，投资收益的汇回受到限制等。

可见，本案例中关于长期股权投资的披露中缺少以下内容：表决权比例、当期及累计未确认的投资损失金额以及合营企业和联营企业当期的主要财务信息。

（五）投资收益的审计

注册会计师在审计投资收益时，应将审计程序与对交易性金融资产、可供出售金融资产、持有至到期投资、长期股权投资、交易性金融负债等项目的相关审计结合，验证确定投资收益的记录是否充分、准确；对于重大的投资收益项目，注册会计师应审阅相关文件，复核其计算的准确性，并确定其应为投资收益。

本案例中，注册会计师应取得并审查委托理财协议及理财账户的对账单，并向 F 公司发函证明此笔投资收益是否属实，若不属实，应建议瑞丰公司加以调整。

四、思考与实践

信达会计师事务所承接了新江公司2024年年报审计的业务。与投资相关的部分工作底稿内容如下：

（1）2024年7月1日，新江公司对外公告，拟收购万有公司15%的股权。2024年8月22日，新江公司向有关监管机构提交申请材料，2024年12月20日，该收购事项获监管部门批准。当日，新江公司对万有公司董事会进行改组。按照投资协议约定，新江公司在成为万有公司股东后，向万有公司董事会派出一名成员。万有公司章程规定：公司的财务和生产经营决策由董事会制定，董事会由7名成员组成，有关决策在提交董事会讨论后，以简单多数表决通过；公司的合并、分立，股东增减资等事项需要经股东会表决通过方可付诸实施。

2024年12月28日，新江公司在有关股权登记部门完成股东登记手续。同日，新江公司将其对万有公司的投资确认为长期股权投资。注册会计师认可了新江公司的做法。

（2）新江公司于2024年5月取得运城公司20%的股权。在取得该股权后，新江公司向运城公司董事会派出一名成员。运城公司董事会由5名成员组成。除新江公司外，运城公司另有两名其他投资者，各持有运城公司40%的股权，并分别向运城公司董事会派出两名成员。运城公司章程规定：其财务和生产经营决策由参加董事会成员简单多数通过后即可实施。从实际运行情况来看，除新江公司所派董事会成员外，其他董事会成员经常提议召开董事会，并且在新江公司派出董事会成员缺席情况下做出决策。为财务核算及管理需要，新江公司曾向运城公司索要财务报表，但该要求未得到满足。新江公司派出的董事会成员对于运城公司生产经营的提议基本上未提交到董事会正式议案中，且在董事会讨论过程中，新江公司派出董事会成员的意见和建议均被否决。

新江公司将此投资记入长期股权投资，注册会计师认为该公司的会计处理无误。

要求：针对上述事项，请分析注册会计师的做法是否恰当。

第七章
货币资金审计

根据货币资金审计业务具有综合性强这一特点，本书将货币资金的收入审计主要放到了销售与收款、投资与筹资案例中，将货币资金的支付审计主要放到了购货与付款和生产循环案例中，本章案例则主要体现存量货币资金的审计。本章安排了三个案例。

案例一 达美集团货币资金审计

一、本案例学习目标

在货币资金的审计案例中，将重点研究货币资金的控制测试程序，货币资金的确认方法，会计核算中可能存在舞弊形式、审核方法及其审计调整，货币资金审计工作所形成的主要审计工作底稿等。

二、本案例的关键内容

（一）案例资料

诚信会计师事务所派出以杨福为项目组长，以李力、张同、刘为为组员的项目组，对达美股份有限公司进行年报审计。诚信会计师事务所与被审计人达美股份有限公司有长期的签约关系，自 2005 年开始，诚信会计师事务所就已经开始接受达美股份有限公司委托，对其进行年度会计报表审计。

注册会计师李力等在达美股份有限公司 2024 年度的会计报表审计中主要负责货币资金及相关问题的审计。

达美股份有限公司是一家上市较早的商业类公司，公司主业为商品零售业务，同时有一部分房地产开发业务，并与某网站合作开展网上售货业务。公司对零售业务部分采用售价金额核算法，毛利率的计算结转采用分类毛利率法，定期对库存商品进行盘点，有一套相对严密的内部管理制度。公司自上市后业绩一直较为平稳，股价波动不大。

在对该公司货币资金的内部控制采用“调查表法”“检查凭证法”“实地考察法”进行符合性测试的基础上，注册会计师发现该公司货币资金的内部控制存在一定的漏洞，主要表现在以下几个方面：

（1）财务部稽核人员对收款台的现金盘点不及时，未能坚持经常进行不定期盘点。

（2）通过查看支票登记本发现，存在领用的票据号码不连续、领用支票不登记的现象。

（3）基本能坚持对现金和银行存款的支付审批制度，但在审批的职责权限划分上不够明确，从抽查的支付凭证来看，对相同业务的审批有时是财务经理的签字，有时是业务经理的签字，控制不够严格。

在发现了上述问题之后，注册会计师确认该公司的内部控制属于中等信赖程度，因此，适当地扩大了对达美股份有限公司货币资金进行的实质性测试范围。注册会计师实施的部分审计程序如下：

1. 采取盘存法对现金进行突击性盘点。盘点时间为 2025 年 2 月 2 日下午 5 点，盘点日确认的现金实存数为 4 460 元，达美公司 2 月 1 日账面库存现金余额为 1 000 元，2 月 2 日发生的现金收支尚未入账，其中现金收入 5 000 元，现金支出 3 000 元，2025 年 1 月 1 日至 2 月 1 日现金账上记录的现金收入总额为 16 000 元，现金支出总额为 15 000 元。

2. 采取抽查法检查现金日记账和银行存款日记账。

3. 取得银行存款余额调节表，采取审阅法、调节法等方法检查真实性。

4. 利用函证法对银行存款的真实性和合法性进行审查。函证前，被审计单位财务人员提出，注册会计师不必对 A 银行和 B 银行进行函证，原因是 A 银行目前账户余额为零，而 B 银行已经将银行对账单交给注册会计师。注册会计师拒绝了被审计单位财务人员的建议，向达美股份有限公司本年发生过存款业务的所有银行发出了询证函。

5. 由于没有取得截止银行对账单，注册会计师采用了替代审计程序。

经过注册会计师对上述内容进行认真的检查、仔细的核对，针对审计过程中发现的达美股份有限公司“服装柜组发生短款次数频繁”“私设小金库”“出租出借银行账号”“因购货单位支付空头支票而未及时调账”“短期贷款未入账”“达美劳动服务公司明显存在开阴阳发票”“短期投资记账错误”等问题，注册会计师与达美股份有限公司进行了意见交换，并严肃地提出了要求其纠正错误的建议。

（二）案例分析要求

1. 货币资金的关键控制点有哪些？

2. 结合案例中注册会计师执行的现金盘点程序，请分析：现金盘点方式和盘点时间应如何安排？盘点时应要求被审计单位哪些人员参加？如果出纳人员临时外出尚未返还，注册会计师应该怎么办？如果盘点中发现差错，注册会计师该如何处理？本案例中，注册会计师推算的 12 月 31 日的现金实存数应为多少？如果审查的结果为盘亏，其原因为出纳刘民本人挪用现金，注册会计师是否应提出调整建议？

3. 对现金和银行存款进行凭证抽查时应重点关注哪些方面？

4. 注册会计师测试银行存款余额调节表的目的是什么？注册会计师取得余额调节表后应检查哪些内容？本案例中，若银行对账单中企业已收、银行未收的未达账项 234 000 元，经与银行日记账核对后已于 1 月 3 日收妥，那么是否还应调整企业 12 月 31 日银行存款数？对于银行已收、企业未收和银行已付、企业未付的事项，注册会计师应如何应对？对于跨年度的未达账项，注册会计师应对被审计单位提出什么要求？

5. 注册会计师对银行存款进行函证的目的是什么？什么时候注册会计师需要对银行存款进行函证？本案例中，注册会计师为什么拒绝被审计单位人员的建议向包括 A 银行和 B 银行在内的所有银行发出询证函？注册会计师索取的 2024 年度被审计单位的银行对账单目的是什么？为保证能够直接收到询证函回函，注册会计师应对询证函的收发采用哪些控制措施？

6. 从哪些迹象可以发现企业存在出租出借账号问题？

7. 注册会计师取得截止银行对账单的目的是什么？如果不能获取截止银行对账单，注册会计师应采用何种替代审计程序？

三、本案例需要关注的问题

（一）货币资金内控制度

货币资产是极易被贪污挪用的对象，为避免发生舞弊，必须建立健全有效的货币资金内控制度。在内控制度中要充分体现不相容职务的分离，并要有运行良好的审核和核对制度。

货币资金审计中，注册会计师要关注一些关键控制点，就是那些不加控制就容易产生错误舞弊的业务环节。货币资金的关键控制点主要有：

1. 记账与出纳分离。

2. 登记日记账与登记总账职务分离。

3. 对现金进行突击盘点。

4. 出纳和登记日记账以外的人员定期编制银行存款余额调节表。

5. 支票领用执行审批和登记制度。

6. 出纳与财务印章分别保管等。

另外，要注意，再好的内控制度也要人来执行，若有关人员蓄意舞弊，再好的控制制度也只能流于形式。本案例中有内控制度执行不当的例证，尽管该公司有相对完善的货币资金的内控制度，但在执行中未能很好地坚持，致使收款人员有机可乘，从中贪污现金。

(二) 运用调节法对现金进行突击式盘点

盘点现金是证实现金存在的重要审计程序，但盘点日与会计截止日一般不一致，在编制盘点表时必须注意调整，并关注盘点日到会计截止日之间的收支是否真实；在盘点时应确保存放在不同地点的现金同时盘点，不能相互流动。

现金盘点方式应采用突击盘点以避免出纳员在盘点前有机会采取掩盖错误和舞弊的措施。在时间安排上，应避开企业现金收支的高峰时段，故一般应在企业上午上班前或下午下班后进行现金盘点。盘点时应要求被审计单位会计主管和出纳员参加。如果出纳人员临时外出尚未返还，注册会计师应暂时将企业保险柜封存，待出纳员回来后再继续盘点工作。如果在盘点中发现差错，注册会计师应及时通知管理当局并查明错误的原因，并提出审计调整意见。

本案例中，可以推断 2024 年 12 月 31 日的应存数为 4 460+（3 000+15 000）-（5 000+16 000）= 2 460（元）。

如果审查的结果为盘亏，其原因为出纳刘民本人挪用现金，注册会计师应提出调整建议，调整分录为：

借：其他应收款——刘民　　1 000

　贷：现金　　1 000

(三) 抽查凭证的要求

对现金和银行存款进行凭证抽查时应重点关注以下方面：

1. 对现金和银行存款的凭证抽查时，要重点审核其账户对应关系，分析其合理性，对于一些特殊对应关系的凭证应进一步审核其所附原始凭证的真实性、合法性。对于有疑问的业务一定追查到底。

2. 在凭证抽查中对同类业务还应综合分析。如本案例中的修理费舞弊问题，对各种支出和收入要运用分析性复核的方法，分析其可能性。

3. 进行凭证抽查时，不能仅停留在账户对应关系、审批手续、金额相符等表面现象上，要深入分析业务内容和其合理性，对发现的疑点要紧追不放，这样才能将问题查清。

4. 对货币资金大额收支凭证的抽查应结合其他业务的处理进行分析。

（四）测试银行存款余额调节表

注册会计师测试银行存款余额调节表的目的是确定客户的员工是否认真编制了银行存款余额调节表、验证客户账面记录的银行存款余额经过调节后是否与实际银行存款金额相符。

取得银行存款余额调节表后，注册会计师应检查银行存款余额调节表中的未达账项的真实性以及未达账项在资产负债表日后的入账情况。对银行存款的审查应当注意未达账项，尤其对长期未达账项要进行分析。

为了验证未达账项的真实性，应向银行取得会计截止期后一段时间的对账单，对长期的未达账项要提请被审计单位进行调整，必要时应验证有关的支持性凭证，对在途时间较长的货币资金应持怀疑态度，验证其真实性。

对于银行已收企业未收和银行已付企业未付的事项，注册会计师应要求被审计单位查明其是否属于本单位的未收未付事项，并询问企业当期未入账的原因。对于跨年度的未达账项，注册会计师应提请被审计单位查实并提供情况。

在本案例中，如果在银行存款余额调节表的数据中，若银行对账单企业已收，银行未收的未达账项 234 000 元经与银行日记账核对后已于 1 月 3 日收妥，仍应调整企业 12 月 31 日银行存款数。因为此项审计业务为年报审计，尽管该笔未达账项在次年 1 月 3 日收到，但截至 12 月 31 日企业银行存款的实际数额中不应包括 234 000 元，而且数额较大，远远超过了货币资金分配的重要性水平，所以，必须对这笔未达账项进行调整。

（五）对银行存款的函证

实施函证程序，可以帮助注册会计师获取可靠性高的审计证据，以应对由于舞弊或错误导致的特别风险。《中国注册会计师审计准则第 1312 号——函证》第十二条规定，注册会计师应当对银行存款、借款（包括零余额账户和在本期内注销的账户）、借款及与金融机构往来的其他重要信息实施函证程序，除非有充分证据表明某一银行存款、借款及与金融机构往来的其他重要信息对财务报表不重要且与之相关的重大错报风险很低。如果不对这些项目实施函证程序，注册会计师应当在审计工作底稿中说明理由。

注册会计师通常直接从银行或其他金融机构取得银行存款的询证函。利用银行存款的函证程序，可以发现企业可能存在的账外资金和贷款。银行存款的函证程序是证实银行存款存在的重要方法，通过函证可以很容易发现企业有可能存在的银行存款多计和少记的舞弊。

在函证银行存款余额时，除了对经常提供对账单的开户行进行函证外，由于企业经常多头开户，有些账户较少发生业务，尤其是一些专用存款账户，函证时也不能漏掉。应向企业所有开过户的银行函证，有时某些账户年末余额也许为零，但注册会计师为了查清真实情况，也必须对其进行函证。

本案例中，A 银行户头年末存款余额为零，但仍有可能存在银行借款和其他账外资金或负债存在。对于 B 银行账户而言，虽然注册会计师已经取得其对账单，但对账单只能证明列示在银行余额调节表上的在途存款和未兑现支票的真实性，并不能帮助注册会计师发现其他未入账的银行存款和借款的存在性，故注册会计师应对 A 和 B 银行在内的所有银行发出询证函。

（六）审查出租出借账号问题

注册会计师从以下迹象中可以发现企业存在出租出借账号问题：

首先，从银行对账单与企业日记账的核对中，可能发现存在银行对账单有一收一付，且金额相等，但企业银行存款日记账中没有登记的情形，并且企业支票存根也会出现缺号现象。

其次，有的企业为了掩饰出租出借账号问题，会签订虚假合同，当收到款项时做“银行存款”和“应付账款”的增加，过几天后再做退款处理，将账户转平。

（七）取得截止银行对账单

截止银行对账单是指由银行直接寄给会计师事务所的客户的部分期间（通常是资产负债表日后 7 至 10 日内）的对账单及对账单涉及的凭证，如存款单副联、注销支票等。

注册会计师获取截止银行对账单的目的是用客户无法接触到的证据验证银行存款余额调节表中的项目。

如果注册会计师没有获得截止银行对账单，可以采用核对期后银行对账单的替代审计程序。这种替代审计程序的目的是检查客户是否存在涂改银行对账单所附凭证的行为。具体步骤是：加总计算所有的注销支票以及银行存款借记通知、贷记通知，将结算结果与银行对账单余额相核对，确定客户是否存在涂改行为。

四、思考与实践

在对甲公司2024年度财务报表进行审计时，注册会计师王明负责审计货币资金项目。

（1）为顺利实施现金监盘，王明提前一周通知甲公司做好监盘准备工作。甲公司在总部和3个营业部均设有出纳部门。为配合公司出纳的日常工作，王明将总部和营业部的现金监盘时间分别安排在2025年1月10日的上午10点和下午3点。监盘工作由张明和甲公司的相关出纳员一起进行。监盘前，出纳将已办妥收付手续但尚未记账的会计凭证登记入现金日记账，结出余额。随后，王明和出纳一起盘点现金，填写“库存现金监盘表”，王明在“库存现金监盘表”后签字形成审计工作底稿。

（2）2024年12月31日，甲公司账面上有一笔2 000万元的三年期定期存款。王明检查了该笔存款的开户证书原件，据此认可了该笔定期存款的存在。

（3）在对银行存款实施实质性分析程序时，王明发现甲公司2024年度计提的银行存款利息收入明显少于预期值。甲公司的解释是，公司在2024年3至9月曾用该款项代母公司垫付一笔购货款，因母公司允诺半年内将款项返还，甲公司账面未作记录。2024年10月1日，母公司将此款项返还甲公司。王明认为银行存款不存在错报。

（4）为验证银行对账单的真实性，王明要求甲公司财务人员提供相关网银记录截屏，并将网银截屏信息与银行对账单信息进行核对，结果满意。

要求：请分析在上述货币资金审计工作中注册会计师的做法有哪些不当之处。

案例二　现金盘点及审计

一、本案例学习目标

完成本案例学习后，学生应当能够：掌握现金盘点方法的应用，能够设计并执行针对现金的审计测试程序，了解备用金关键内部控制。

二、本案例的关键内容

（一）案例资料

在永兴公司的审计业务中，注册会计师张华对库存现金执行了解内部控制、内部控制测试和业务实质性测试程序。在审计库存现金时，注册会计师将工作的重点放在库存现金的控制测试。

2025 年 1 月 10 日上午 8 时，会计师事务所派出的注册会计师张华对永兴物资贸易公司的库存现金进行突击监盘，出纳员和会计主管参加了此次盘点。盘点情况如下：

现钞：100 元币 10 张，50 元币 13 张，10 元币 19 张，5 元币 11 张，1 元币 29 张，5 角币 38 张，1 角币 4 张。现钞总计 1 943. 4 元。

已收款尚未入账收款凭证 3 张，计 573. 2 元。

已付款尚未入账的付款凭证 5 张，计 320 元。另外有马明借条一张，日期为 2023 年 7 月 15 日，金额 200 元，未说明用途。

2025 年 1 月 10 日企业现金账面余额为 1 890. 20 元，2025 年 1 月 1 日至 2025 年 1 月 10 日收入现金 4 560. 16 元，支出现金 4 120 元，2024 年 12 月 31 日库存现金账面余额为 1 060. 04 元。

在对永兴物资贸易公司的备用金等进行审计测试时，审计师还发现了该公司出纳员李华贪污公款的情况：永兴公司出纳员李华从公司收发室截取了顾客马力寄给公司的分期付款 5 000 元支票，存入了由他负责的公司零用金银行存款账户中。然后，在该存款户中以支付劳务费为由，开具了一张以自己为收款人的 5 000 元的支票，签名后从银行兑取了现金。在与客户对账时，李华将应收账款（马力）账户余额扣减 5 000 元后作为对账金额发给马力，表示 5 000 元款项已经收到。10 天后，李华编制了一张会计凭证，将应收账款（马力）账户调整到正确余额，但银行存款账户余额却比实际多列了 5 000 元。

月底，在编制银行存款余额调节表时，李华在调节表上虚列了两笔未达账项，将银行存款余额调节表调平。

（二）案例分析要求

1. 在审计库存现金时，注册会计师将工作的重点放在库存现金业务的控制测试而不是账户的期末余额，原因是什么？

2. 根据李华贪污公款的情况，分析该公司内部控制制度中存在哪些重要缺陷？

3. 本案例中，如果注册会计师执行业务实质性测试后并未执行进一步的余额详细测试，其前提条件是什么？控制测试和业务实质性测试的工作量取决于什么？

4. 根据资料编制库存现金盘点表，计算出盈亏，并推算出 2024 年 12 月 31 日库存现金实存额。

三、本案例需要关注的问题

（一）库存现金内部控制

库存现金是一个特殊账户，其金额往往并不重要，但在审计业务中不能被忽略。注册会计师要重点关注库存现金被贪污的可能性。本案例中，李华贪污公款的过程说明该单位内部控制存在重要缺陷，表现在：记账、收款与出纳功能没有分离；没有由出纳和登记日记账以外的人员定期编制银行存款余额调节表；登记现金日记账没有与登记应收账款总账和明细账的职务分离；缺乏支票领用的领导审批制度；出纳与财务章没能分别保管。

虽然库存现金余额往往比较小，但如果频繁报销时，可能存在大量不恰当的业务，所以验证备用金时，注册会计师应当更侧重现金业务的控制测试，而非账户的期末余额。

（二）库存现金的实质性测试

1. 针对库存现金的实质性审计程序通常包括：核对库存现金日记账与总账的金额是否相等，检查非记账本位币库存现金的折算汇率及折算金额是否正确；监盘库存现金；抽查大额库存现金收支；检查原始凭证是否齐全、记账凭证与原始凭证是否相符、账务处理是否正确、是否记录于恰当的会计期间等内容；根据评估的舞弊风险等因素增加的其他审计程序。

控制测试和业务实质性测试的工作量取决于现金业务发生的次数、金额及注册会计师对相关错报风险的评估。当现金有关控制风险评估较低且年内发生的报销次数较少时，注册会计师方可不执行进一步审计程序。

2. 2024 年 12 月 31 日库存现金实存额为：1 890. 20+4 120−4 560. 16 = 1 450. 04（元）。

四、实践与思考

在审计万有公司 2024 年度财务报表时，注册会计师黎明负责库存现金监盘。2025 年 1 月 7 日下午 5 点，黎明对万有公司库存现金实施监盘。盘点时账面库存现金余额为 1 244. 5 元。盘点结果如下：

（1）库存现金实有数为 2 208. 5 元。

（2）已收款未入账收款凭证 2 张，共计 2 520 元。

（3）已付款未入账付款凭证 1 张，金额为 356 元。

（4）金额为 1 200 元的白条 1 张，借款日期是 2024 年 7 月 15 日。

从 2024 年 12 月 31 日至 2025 年 1 月 7 日，万有公司共发生现金收入

5 746 元，现金支出 3 431. 82 元。

要求：(1) 推断盘点日库存现金账面应有数，分析应有数和实有数之间是否存在差异，若有差异请说明原因。

(2) 推断 2024 年 12 月 31 日库存现金应有数。

案例三　测试银行存款余额调节表

一、本案例学习目标

掌握银行存款余额调节表的编制方法和测试方法，了解通过银行账户转账腾挪资金的常见舞弊手法。

二、本案例的关键内容

(一) 案例资料

注册会计师张华负责审计兴达公司的一般银行存款。客户尚未编制 12 月 31 日的银行存款余额调节表。在与公司管理者沟通之后，注册会计师决定在一位财务人员协助下编制银行存款余额调节表。注册会计师检查了兴达公司 2024 年 12 月的一般银行存款户的银行存款日记账的收支业务与银行对账单。兴达公司 2025 年 2 月 28 日银行对账单余额为 313 546 元，银行存款日记账为 310 000 元。此外，注册会计师还取得下列信息：

1. 2024 年 12 月 28 日，银行对账单上收到外地汇款 18 500 元，该款项系公司从外地采购专户转入的款项，采购专户的银行存款日记账已经记账，但当月一般存款户日记账上无此记录，此业务记录于 2025 年 1 月 7 日。

2. 2024 年 12 月 22 日，对账单上有存款利息 400 元，日记账上为 600 元 (查系记账凭证写错)。

3. 2024 年 12 月 25 日，对账单付出 18 500 元，但 12 月 31 日企业日记账仍无此记录。

4. 2024 年 12 月 28 日，日记账上有存入转账支票 24 000 元，但对账单上无此记录。

5. 2024 年 12 月 28 日，日记账上有付出转账支票 22 000 元，但对账单上无此记录。

6. 对账单有 2025 年 2 月 28 日收到托收款 5 500 元，但日记账无此记录。

（二）案例分析要求

1. 根据上述资料编制银行存款余额调节表，列示调节后的银行存款账面余额。

2. 编制必要的调节分录。

3. 假定上述事项 1 中的未达账项是员工故意舞弊造成的，请分析相关人员的最可能的动机是什么？

4. 假设企业存在缺少与银行存款相关的职责分离等内部控制缺陷，为了查明银行存款账户中存在的舞弊问题，注册会计师可能采用哪些审计程序？

三、本案例需要关注的问题

（一）编制银行存款余额调节表

独立、正确地编制银行存款余额调节表是银行存款内部控制的一项重要内容。注册会计师要能够针对银行存款余额调节表展开测试。本案例中被审计单位尚未编制银行存款余额调节表，注册会计师应能够在编制银行存款余额调节表的过程中针对相关内容展开测试。本案例中，注册会计师应编制的银行存款余额调节表如表 7-1 所示。

表 7-1　银行存款余额调节表　　2024 年 12 月 31 日

	银行存款日记余额		银行对账单余额
	310 200		313 500
加：银行已收企业未收	18 500	加：企业已收银行未收	24 000
	5 500		
减：银行已付企业未付	18 500	减：企业已付银行未付	22 000
记账错误	200		
调节后余额	315 500	调节后余额	315 500

（二）调节分录

借：银行存款　　200

　贷：财务费用　　200

（三）挪用公司资金典型方式

试图贪污公款的人有时候会通过在不同银行间转移资金并且推迟记录的方式来挪用公司资金。事项 1 中，从外地采购专户转入一般存款户的款项没有记账，而仅记录付款业务，这表明公司员工可能试图掩盖其贪污银行存款的行为。

（四）应对内部控制存在的缺陷

当企业银行存款相关的职责分离等内部控制存在缺陷时，审计一般银行存款账户时，注册会计师要特别关注银行存款中存在的舞弊风险，必要时应对银行存款余额表进行扩展测试。扩展测试的目的是验证被审计年度最后一个月的所有业务是否正确地反映于银行存款余额调节表中，并且银行存款余额调节表中所有项目是否得到正确处理。

四、思考与实践

注册会计师王华负责审计日星公司的货币资金。审计底稿中记录的部分内容如下：

（1）王华对日星公司 2024 年 12 月 31 日有往来余额的银行账户实施了函证程序。其中，北京银行账面余额是 536 万，回函余额是 533 万，差异额为 3 万。由于差异金额小于明显微小错报的临界值，故未实施进一步审计程序。日星公司是南京银行的重要客户，银行经常派业务专员上门办理业务。2025 年 1 月 18 日，在业务专员服务时，王华将询证函交给该业务专员，银行业务专员当场盖章回函。李华对函证结果满意。

（2）王华将企业提供的银行存款余额调节表与银行对账单、银行询证函核对，发现 3 笔未达账项。

①2023 年 2 月银行已付款 50 000 元，直到 2024 年末公司财务仍未做任何处理。财务人员声称因付款依据丢失而无法入账。

②2024 年 9 月，公司账面记录显示向英达公司支付购货款 190 000 元，但截至 2024 年末银行一直未付出此款项。在 2025 年 3 月的银行对账单上有一笔 190 000 元的款项转出，财务未做任何会计处理。王华向英达公司函证，未收到询证函回函，进一步实地查证发现，英达公司已于 2024 年 10 月注销。

要求：（1）针对事项（1），请分析注册会计师的做法是否恰当。

（2）针对事项（2），请指出注册会计师应如何应对。

第八章

生产与仓储循环审计

生产与仓储循环是产品制造企业特有的环节。本循环安排了四个案例，重点研究存货审计和生产成本审计。

案例一　迅捷股份有限公司生产与仓储循环审计

一、本案例学习目标

完成本案例学习后，学生应当能够：了解生产与仓储循环审计的内部控制制度，重点掌握存货截止测试的程序与方法，存货所有权的验证过程，存货计价测试的方法，存货内部控制，存货控制测试要点等。

二、本案例的关键内容

（一）案例资料

康泰会计师事务所向迅捷股份有限公司派出了以郑明为项目组长及以李和芳、林琳、刘华雨为组员的项目组。本次审计为迅捷股份有限公司成立以来的首次审计。

迅捷股份有限公司属于轻工业类纸浆制造企业，公司主营业务为纸、纸板、纸箱制品。公司是某省重点扶持的骨干企业之一，国家火炬计划重点高新技术企业。公司经过不断的产品结构调整与优化，产品质量和技术装备均达到国内先进水平，主导产品可替代进口，公司目前生产规模和经济效益连续多年居某省造纸业首位，全国同行业前列。公司坚持以废纸为主要原料，辅以商品木浆，减少污染，力争实现经济与环保双赢发展。

该公司在董事会下设有审计委员会，在总经理下设有审计部，审计委员会和审计部在业务上是指导与被指导关系。注册会计师的审计工作得到了该公司内部审计的协助。

审计组于 2025 年 2 月 15 至 3 月 6 日对该公司 2024 年度的会计报表进行审计。注册会计师林琳等主要负责生产与仓储循环的审计。

注册会计师执行的部分程序如下：

1. 通过了解、调查、描述、测试与评价对被审计单位进行控制测试。

2. 通过执行分析程序、编制存货明细表并将其与明细账、总账、报表余额进行核对，监盘存货，验证存货所有权，检查存货品质状况，审查存货跌价准备、存货计价等，进行分析性复核、存货截止测试等实质性测试。

3. 对上一年度的会计记录进行适当审阅并与前任注册会计师沟通。注册会计师林琳在对公司存货项目的相关内控制度进行研究评价后，记录了公司存货方面的主要内部控制制度，下面是从工作底稿中摘录的部分内容：

（1）质量检验员比较所收材料与采购订单的要求是否相符，并检查其质量等级。验收无误后，质量检验员签发预先编号的验收单，作为检验材料的依据。对于单价在 10 000 元以上的材料，还需质检经理验收签字。

（2）根据预先编号验收单，仓库管理员负责将购入材料的采购订单编号、验收单编号，材料数量、规格等信息输入 ERP 系统，经仓储经理复核并以电子签名方式确认后，系统自动更新材料明细台账。

（3）仓库管理员分别于每季和年度终了对存货进行盘点并编写存货盘点明细表，财务部门对盘点结果进行复盘，若发现差异经仓储经理、财务经理、生产经理复核后及时处理并调整入账。

（4）仓库管理员将原材料领用申请单编号、领用数量、规格等信息输入 ERP 系统，经仓储经理复核并以电子签名方式确认后，系统自动更新材料明细台账。

（5）生产成本记账员根据原材料出库单，编制原材料领用凭证，与 ERP 系统自动生成的生产记录日报表核对材料耗用和流转信息；由会计主管审核无误后，生成记账凭证并过至生产成本及原材料明细账和总分类账。每月末，各个生产车间分别与仓库核对原材料、半成品及产成品转入转出记录，如有差异，仓库管理员编制差异分析报告，经仓储经理和生产经理签字确认后交财务部门进行调整。

注册会计师在审计过程中发现公司存在下述可能导致错误的情况：

一是存货盘点欠缺认真，盘点过程中发货业务没有完全终止，对初次盘点结果，并无第二组人员进行复盘。

二是由红特公司代管的甲材料可能并不存在。

三是通过销售与收款循环审计发现已销产成品可能未进行相关会计处理。

四是迅捷公司将明光公司存放在仓库中的乙材料计入本公司存货项目中。

五是通过非货币性交换取得的丙材料比现行市价高。

(二) 案例分析要求

1. 说明上述每一项内部控制涉及的企业业务活动及控制目的、受影响的相关交易和账户余额及其认定。

2. 针对上述可能导致错误的5种情况，注册会计师林琳应当采用什么实质性程序进行审查？各自的审计目标是什么？能获得什么类型的审计证据？

3. 注册会计师如何对原材料存货进行截止测试？

三、本案例需要关注的问题

(一) 生产与仓储循环内部控制

存货是企业在生产经营过程中为了出售或耗用而持有的各种有形资产，包括各种原材料、辅助材料、包装物、低值易耗品、委托加工材料、在产品、产成品和商品等。由于存货在企业的流动资产项目中占有较大的比重，故存货项目的真实性、正确性直接影响到资产负债表中存货项目的公允性。因此，加强存货审计对于促进企业健全内部控制制度、提高存货管理水平起着重要的作用。生产与仓储循环涉及的业务活动主要包括：材料验收和仓储活动、计划和安排生产活动、生产与发运活动以及存货管理活动。注册会计师应了解、评估并测试企业在各个环节的内部控制制度。

本案例中：

第1部分的项目内部控制涉及的企业业务活动是材料验收与仓储，其控制目的是保证已验收材料均附有有效采购订单，受影响的相关交易和账户余额及其认定是存货的存在性。

第2部分的项目内部控制涉及的企业业务活动是材料验收与仓储，其控制目的是保证已验收材料均已准确记录，受影响的相关交易和账户余额及其认定是存货的计价、分摊和完整性及主营业务成本的准确性、分类和完整性。

第3部分的项目内部控制涉及的企业业务活动是材料验收与仓储，其控制目的是保证已验收材料均已记录于适当期间，受影响的相关交易和账户余额及其认定是存货的存在和完整性及主营业务成本的计算。

第4部分的项目内部控制涉及的企业业务活动是生产与发运，其控制目的是保证发出材料均已准确记录，受影响的相关交易和账户余额及其认定是存货的计价和分摊及主营业务成本的准确性、完整性和分类。

第5部分的项目内部控制涉及的企业业务活动是生产与发运，其控制目的是保证已记录的生产成本均为真实发生且与实际成本一致，受影响的相关交易和账户余额及其认定是存货的存在、计价和分摊及主营业务成本的发生和准确性。

（二）存货审计实质性程序

针对上述公司存在的可能情况，注册会计师林琳应当采用如下实质性程序进行审查：

1. 注册会计师林琳应要求该公司对期末存货进行重盘，注册会计师适当抽点，审计目标是确定存货审计单位盘点结果的记录可靠性和对控制程序的遵循情况，能够获取书面证据。

2. 注册会计师林琳应询问被审计单位管理当局，并向红特公司函证代管的甲材料，审计目标是确定存货的存在性、会计记录完整性以及所有权，并能够获取书面证据。

3. 注册会计师林琳应对期末存货进行截止测试，审计目标是确定存货的存在性和会计记录完整性，能够获取书面证据。

4. 注册会计师林琳应采取询问管理当局、函证、进行截止测试等程序，目标是确定存货的所有权、会计记录的完整性，能够获取口头证据和书面证据。

5. 对通过非货币性资产交换获得的存货，注册会计师林琳应检查其入账的有关依据是否真实、完备，入账价值和会计处理是否符合相关规定，目标是确定存货的所有权、存在、完整性和准确性，能够获取书面证据。

（三）存货截止测试

存货截止测试的主要目的是证实所有应当记录的存货均已记录，次要目的是证实资产负债表中记录的存货是存在的。针对原材料的截止测试包括入库截止测试和出库截止测试。

原材料入库的截止测试程序是：在原材料明细账的借方发生额中选取资产负债表日前后若干张、一定金额以上的凭证，并与入库记录（如入库单、购货发票、运输单据）核对，以确定原材料入库被记录在正确的会计期间；在入库记录（如入库单、购货发票、运输单据）中选取资产负债表日前后若干张、一定金额以上的凭证，与原材料明细账的借方发生额进行核对，以确定原材料入库被记录在正确的会计期间。

原材料出库截止测试程序是：在原材料明细账的贷方发生额中选取资产

负债表日前后若干张、一定金额以上的凭证，并与出库记录（如出库单、销货发票、运输单据）核对，以确定原材料出库被记录在正确的会计期间；在出库记录（如出库单、销货发票、运输单据）中选取资产负债表日前后若干张、一定金额以上的凭证，与原材料明细账的贷方发生额进行核对，以确定原材料出库被记录在正确的会计期间。

四、思考与实践

上市公司甲公司是立新会计师事务所的常年审计客户，主要从事医疗器械和试剂的生产和销售。注册会计师李华负责审计甲公司 2024 年度财务报表。李华在审计工作底稿中记录了所了解的甲公司情况及财务数据（表 8-1），部分内容摘录如下：

（1）2024 年 6 月，甲公司受南风公司委托为其生产 200 台呼吸机，每台售价 30 万元。根据合同约定，甲公司需到南风公司指定的供应商处按南风公司确定的价格购买生产呼吸机所需的主要部件。

（2）2023 年 4 月，甲公司应用最新科技专利技术研发了一款血压仪，新产品迅速成为市场中的热销产品。甲公司自 2023 年末起以成本价清理旧款血压仪库存。

（3）2024 年 12 月，甲公司将 2024 年 11 月销售的某批次存在安全隐患的血糖检测试剂全部召回。

表 8-1　　　　金额单位：万元

项目	未审数	已审数
	2024 年	2023 年
营业收入——呼吸机	60 000	0
营业成本——呼吸机	55 000	0
营业收入——血压仪（旧款）	150 000	230 000
营业成本——血压仪（旧款）	145 000	170 000
存货——血压仪（旧款）	40 000	80 000
存货跌价准备——血压仪（旧款）	1 600	3 200
存货——血糖检测试剂	3 500	0

要求：请指出上述资料中所列事项可能表明存在哪些重大错报风险？该风险主要与哪些财务报表项目的哪些认定相关（不考虑税务影响）？

案例二　存货监盘

一、本案例学习目标

完成本案例学习后，学生应当能够：了解存货监盘的审计目的，掌握监盘的主要审计程序，掌握监盘的技术要领。

二、本案例的关键内容

（一）案例资料

泰达公司是一家上市公司。在2024年财务报表审计中，会计师李阳和王刚负责泰达公司下属工厂的期末存货监盘任务。此次审计是注册会计师首次接受委托。

在制定监盘计划前，客户提出，由于公司年底业务繁忙，希望注册会计师将存货监盘时间安排在期中进行。在制定监盘计划时，注册会计师主要根据各种存货监盘所耗费的时间确定了样本规模，并选定了测试项目。

在监盘泰达公司存货时，注册会计师遇到以下情况：

1. 2025年2月15日，注册会计师在对第一仓库的A材料进行实物清点时发现，该企业2024年12月31日资产负债表“存货”金额为2 000万元，根据存货明细账知道，2024年12月31日A材料为2 000千克，单价100元，金额共计20万元。注册会计师监盘A材料的结果为：2 200千克，单价100元，金额22万元。对A材料明细账的收发记录进行测试后，确认：共收400千克，金额为4万元，共发200千克，金额为2万元。

2. 存货B分别存放在第二、第三和第四仓库，由于人手不足，公司计划安排在一周内将其盘点完毕。

3. 存货C所在仓库由于地处偏远，发生山体滑坡，注册会计师无法进行监盘。

4. 存货D已经质押给供货商韵达公司，此次未纳入盘点。

5. 因首次接受委托，注册会计师未能对上期存货进行监盘，但上期存货金额对本期报表影响较大。

6. 存货E是散装存放的液体，确定其质量和数量比较困难。

7. 存货F没有参与盘点，经询问得知已经出售，但暂未出库。

8. 被审计单位制定盘点计划中规定，由于G存货比较重要，由两组人员参与盘点，一组完成盘点，另一组进行二次盘点，以保证准确性。但实际盘点过程中，注册会计师发现，为了节约时间，两组人员同时盘点了不同的存货，并没有进行二次盘点。

9. 注册会计师在对成品库中的产成品——设备进行实物清点时，发现一些设备的明细账、保管账和实物三者数量、金额存在不符之处，如表 8-2 所示。

表 8-2　设备核对审查表

产品名称	明细账			保管账			盘点数量（台）
	单价（元）	数量（台）	金额（元）	单价（元）	数量（台）	金额（元）	
甲设备	10 000	40		10 000	39		39
乙设备	20 000	30		20 000	30		31
丙设备	30 000	20		30 000	19		20
丁设备	40 000	10		40 000	8		8

10. 企业有一批生产所需的燃料存放在港口的公共仓库内，该批燃煤占企业流动资产的比例达 15%。

注册会计师完成存货监盘程序后，公司财务经理要求注册会计师给他一份注册会计师编制的存货盘存记录复印件，以便纠正客户盘点结果与注册会计师盘点结果之间的差异。注册会计师拒绝了这一要求。

（二）案例分析要求

1. 注册会计师对委托人存货进行监盘的审计目标是什么？在监盘时被审计单位和注册会计师的责任分别是什么？

2. 如果客户要求注册会计师将监盘时间安排在期中，在什么条件下注册会计师可以同意客户的要求？

3. 注册会计师为什么根据监盘花费的时间而非所盘点的存货项目的数量来确定监盘的抽样规模？在选择监盘项目时，注册会计师应重点关注哪些项目的盘点？

4. 根据资料中事项 1，判断 A 材料金额是否真实。

5. 根据本案例中事项 2 至事项 10，请说明注册会计师针对所执行的监盘项目应采取怎样的审计程序。

6. 制定存货监盘计划时，在实地盘点存货过程中，注册会计师应如何选择监盘项目？

7. 在实地盘点存货过程中，注册会计师通常使用哪些审计程序？

三、本案例需要关注的问题

（一）存货监盘的含义和目标

存货监盘是指注册会计师现场监督被审计单位存货的盘点，并进行适当的抽查。监盘的目标是注册会计师可以检查存货，观察被审计单位盘点结果的记录可靠性和对控制程序的遵循情况。

（二）存货监盘的会计责任和审计责任

建立准确盘点存货的程序，定期盘点存货，合理确定存货的数量和状况是被审计单位管理当局的责任。

实施存货监盘可以确定存货盘点方法的有效性，获取有关期末存货数量和状况的充分、适当的审计证据，是注册会计师的责任。

（三）存货监盘的“监”的体现

1. 参与盘点前的规划。如盘点小组的构成与分工、盘点表的格式、盘点时间安排等。

2. 监视或巡视。

3. 计量器具的测定。

4. 抽点。一般抽查比率不低于 10%，注册会计师应对抽点过程和结果做出记录，如果发现差异，除督促更正外，还要扩大抽点范围。

（四）监盘计划

1. 存货监盘计划包括的内容：一是存货监盘的目标、范围及时间安排；二是存货监盘的要点及关注事项；三是参加存货监盘人员的分工；四是抽查的范围。

2. 编制存货监盘计划应当注意的问题。一是了解存货的内容、性质、各项目的重要程度及存放场所；二是查阅以前年度的存货监盘工作底稿；三是考虑实地察看存货的存放场所，特别是金额较大或性质特殊的存货；四是考虑是否需要利用专家的工作或其他注册会计师的工作；五是复核或与管理当局讨论其存货盘点计划。

3. 复核或与管理当局讨论其存货盘点计划时，注册会计师应当考虑的因素包括：一是盘点的时间安排，例如，对在不同场所的同种存货应安排在同一时间盘点；二是存货盘点范围和场所的确定；三是盘点人员的分工及胜任能力；四是存货的计量工具和计量方法；五是盘点表单的设计、使用与控制；六是盘点结果的汇总及盘盈盘亏的分析、调查与处理。

4. 监盘的时间。注册会计师主要根据客户的存货永续盘存文件的准确性来确定客户是否可以在年末之前进行实地盘点，只有客户具备对存货永续盘存文件的充分内部控制时，才能够在期中进行盘点。如果客户没有永续盘存记录且存货金额重要，则公司必须在接近会计期末时进行实地盘点，注册会计师也应在同一时间进行相应测试。

实务上，对于老客户，注册会计师一般可于报表日或接近报表日监盘，若在接近报表日监盘，应注意对监盘日至期末间的永续记录进行测试。

对于新客户以及期末未能监盘的老客户可于会计期末以后监盘。本案例中，注册会计师不能答应新客户要求中期监盘的要求，因为初次接受委托，在制定监盘计划时一般尚不能确认存货的永续盘存记录的准确性。

为了确定报表日存货实存数，应使用调节法编制盘点日到期末的存货余额调节表。

例如，针对本案例中的事项 1，用调节法计算，A 材料金额 = 22 万 − 4 万 + 2 万 = 20 万元，故资产负债表日的 A 存货是真实的。

5. 监盘的抽样规模和项目选择。由于监盘测试的重点是观察客户的盘点程序，而不是选择测试项目，故存货监盘的样本规模通常无法表示为存货项目的数量。实务中，注册会计师可以根据花费的时间确定样本规模。

在选择测试项目时，注册会计师需要重点关注最重要的存货项目的盘点和一般存货中有代表性的样本的盘点，并与管理当局讨论是否有过时或损坏的存货项目，以及某些重要存货未纳入盘点的原因。

（五）监盘的替代程序

如果由于被审计单位存货的性质或位置等原因导致无法实施存货监盘，注册会计师应当考虑能否实施替代审计程序，获取有关期末存货数量和状况的充分、适当的审计证据。

注册会计师实施的替代审计程序主要包括：

1. 检查进货交易凭证或生产记录以及其他相关资料。

2. 检查资产负债表日后发生的销货交易凭证。

3. 向顾客或供应商函证。

（六）本案例中的情况

事项 2 中，将存货 B 安排在一周内盘点是不正确的，因为这会给被审计单位转移存货应付监盘留下机会，正确的做法是与被审计单位沟通协调并合理安排人手，对在不同场所的同种存货安排在同一时间盘点。

事项 3 中，由于对存货 C 注册会计师无法进行监盘，这时，注册会计师首先应评估审计风险，提请被审计单位改日重新盘点以便注册会计师能实施监盘程序，并对该期间的存货交易进行测试。其次，若确实无法实施监盘，注册会计师应实施替代审计程序，主要包括：检查进货交易单据或生产记录等取得存货的相关资料、检查资产负债表日后发生的销货交易凭证记录、向顾客和供应商函证等。另外，如果替代审计程序无法取得充分适当的审计证据，注册会计师应考虑出具无法表示意见或有保留意见的审计报告。

事项4中，由于存货D已经质押给供货商韵达公司，此次未纳入盘点，注册会计师应向韵达公司函证，确定存货的数量和金额。如果D存货的金额所占比例较大，注册会计师还应考虑到韵达公司去实施存货监盘或利用其他注册会计师的工作。

事项5中，因首次接受委托，注册会计师未能对上期存货进行监盘。注册会计师在获取本期存货余额充分、适当的审计证据后，应实施查阅前任注册会计师的工作底稿、审阅上期存货盘点记录、抽查上期存货增减变化的记录以及对上期存货毛利等进行分析性复核的审计程序，以获取存货期初余额的审计证据。

事项6中，存货E是散装存放的液体，确定其质量和数量比较困难。注册会计师可使用容器、测量棒等专业器具进行监盘，并可参看企业的永续盘存记录，必要时要利用专家的工作。

事项7中，存货F没有参与盘点，经询问得知已经出售，但暂未出库。注册会计师应取得F的规格、数量等有关资料，必要时考虑向存货所有者实施函证程序，以证明F存货的所有权。

事项8中，被审计单位制定盘点计划中规定，由两组人员参与盘点，一组完成盘点，另一组进行二次盘点，以保证准确性。但实际盘点过程中，注册会计师发现，为了节约时间，两组人员同时盘点了不同的存货，并没有进行二次盘点。此时，注册会计师应通知被审计单位管理层纠正这种做法。

事项9中，甲设备、丁设备保管账和实际盘点结果相符，但与明细账核对不符，可能是产品因毁损、丢失或报废后未冲销明细账而仅减记了保管账所致。

乙设备保管账和明细账结果相符，但实际盘点却出现了盘盈，这可能是因为产品入库后未能及时登记保管账和明细账，或者是因为产成品发生退货却未及时登记保管账和明细账造成的。

丙设备实际盘点数与明细账相符，但却与保管账不符，可能是产品入库后未及时登记保管账所致。

上述问题说明企业存货收发和保管内部控制制度存在较严重缺陷。

事项10中，注册会计师一般不需要对存放于公共仓库的存货实施监盘，而是通过向保管人函证的方式来验证存储在公共仓库的存货。但如果涉及的存货金额占流动资产的比例较大，则应执行追加审计程序，包括调查保管人的业务情况，取得由独立注册会计师出具的关于保管人的货物保管业务的内部控制的报告，在可能的情况下可实地观察保管人盘点委托人的存货。

四、实践与思考

华耀公司主要从事浮法玻璃的生产和销售，其存货包括浮法玻璃、烧碱、硼砂、白云石和石灰石。2024年12月31日，浮法玻璃账面价值占存货总金额的30%，烧碱占20%，硼砂价值占20%，白云石占15%，石灰石占15%。

华耀公司生产的浮法玻璃中有60%通过客户上门订购和网上直营店销售，另外40%的玻璃运到全国各地的经销商处销售。

西美公司与华耀公司同属一个母公司，华耀公司将部分仓库借给西美公司，用于存放西美公司的硼砂。另外，华耀公司也有部分石灰石寄存于西美公司。

华耀公司的存货价值较高，约占资产总额的30%。2024年12月27日，在对华耀公司实施存货监盘前，注册会计师获取了华耀公司编制的存货盘点计划。存货盘点计划的部分内容摘录如下：

（1）存货盘点范围、地点和时间安排：

2024年12月28日至31日，华耀公司将对存放于本部的存货实施盘点，盘点小组成员来自生产、仓库和财务等相关部门。各经销商负责盘点存放于经销处的玻璃，盘点时间是2024年12月31日。盘点结束后，盘点资料将报送到财务部门和仓库部门。

华耀公司存货存放情况如下：

A仓库用于存放烧碱和硼砂，计划盘点时间为12月28日；B仓库存放白云石，白云石占存货总金额比重为10%，计划盘点时间为12月29日。C仓库存放石灰石，计划盘点时间为12月30日。D仓库存放玻璃，计划盘点时间为12月31日。此外，还有部分玻璃存放在各个经销处，盘点时间也是12月31日。其中，北京地区的经销商年底业务繁忙，2024年暂不实施盘点。存放于该经销商处的玻璃占公司玻璃总量的30%。

盘点日前已验收但尚未办理入库手续的原材料以及废品和毁损品，不纳入盘点范围，以财务部门和仓库部门的账面记录为准。

（2）西美公司寄存的硼砂与华耀公司自己的硼砂并无区别，故未单独摆放。华耀公司的硼砂库存数以实际盘点数扣除西美公司寄存硼砂的账面数确定；华耀公司寄存于西美公司的石灰石库存量直接根据西美公司的账面记录确定，不再单独安排盘点。

（3）存货数量的确定方法。对于烧碱、硼砂、白云石和石灰石等堆积型存货，采用检查收、发、存凭证和记录并结合现场观察的方法，确定存货数量；对于存放于D仓库的玻璃，根据盘点数量和包装箱上的规格直接计算以确定数量。

（4）盘点标签的使用和控制。为盘点存放在D仓库的玻璃，使用一式两联、连续编号的盘点标签。实施盘点时，将一联粘贴在已盘点的存货上，另一联由盘点人员留存；盘点结束后，将留存联连同存货盘点表交存财务部门。

（5）盘点结束后，对出现盘盈或盘亏的存货，由仓库保管员将存货实物数量和仓库存货记录调节相符。

要求：请分析，公司制定的存货盘点计划有什么缺陷？

案例三　生产成本审计

一、本案例学习目标

本案例涉及生产与费用循环中生产成本的有关内容，生产成本是审计的重要内容。

完成本案例学习后，学生应当能够：了解生产成本核算中，料、工、费的归集和分配过程，掌握成本核算控制制度要点，掌握生产成本的分析复核程序和生产成本在完工产品和在产品之间分配的审查过程，会填写相互有钩稽关系的单证和账表，掌握如何收集证据和复核，掌握生产成本审计的实质性测试程序。

二、本案例的关键内容

（一）案例资料

华硕会计师事务所派出了以郑雨为项目组长及以李芳、张一迪、刘华为组员的项目组，于2025年2月15日至3月5日对永晟股份有限公司2024年度的会计报表进行了审计。该公司所处行业为摩托车业，主营业务为摩托车、助力车及其零部件的研制与开发。

生产成本的审计主要是指对企业生产经营过程中发生的成本费用及其会

计核算的真实性、合法性、合规性进行的审计与评价，这些工作对于监督企业严格遵守会计制度规定的成本开支范围、正确地计算产品成本、合理地处理各利益相关者之间的关系均有十分重要的意义。因此，华硕会计师事务所派郑雨等经验丰富的注册会计师负责此部分审计。

项目组执行的部分审计方法和程序如下：

第一，通过了解、调查、描述、测试与评价等方法，对被审计单位进行控制测试。

公司设置了一些有关成本核算的控制，其中涉及从领用原材料到完工产品入库这一过程的相关实物和成本控制。审计工作底稿中记录了公司成本核算方面的内部控制制度，下面是这些控制制度的一部分：

（1）将原材料、在产品和产成品存放于相互独立的地点，并限制无关人员进入。

（2）使用事先编号、需要审批的请购单、领料单等凭证控制存货的流转。

（3）填写请购单、领料单等凭证的人员直接将这些凭证的副联送达会计部门，而不经过保管资产的人员。

（4）由不接触或保管资产的人员负责管理永续盘存存货主文件。

第二，编制了生产成本汇总明细表，并将其与总账数、明细账合计数进行核对。

通过这些方法，对生产成本进行了分析复核，检查了车间在产品盘存资料并将其与成本核算资料进行核对，检查了生产成本在完工产品与在产品间的分配。

注册会计师刘华对比了 2024 年各月同一产品的单位成本，发现 Q 型摩托本年度产品单位成本较上年度有较大幅度增长，在本年度内，12 月产品单位成本尤其比其他月份和以前年度金额大。注册会计师了解到的情况排除了材料价格上涨的因素，进一步抽查成本计算单后发现，Q 型摩托 12 月成本计算单中直接材料的单位用量异常增高，需要进一步抽查凭证和进行材料盘点，以进一步确认是什么原因导致年末材料的用量较大。

在实施分析程序和其他审计程序后，注册会计师发现下列事项可能影响生产成本。

1. 注册会计师重点抽查了 12 月的有关成本归集与分配的凭证，发现了两笔凭证存在疑点：一笔是在建工程领用的材料价值 1 232 000 元，记入了 Q 型摩托车的 12 月份成本计算单中；另一笔在建工程工人的工资及福利费用金额为 592 800 元，也记入了 Q 型摩托车的成本中。通过进一步审计，注册会计师了解到被审计单位在 12 月份新上马一项在建工程，有关该项工程的开支全部计入 Q 型摩托产品成本开支中，经与有关人员询问，确认无误。

2. 由于执行新准则，将企业主要备件确定为固定资产，本期已经计提折旧，但未进行追溯调整。

3. 因年度考核工作尚未完成，企业将上年度应发给生产线工人的奖金于本年发放并计入本年生产成本。

4. 因市场行情不好，公司某生产线本年一直停产，公司对其仍继续计提折旧费用 60 万元，并将折旧费用计入制造费用。

5. 本年企业进行 A 生产线的大修理，由此造成的停工损失计入管理费用。

6. 公司会计政策规定，产成品成本核算采用实际成本法，发出产成品和原材料采用先进先出法。经审计，注册会计师确认乙材料的期初余额及所有数量单价是正确的。注册会计师另外还取得了公司 2024 年乙材料的相关资料，如表 8-3 所示。

表 8-3　永晟股份有限公司 2024 年乙材料出库汇总明细表

日期	摘要	入库			出库			结存		
		数量（件）	单价（元）	金额（元）	数量（件）	单价（元）	金额（元）	数量（件）	单价（元）	金额（元）
1 月 1 日	期初余额							1 000	2.5	2 500
2 月 21 日	入库	1 000	2.2	2 200				2 000	2.35	4 700
2 月 28 日	出库				500	2.5	1 250	1 500	2.3	3 450
5 月 20 日	入库	1 500	3	4 500				3 000	2.65	7 950
5 月 31 日	出库				300	2.65	795	2 700	2.65	7 155
6 月 30 日	出库				200	2.65	530	2 500	2.65	6 625
7 月 31 日	出库				200	2.65	530	2 300	2.65	6 095
8 月 31 日	出库				200	2.65	530	2 100	2.65	5 565
9 月 30 日	出库				200	2.65	530	1 900	2.65	5 035
10 月 2 日	入库	2 000	1.5	3 000				3 900	2.06	8 035
11 月 30 日	出库				300	2.65	795	3 600	2.65	7 240
12 月 31 日	期末余额							3 600	2.01	7 240

7. 固定资产大修理费用的核算由原来的预提方式改为发生时一次性计入

当期费用，本期发生的大修理费用已经计入当期费用，期初预提费用尚有余额 5 万元在期末还未曾冲销。

8. 注册会计师编制了公司 12 月的生产成本汇总明细表，见表 8-4。

表 8-4　永晟股份有限公司 12 月份生产成本汇总明细表　　单位：元

项目	期初余额	本期发生			完工结转	期末余额
		直接材料	直接人工	制造费用		
W 型摩托	543 000	6 400 488. 47	442 842. 00	1 277 689. 25	8 664 019. 72	—
Q 型摩托	—	31 906 018. 21	2 390 039. 39	5 864 116. 47	40 160 174. 07	—
Z 型助力车	—	12 631 237. 78	1 263 123. 78	991 514. 70	14 885 876. 26	—
Y 型助力车	67 089	24 437 340. 50	2 443 734. 05	11 110 349. 36	37 991 423. 91	67 089
合计	610 089	75 375 084. 96	6 539 739. 22	19 243 669. 78	101 701 493. 96	67 089

9. 注册会计师对永晟股份有限公司的主营业务成本进行审计，通过审查该公司的主营业务成本明细表，并与有关明细账、总账核对，发现账表之间数字完全相符。有关数字如下：

原材料期初余额	10 000 元
本期购进原材料	25 000 元
原材料期末余额	8 000 元
本期销售材料	3 000 元
直接人工成本	15 000 元
制造费用	12 000 元
在产品期初余额	23 000 元
在产品期末余额	25 000 元
产成品期初余额	40 000 元
产成品期末余额	38 000 元

该注册会计师通过对有关记账凭证和原始凭证的审计，发现以下问题：

（1）经对期末在产品的盘点发现，在产品的实际金额为 38 000 元。

（2）领而未用的原材料计 3 000 元，未做处理。

（3）为在建工程发生的人工工资计入生产成本 2 000 元。

（二）案例分析要求

1. 本案例中，公司采用的成本核算控制制度中规定：①将原材料、在产品和产成品存放于相互独立的地点，并限制无关人员进入；②使用事先编号、需要审批的请购单、领料单等凭证控制存货的流转；③填写请购单、领料单等凭证的人员直接将这些凭证的副联送达会计部门，而不经过保管资产的人员。这些控制制度的主要目的是什么？

2. 企业为什么限制保管或接触资产的人员管理存货永续盘存文件？存货永续盘存文件对于注册会计师测试存货的时间和范围有何影响？

3. 本案例中，注册会计师执行的分析复核程序能发现什么潜在错报？对相关成本费用，审计中经常要用到的分析复核程序有哪些？

4. 上述事项 1~7 对企业有哪些影响？注册会计师应提出哪些调整意见？

5. 通过对事项 8 中 12 月生产成本汇总明细表审查，你对被审单位的四种产品有哪些了解？

6. 针对事项 9 中的情况，注册会计师应当采用什么实质性程序进行审查？

7. 在确定成本分摊的合理性时，注册会计师需要考虑的主要因素是什么？为什么注册会计师非常重视成本核算记录？

三、本案例需要关注的问题

（一）成本核算控制制度

为实现生产成本的正确计算与处理，公司有必要制定和执行有效的成本核算内部控制制度。本案例中，永晟股份有限公司成本核算控制制度中规定：①将原材料、在产品和产成品存放于相互独立的地点，并限制无关人员进入；②使用事先编号、需要审批的请购单、领料单等凭证控制存货的流转；③填写请购单、领料单等凭证的人员直接将这些凭证的副联送达会计部门，而不经过保管资产的人员。上述规定的目的是对资产进行实物控制以杜绝由于滥用和盗窃等原因造成的资产损失。

（二）永续盘存存货记录

永续盘存存货记录在企业的成本核算控制中非常重要，企业要通过限制接触保证其安全性。这种重要性表现在：永续盘存存货记录可以提供存货库存的记录，这些记录可用于确定购买或产生存货的时间；永续盘存存货记录可以提供关于原料领用和产成品销售的记录，这些记录可用于检查积压的存货；当企业调查存货实地盘点结果和账面记录的差异时，永续盘存存货记录有助于界定保管责任。

永续盘存存货记录会影响注册会计师监盘存货的时间和范围。如果客户存在充分、准确的永续盘存存货记录，则注册会计师可以在资产负债表日之前进行实地盘点，从而节省大量审计成本。如果关于存货监盘的控制风险较低时，注册会计师还可以适当缩小对存货的测试范围。

（三）关于生产成本的分析复核

生产成本的审计主要涉及直接材料、制造费用、产成品以及其他费用的审计。在对相关成本费用的审计中经常要用到分析复核。执行分析程序时，注册会计师应根据对被审计单位及其环境的了解，通过比较相关数据建立其对有关数据的期望值。

注册会计师在审计生产成本时经常进行的比较程序包括：对生产成本进行分析复核，检查当年各月及前后各期同一产品的单位成本是否有异常波动，判断是否有调节成本的迹象；分别比较前后各期及本年各月的生产成本项目，确定成本项目是否有异常变动；分析同一产品前后年度的直接材料成本、直接人工成本及制造费用占生产成本的比率，看有无重大波动，如有应查明原因；比较仓库记录的材料领用量和生产部门记录的材料领用量，调查存在的差异；比较工资部门记录的人工成本和根据生产部门记录的实际工时计算的人工成本，如其差异超过期望值，应分析其差异并查明原因。

本案例中注册会计师就采用了分析复核程序，对比了 2024 年各月同一产品的单位成本，发现 Q 型摩托本年度产品单位成本较上年度有较大幅度增长，并采取进一步审计程序以查明原因。采用上述分析程序的目的是发现影响存货和销售成本的存货单位成本中存在的错报。

（四）本案例中发现的其他异常问题

事项 1 中，应计入在建工程的材料费和工人的工资及福利费用计入了生产成本，是造成成本偏高的因素。注册会计师应建议将其从生产成本中转出，计入在建工程成本。

事项 2 中，企业主要备件列为固定资产并不影响本期生产成本，但注册会计师应建议企业采用追溯调整法。

事项 3 中，将上年度生产工人奖金计入本年生产成本会使本年生产成本升高。因为按照权责发生制，本期应发放给职工的奖金不应推迟计入下一年度，故注册会计师应建议企业将此项人工费用调出，计入上一年度。

事项 4 中，对本年度闲置设备计提的折旧费用计入制造费用是不正确的，也会造成生产成本虚增，注册会计师应建议企业将其计入管理费用。

事项 5 中，固定资产大修理停工造成的损失应计入制造费用，注册会计师应建议企业将其从管理费用中调出。

事项 6 中，乙材料的出库成本计算不正确，该企业规定材料出库使用先进先出法，但实际执行时仅 2 月的材料成本是用先进先出法计算的，后面的材料出库成本都采用了加权平均法，故注册会计师应建议其调减生产成本 480 万元。

事项 7 中，将本期发生的大修理费直接计入本期制造费用会导致生产成本增加，注册会计师应建议企业将大修理费用冲减预提费用的期初余额后再计入本期费用。

（五）审核生产成本汇总明细表

与注册会计师使用的其他明细表一样，注册会计师可以通过审查生产成本汇总明细表得到有关生产成本的明细和汇总信息。本案例中，从事项 8 中的生产成本汇总明细表至少可以获得以下信息：注册会计师抽查的这一期间，被审单位有两种产品（即 Q 型摩托和 Y 型助力车）的成本较高，应重点审计；每种产品的料、工、费比例中，直接材料所占比重都是最大的，因此对材料的审查应作为重点。

（六）针对事项 9 中情况的对策

针对情况（1），注册会计师应要求该公司对期末存货进行重盘，审计人员适当抽点。

针对情况（2），注册会计师应对期末存货进行截止测试。

针对情况（3），注册会计师应采取询问管理当局、函证、进行截止测试等程序。

（七）成本分摊的主要考虑因素

在确定成本分摊的合理性时，注册会计师需要考虑的主要因素是成本分摊是否符合公认会计原则以及是否与以前年度一致。注册会计师非常重视成本核算记录，是因为它直接影响存货的期末计价。

四、思考与实践

注册会计师黎明负责审计金雅公司 2024 年度财务报表，部分工作底稿摘录如表 8-5 所示。

表 8-5　部分工作底稿摘录　　单位：万元

项目	2024 年	2023 年	变动幅度	原因
营业收入	55 880	59 568	-6.19%	受海外销售业务萎缩影响
营业成本	42 234	47 513	-11.11%	受海外销售业务萎缩影响，对应销售成本减少
销售费用	3 751	4 857	-22.77%	加强内部费用控制，海外业务萎缩，对应费用下降
管理费用	6 112	7 341	-16.74%	加强内部费用控制，海外业务萎缩，对应费用下降

要求：请根据上述数据，分析公司的财务报表中存在哪些重大错报风险，与哪类管理层认定相关？

案例四　工资薪酬审计

一、本案例学习目标

完成本案例学习后，学生应当能够：了解应付职工薪酬的范围和控制流程，掌握工资薪酬内部控制要求。

二、本案例的关键内容

（一）案例资料

华为会计师事务所派出项目组到瑞达股份有限公司进行年审。审计组于2025年2月15日至3月6日对该公司2024年度的会计报表进行了审计。

李芳、张方迪等注册会计师对瑞达公司的工资与薪酬相关内部控制制度进行了解和测试。注册会计师在工作底稿中记录的瑞达公司采购与付款循环的内部控制活动有：

人事信息管理员将新员工的信息输入用友工资管理系统的员工档案，系统自动生成连续编号的新入职人员通知单，由用人部门复核后交财务部，作为发放工资依据。

人事信息管理员根据经适当审批的解除、终止劳动合同审批表，将离职员工的信息输入工资管理系统中的员工档案，并生成连续编号的离职人员通知单，由用人部门复核后交财务部，作为停止发放工资的依据。

注册会计师在审计中发现如下错误：

1. 生产工人的工资发生错误，原因是标准工时（每天8小时）和加班工时（超出8小时的工时）出现高估，并非实际工时。

2. 工资系统放于人事科的电脑中，这台电脑也用于人事科的日常办公业务。

3. 工资系统中的管理人员加班费标准被负责工资录入的员工擅自修改，造成公司的经济损失。

4. 工资系统中输入系统的标准工时和加班工时等时间记录出现错误。

（二）案例分析要求

1. 指出公司设计的各项工资薪酬内部控制的目标。

2. 针对公司存在的错报，请指出可以防范上述错误的一项或多项内部控制制度。请列举注册会计师如何发现这些问题采用的控制测试程序。

3. 请指出该公司的内部控制中存在的问题。

三、本案例需要关注的问题

（一）工资薪酬内部控制的目标

一般情况下，一个完善的工资薪酬内部控制制度应实现下列控制目标：

1. 员工名册新增项目和删除项目均为真实有效的，新增员工均确已记入员工名册，离职员工均确已从员工名册中删除。

2. 用以计算工资的工作时间数据均为真实发生的，员工工作时间均确已完整记录和输入，输入系统的时间记录均为准确的。

3. 准确计算和记录工资费用，工资费用于适当期间进行记录，支付的工资与实际工时记录相关，常备数据变动均为真实和准确的，并及时处理。

本案例中公司设计的各项工资薪酬内部控制的目标是：

第 1 项控制的目标是保证员工名册新增项目均为真实有效的。

第 2 项控制的目标是使得离职员工均已从员工名册中删除。

（二）公司工资薪酬内部控制存在的问题

第 1 项中，标准工时和加班工时计算有误造成生产工人的工资发生错误，可采用的内部控制制度有：生产工人每天进出厂区时必须将自己的考勤卡插入打卡机以便记录工作时间。人事信息管理员将打卡机每天记载的每个工人的工时按照标准工时和加班工时记录于工时记录单，月末交给生产经理复核批准后输入工资管理系统，系统生成“工时统计表”。管理人员每月填写当月工作时间表，由所在部门主管审批签字后，在次月第一个工作日结束之前交给人事信息管理员。

第 2 项中，工资系统不能保证只有经适当授权的人员才能接触工薪数据，可以采用的控制政策是只有人事经理和薪资主管有权接触工资系统里的工资信息。人事信息管理员有权限进行时间记录和员工档案维护。

第 3 项中的错误是不能保证常备数据变动均为真实和准确的，并及时处理。控制制度应规定，如果需要修改员工社保基金的使用基数和扣除率，或是需要对生产工人每工时工资率、职员月工资及各项补贴标准、每小时加班费、公司缴纳社保费比率等基准进行调整，应由董事会批准。经批准后，薪资主管填写工资信息，输入或更改申请单，经人事经理批准后输入或修改工资系统内的信息，并经人事经理核对后在工资系统中电子批准生效。

第 4 项中，工时记录不正确，应采用的控制措施是人事信息管理员将经生产经理签字的工时记录单以及经所在部门主管或经理签字的管理人员工作时间表交给薪资主管，薪资主管检查输入工资系统的工作时间是否与“工时统计表”一致。

四、思考与实践

信达会计师事务所承接了慧通公司的 IPO 审计业务。慧通公司是一家人才密集型企业，工资薪酬占成本费用的比例较高。在公司每年的主营业务成本中职工薪酬占比均在 80%以上，且占比呈逐年上升趋势。注册会计师王明负责职工薪酬的审计。注册会计与公司管理层沟通所用问询函的部分内容摘录如下：

注册会计师与管理层沟通函

×××总经理：

我们接受委托，对慧通公司 2024 年度的财务报表进行审计。请就下述事项给予回复。

…………

15. 关于职工薪酬及员工，请发行人补充说明：

（1）各级别、各个岗位员工的收入水平、大致范围，与同行业可比公司比较的情况，发行人未来薪酬制度及水平变化趋势。

（2）结合员工人数变化、人均薪酬水平变动情况，补充说明报告期内应付职工薪酬变动的原因及合理性，补充说明各期薪酬计提是否配比、应付职工薪酬期后支付情况。

（3）支付给职工的现金及为职工支付的现金与应付职工薪酬、期间费用和成本的勾稽关系及归集情况，说明变动的原因及合理性。

（4）结合平均合同期限、单个合同中对各个级别人员的要求及各级别员工的构成情况等因素，补充说明平均服务单价与人员级别之间的关联性，结合不同类别业务类型对人员的要求，补充员工受教育程度和离职率对发行人经营业务的影响。

（5）应缴未缴社会保险和住房公积金的具体情况及形成原因，若补缴，对发行人持续经营可能造成的影响。

（6）发行人招聘、管理员工的具体制度及执行情况，报告期员工人数及构成，说明员工数量及构成变化的原因和合理性。

(7) 报告期存在的劳动纠纷情况及事件进展，对发行人业务的影响，辞退福利的确认和计量方法的合规性，报告期各期辞退福利的金额，说明辞退福利是否足额确认，请保荐人、发行人律师、申报会计师发表明确意见，并说明就发行人用工合法合规性执行的核查程序、获取的核查证据和核查结论。

…………

信达会计师事务所　　　　　　注册会计师：王明

注册会计师：李华

2025 年 3 月 1 日　　　　　　2025 年 3 月 1 日

要求：结合此问询函，请指出在 IPO 审计中，注册会计师应关注职工薪酬的哪些方面?

第九章

损益形成与分配循环审计

在这一章里，主要向大家介绍两个案例：宏光有限责任公司损益形成审计案例和申泽股份有限公司利润分配审计案例。学习本章以后，希望学生通过注册会计师对利润分配的顺序、构成项目来源的真实性以及利润分配的标准和比例的审查，能够发现利润形成与分配核算中的主要舞弊形式，从而正确地确认公司利润的形成与分配的真实性、合法性，为投资者和相关人员提供正确无误的财务信息。

案例一　损益形成审计

一、本案例学习目标

完成本案例学习后，学生应当能够：了解损益形成环节的控制测试程序和实质性测试程序，掌握损益形成核算中的主要会计舞弊形式、审核方法及其审计调整，了解损益形成审计工作所形成的主要审计工作底稿。

二、本案例的关键内容

（一）案例资料

金舟会计师事务所派出以张洋为项目组长及以程华秋、鲁林、魏民为组员的项目组进驻宏光有限责任公司（以下简称“宏光公司”）开展年报审计业务。审计人与被审计人是第一次签约关系。

宏光公司主营业务为家用电器原料、设备的加工、制造、销售及电器百货的零售买卖。2024 年主要财务数据和指标是：净利润 1 959 万元，净资产收益率为 6.12%，经营活动产生的现金流量净额 10 318 万元，总资产 31 605 万元，所有者权益 16 021 万元，资产负债率 32.18%。

注册会计师运用调查表法、流程图法、检查凭证法、实地考察法、审阅、核对、追踪、查询、函证法及分析复核等审查方法，对宏光公司进行审计。

他们首先根据审计计划的安排，通过调查表、流程图等方法对内部控制进行调查了解，以文字描述的形式对调查结果进行描述，并运用检查凭证法、实地考察法等方法对损益形成的内部控制进行测试。根据测试结果他们认为关于损益形成的内部控制有的方面是健全有效的，有的方面还存在着缺陷。概括讲，控制测试的结果是：

损益形成环节内部控制比较健全的方面：宏光公司销售环节的内部控制制度、成本费用的内部控制制度、货币结算制度和利润核算制度等已经设置并发挥作用；责任分工明确，能够按规定的程序和审批权限办理审批手续。

损益形成环节内部控制存在的主要问题：宏光公司对投资收益尚未设置严格的登记制度，难以分清各项投资收益的界限；年末库存证券的盘点清单没有与投资明细表中投资种类、本年增减数额、年末余额和投资收益进行核对；该公司损益类项目的总账与明细账之间缺乏定期的核对制度；经测试发现营业外收支存在不及时入账的问题，影响了利润总额中营业外收支项目核算的及时性和准确性。

根据控制测试的情况，注册会计师决定对损益形成的各项目增加施行实质性测试的时间和范围，获取更多的审计证据。

执行控制测试后，注册会计师又执行了实质性测试程序，包括：

1. 编制利润总额分析表进行初步分析与复核。注册会计师运用分析复核方法，通过对宏光公司的2024年度利润表中的本年实际利润总额与上年数加以审核比较以后，宏光公司本年实际利润总额4 527万元，比上年利润总额4 277万元有明显的增长趋势，增加了250万元。注册会计师进一步分析了宏光公司利润构成的变动情况，发现该公司的利润总额中营业利润增幅较大。从利润总额分析表看，营业利润的增长是在其他业务利润和主营业务利润增长的基础上实现的。尽管该公司的主营业务利润和其他业务利润都超过了上一年，但是主营业务利润的增长幅度小于其他业务利润。其他业务利润是企业基本生产经营以外的活动，过多地从事这类活动，将妨碍企业有效地开展基本生产经营活动。这表明该公司在生产经营、利润的有效管理等方面仍存在着一定问题。

2. 审查利润总额各构成项目的明细账。注册会计师运用审阅、复核、追踪、查询及函证等审查方法，检查了宏光公司年度内各损益形成明细账，包括：

（1）对营业利润构成项目明细账的审核。主要是看其是否有虚构利润和隐瞒利润的现象。其中发现“冰峰公司”明细账在12月29日有一笔借方发生额20万元，注册会计师认为这项记录金额较大并发生于月末不寻常，于是将明细记录与有关记账凭证（转字912号）进行了核对，注册会计师审阅这张记账凭证时发现它没有附任何原始凭证，进一步追查发票存根，没有发现相应的销售发票，查阅产成品仓库账，也没有发现提货记录。经向冰峰公司发函询证后，注册会计师确定这笔销售业务是宏光公司为完成2019年利润目标虚构的。

（2）投资收益明细账的审核。通过审查投资净收益的记录是否完整、计算是否正确，确定投资净收益在会计报表上的披露是否恰当。注册会计师指出宏光公司的投资收益中隐瞒风华公司转来的投资利润13 200元和漏记2024年度的国库券投资收益16.8万元的事实，并责令进行调整，调增利润13 200元和补记国库券投资收益16.8万元。

（3）对营业外收支明细账的审核。主要审查营业外收支的记录是否完整、计算是否正确，确定营业外收支在会计报表上的披露是否恰当。注册会计师对营业外收支的明细账进行审计，指出：宏光公司在2024年度未对为绿鸟公司向银行借款90万元提供担保这一诉讼案件做相应的会计处理，该公司盘点库存原材料短缺的账务处理，以及其他应收款余额按5%的比例计提坏账准备等问题，并提出相应账务调整要求。

3. 注册会计师调整与审定了利润表中各构成项目的金额。审计项目组主要对利润总额各构成项目和各项目结转“本年利润”账户的情况加以审核，看其是否有异常事项。

在审查中，项目组注册会计师发现下列情况：

（1）宏光公司当年结转主营业务成本为61 683万元，而实际应结转61 022万元。

（2）宏光公司外销商品一批，销售成本30万元，已于12月29日运出，此项商品系CIF付款条件的在途货物，会计部门对此已贷记销售收入35万元。

（3）宏光公司12月6日支付了11万元的2025年度广告费，均已计入当年的期间费用。

（二）案例分析要求

1. 根据本案例，请总结审计项目组在利润形成审计中是如何施行实质性测试程序的？

2. 如果作为项目组注册会计师，你认为在实施损益形成审计时，会与哪些业务循环的审计相联系？

3. 请针对金舟会计师事务所对宏光公司2024年度会计报表进行审计中发现的情况，分析宏光公司存在的问题。

三、本案例需要关注的问题

本案例研究了利润表审计中损益形成审计的程序、方法，反映了损益形成中所存在的会计错弊及其审计调整过程和结果。通过本案例我们可以明确以下问题。

（一）损益形成审计特定的审计目标

损益形成的审计属于利润表审计的重要组成部分。其主要审计目标是审核会计期内已实现利润总额的真实性、合法性，揭示损益形成核算中的会计差错和弊端。

企业利润的形成取决于一定期间收入与费用的配比方式。根据我国会计制度规定，利润总额的形成主要来源于三大部分，即营业利润、投资净收益、营业外收支净额。企业的利润总额通过“本年利润”账户核算，一般在期末将本期各项损益转入“本年利润”账户，进行配比，并计算本期所形成的利润或亏损。本案例中，审计项目组结合损益形成环节的特点，通过审核与“本年利润”账户相关的各损益类账户，审查损益形成的真实性、合法性，以实现本次损益形成审计的目标。

（二）损益形成的控制测试

对损益形成的控制测试有特定的程序和内容。本案例中，注册会计师对损益形成的控制测试是根据内部控制及其审计的基本理论与方法，针对损益形成各构成项目的特点，分析宏光公司内部控制的关键控制点，在此基础上研究被审计单位损益形成的内部控制制度。

（三）损益形成的实质性测试

损益形成实质性测试的程序和方法与其他业务环节的实质性测试既有共性也有其特点。

其共性表现在：损益形成审计也需要在进行内部控制测试的基础上确定实质性测试的范围和重点。其特点在于：注册会计师一般要编制利润总额分析表，运用分析复核方法将本年度损益形成各项目金额与上年度相应金额进行核对，分析差异的成因；审阅损益形成各明细账，查找漏记或错记损益形成项目的情况。这些程序与方法有其特定的运用过程。如在审阅损益形成明细账时注册会计师应从损益形成明细账中选择重点项目，审阅所记录的摘要、日期、金额等内容，核对其是否与发票、收据、盘盈盘亏报告等原始单据以及现金日记账、银行存款日记账的有关项目保持一致。

损益形成审计的特殊性主要表现在：审查范围广、内容繁多，而且必须与收入、费用和成本的审查相联系。注册会计师在实施损益形成审计时，会将其与购货与付款循环、销货与收款循环、生产与费用循环及筹资与投资循环相联系。

利润指标是一个反映综合性经营成果的指标，这一指标的数额真实、准确，取决于各损益构成项目的真实、准确。因此，在确认利润指标时，首先应审核各损益构成项目的数额。此外，利润组成中的支出项目属于收益性支出，在审查利润数额时，还要注意被审计单位是否存在混淆资本性支出与收益性支出界限的情况。

本案例中，审计项目组在利润形成审计中施行了下述实质性测试程序：

首先，项目组注册会计师将 2024 年利润表中利润总额各构成项目与对应的总账、明细账中年末余额加以核对；再将各明细账期初余额、本期发生额和期末余额的各合计数与利润构成项目的总账年末余额进行核对，证明相符，并编制审计工作底稿——利润总额分析表，运用分析复核方法，将本年度损益形成各项目金额与上年度相应金额进行对比，分析差异形成的各种原因；之后，重点对与利润总额形成的三大部分，即营业利润、投资净收益、营业外收支净额相关的各明细项目进行全面审查；最后，编制审计工作底稿，调整并审定利润表中各构成项目的金额。

（四）金舟会计师事务所审查后发现的异常情况

1. 第一个情况是宏光公司当年多结转了主营业务成本 661 万元（61 683-61 022），对此在利润表中应调减主营业务成本 661 万元。

2. 第二个情况是宏光公司 CIF 付款条件的在途货物。此时，商品的产权尚未转移，该外销商品应作为该公司的存货，而不应计入主营业务收入。在利润表中应调减主营业务收入 35 万元和主营业务成本 30 万元。

3. 第三个情况属于宏光公司提前计入费用的问题。当年支付的 2025 年度广告费，按会计制度规定应计入 2025 年度的营业费用。在利润表中应调减 2024 年度的营业费用 11 万元。

四、思考与实践

信达会计师事务所承接了新江公司 2025 年度财务报表审计的业务。注册会计师李华在审计投资收益时实施了如下审计程序：

（1）获取投资收益分类明细表：

①复核加计是否正确，并与报表数、总账数和明细账合计数核对是否相符。

②检查非记账本位币投资收益的折算汇率及折算是否正确。

（2）确定投资收益的金额是否准确：

①与交易性金融资产、可供出售金融资产、持有至到期投资、长期股权投资、交易性金融负债等的相关审计结合，验证确定投资收益的记录是否充分、准确。

②对于重大的投资收益项目，审阅相关文件，复核其计算的准确性，并确定其应为投资收益。

（3）结合投资和银行存款等的审计，确定投资收益被记入正确的会计期间。

（4）检查投资协议等文件，确定国外的投资收益汇回是否存在重大限制，若存在重大限制，应说明原因，并做出恰当披露。

（5）检查投资收益是否已按照企业会计准则的规定在财务报表中做出恰当列报。

要求：请分别指出注册会计师实施的各项审计程序的审计目标是什么，这些审计目标分别对应于哪个财务报表认定？

案例二　利润分配审计

一、本案例学习目标

本案例通过对利润分配环节所进行的控制测试程序，来发现利润分配核算中存在的主要会计舞弊形式，指出应当采用的审核方法及如何进行审计调整。学习本案例，应重点掌握利润分配业务中内部控制的关键点及其测试过程，明确该业务存在的主要会计舞弊形式，掌握其审核程序与方法、审计调整的过程及结果，以及利润分配审计工作所形成的主要审计工作底稿等。

二、本案例的关键内容

（一）案例资料

景鸣会计师事务所派出以董平为项目组长及以胡润发、何明为组员的项目组，负责申泽股份有限公司（以下简称“申泽公司”）的年报审计业务。胡润发等注册会计师负责利润分配环节的审计。

申泽公司主营业务为制造、加工、销售化学药品、制剂、生化制品、医疗器械及相关技术服务。2024 年主要财务数据和指标（按新会计制度）是净利润 39 834 360 元，每股收益 0. 129 1 元，净资产收益率 7. 26%，每股经营活动产生的现金流量净额 0. 403 2 元，总资产 77 826 025 元，股东权益（不含少数股东权益）322 512 067 元，资产负债率 30. 21%，每股净资产 2. 13 元。

注册会计师运用检查凭证法、实地考察法、审阅、核对、追踪、查询及分析复核等审查方法对以下内容进行了审计。

1. 对利润分配环节进行控制测试。注册会计师首先通过调查表等方法对申泽公司的内部控制进行了调查了解，以文字表述的形式对调查结果进行了描述，并运用检查凭证、实地考察等方法对利润分配环节的内部控制进行了测试，在此基础上，对申泽公司内部控制的健全、有效性做出了评价。

（1）申泽公司利润分配环节内部控制比较健全的方面包括：申泽公司的利润分配表由专职人员负责编制；按公司章程的规定，申泽公司由董事会制定利润分配方案，由股东大会审议批准董事会制订的利润分配方案；该公司是股份有限公司，一方面按新会计制度规定健全了有关利润分配的总账和明细账的设置，另一方面根据股份制公司的特点，规定在提取了法定盈余公积和法定公益金后，先支付优先股股利，提取任意盈余公积金，之后支付普通股股利。

（2）申泽公司利润分配环节内部控制存在的主要问题是：申泽公司的财会部门尚未健全对利润分配的集中管理、记录和审核控制制度，不能及时反映和监控公司利润，实现合理分配；公司没有定期将利润分配明细账与总账进行核对，这样可能使得二者账账不符；有关利润分配各总账账户余额与利润分配表、利润表中对应项目之间缺乏定期的核对制度；存在不按利润分配的顺序进行分配的问题，影响了利润分配表中会计信息的真实性。

根据控制测试的情况，注册会计师决定在进行实质性测试时，要对利润分配在较大范围内实施审核程序，不仅要对利润分配各明细账进行审阅，而且要通过表表、账表、账证以及证证等核对，运用专业判断给异常事项定性，并提出审计调整建议。

2. 对利润分配和未分配利润进行实质性测试。由于利润分配环节的错弊集中体现在不按规定分配利润和漏缴所得税，为此审计项目组在利润分配的审查过程中，以审核申泽公司违反规定税前分配利润、不按规定确认应税利润和利润分配项目不真实等问题作为切入点，对违反规定在税前分配利润、利润分配时不按规定确认应税利润、利润分配项目不真实三项重点项目实施了实质性测试。结合对利润分配的审计，注册会计师对未分配利润也实施了实质性程序。

通过审计，注册会计师发现申泽公司2024年度存在税前向其控股子公司多分配投资利润以转移母公司利润、用税前利润弥补亏损、漏缴所得税的情况；对应做调整的永久性差异事项，没有做任何调整；虚列“待决应付款”以藏匿材料的成本贷差，从而达到扩大公司福利和增发奖金的目的。注册会计师指出了公司存在的问题，同时提出了审计调整分录的建议。

（二）案例分析要求

1. 如果申泽公司是外资企业，注册会计师在进行利润分配审计时，在本案例审查内容的基础上，还应审查哪些内容？

2. 注册会计师应如何对未分配利润实施实质性测试？

3. 假定注册会计师在审查“利润分配——应付普通股利”时，发现企业已按股票面值10%的比率发放了普通股股利，减除发放股利后的盈余公积账面余额，不足注册资本的5%。他向股东和企业内部管理人员进行调查，结合使用审阅和分析复核方法，了解到申泽公司连续两年发生亏损，2024年度在用任意公积金弥补亏损后，企业的法定盈余公积金已接近法律规定的最低界限，近期股票价格一直处在下跌状态，如果今年不按时发放股利，其股票价格可能发生狂跌。于是，经董事会研究决定，拟以股票面值10%的比率发放股利；按此比率计算，动用后的法定盈余公积的剩余额将不足注册资本总额的5%。尽管如此，财务部还是按董事会的决定发放了股利。你认为该公司分配利润的方法存在哪些问题？违背了哪项制度规定？应如何调整？

4. 假定2025年3月12日，申泽公司董事会根据2024年年初未分配利润余额和2024年度审计后的净利润，审议通过如下分红派息预案：“按2024年度审计后净利润的10%和5%分别提取法定盈余公积和法定公益金；以2024年12月31日总股本30 000万股（每股面值1元）为基数，每10股送3股、派现金0.50元；剩余未分配利润滚存至下一年度；资本公积每10股转2股”。申泽公司对上述业务并未做出会计处理。对上述利润分配方案，注册会计师应如何向申泽公司提出审计调整意见？

三、本案例需要关注的问题

(一) 利润分配审计的审计目标

注册会计师审计利润分配的目标是证实企业对本年实现的净利润是否按规定的顺序和标准分配并恰当披露。

(二) 未分配利润的实质性测试

在审计未分配利润时，注册会计师应实施如下实质性测试程序：

1. 获取或编制利润分配明细表，复核加计是否正确，与报表数、总账数及明细账合计数核对是否相符。

2. 核对未分配利润年初数与上年审定数是否相符，检查涉及损益的上年审计调整是否正确入账。

3. 获取与未分配利润有关的董事会会议纪要、股东（大）会决议、政府部门批文及有关合同、协议、公司章程等文件资料，并更新永久性档案。

4. 检查董事会会议纪要、股东（大）会决议、利润分配方案等资料，对照有关规定确认利润分配的合法性。

5. 检查未分配利润变动的相关凭证，结合所获取的文件资料，确定其会计处理是否正确。

6. 了解本年利润弥补以前年度亏损的情况，确定本期末未弥补亏损金额。如果已超过弥补期限，且已因为抵扣亏损而确认递延所得税资产的，应当进行调整。

7. 检查本期未分配利润变动除净利润转入以外的全部相关凭证，结合所获取的文件资料，确定其会计处理是否正确。

8. 结合以前年度损益科目的审计，检查以前年度损益调整的内容是否真实、合理，注意对以前年度所得税的影响。对重大调整事项应逐项核实其发生原因、依据和有关资料，复核数据的正确性。

9. 检查未分配利润是否已按照企业会计准则的规定在财务报表中做出恰当列报。

(三) 利润分配实质性测试的程序和方法及与其他环节测试的共性与特点

利润分配实质性测试和其他环节测试的相同之处在于均需要在进行内部控制测试的基础上确定实质性测试的范围和重点。

其特点主要表现在：在利润分配实质性测试中，注册会计师经常运用审阅法、复核法、逆查法审核利润分配明细账以及有关的记账凭证和原始凭证，以确定利润分配表中各构成项目是否真实存在；还需要函证外部投资者，以确定被审计单位投资收益的真实数额。

本次测试审计中，项目组以税前利润、应税利润和税后利润是否正确确认作为审核的切入点和测试的重点。

（四）核查应税利润的真实性

核查应税利润的真实性是利润分配审计的一项重要内容。由于企业在确定应税利润时要在利润总额（即税前会计利润）的基础上经过一系列的调整，主要是将计算会计利润时多扣除的不符合税法规定的费用项目予以调增，因此应注意审查不得扣除项目的列支是否正确。

（五）股利发放的有关规定

按会计制度规定，企业当年无利润时，不得向投资者分配利润。但股份有限公司在经股东大会特别决议，可按不超过股票面值6%的比率用盈余公积分配股利，但动用后的法定盈余公积不能低于注册资本的5%。

本案例中，2024年度在用任意公积金弥补亏损后，企业的法定盈余公积金已接近法律规定的最低界限，公司仍以股票面值10%的比率发放股利；按此比率计算，动用后的法定盈余公积的剩余额将不足注册资本总额的5%。该公司的上述处理违反了会计制度的相关规定。

（六）利润分配的会计处理

对申泽公司的利润分配方案，注册会计师应向申泽公司提出下述审计调整意见。

1. 根据申泽公司董事会股利分配方案，对派发的现金股利1 500万元，注册会计师应建议申泽公司做如下账务调整：

借：利润分配——应付普通股股利　　15 000 000
　贷：应付股利　　15 000 000

2. 根据申泽公司董事会股利分配方案，资本公积每10股转2股，共转股本6 000万元，注册会计师建议申泽公司做如下调整分录：

借：资本公积　　60 000 000
　贷：股本　　60 000 000

四、思考与实践

信达会计师事务所承接了新江公司2024年度的财务报表审计业务。新江公司是一家生产工业催化剂的企业。2025年3月20日，新江公司完成了2024年度所得税汇算清缴。2024年，新江公司适用的所得税税率为25%，按净利润的10%提取法定盈余公积后未再作其他分配。公司的财务报告批准报出日是次年 4 月 30 日。执行审计时，注册会计师张华了解到如下事项：

新江公司与万达公司签订了一项销售合同，约定在 2024 年 7 月向万达公司销售一批产品。由于这批产品质量未达标，致使万达公司发生重大经济损失。2024 年 12 月，万达公司将新江公司告上法庭，要求新江公司赔偿 550 万元。2024 年 12 月 31 日法院尚未判决，新江公司按或有事项准则对该诉讼事项确认预计负债 300 万元。张华实施了审计程序，认为该预计负债金额确认无误。

2025 年 2 月 10 日，法院终审判决新江公司赔偿万达公司 400 万元。新江公司服从判决，当日即向万达公司支付赔偿款 400 万元。由于新江公司并未就 2025 年发生的上述事项做会计调整，张华建议其就该事项调整相关财务报表。

要求：请分析张华会提出怎样的调整建议。

第十章
审计法律责任与审计质量控制

本章的两个案例分析和研究了注册会计师审计法律责任和会计师事务所质量控制问题。案例一从“银广夏”和“安然”两个案件看审计风险及注册会计师的审计法律责任。案例二通过一个会计师事务所的审计业务操作流程，分析和研究了在独立审计过程中存在的质量控制问题及其改进措施。

案例一　“银广夏”和“安然”

一、本案例学习目标

注册会计师的审计法律责任是审计理论界研究的焦点问题，也是审计工作中的实务问题。本案例通过对发生在我国的“银广夏”事件和发生在美国的“安然”事件进行介绍和内容剖析，研究注册会计师的审计法律责任问题。

完成下列案例学习后，学生应该能够：了解注册会计师执业的法律环境，理解注册会计师法律责任的形成机理，说明注册会计师对客户的责任和应对诉讼的抗辩理由，说明注册会计师需要承担的对第三方的责任和应对诉讼的抗辩理由，说明注册会计师民事、行政、刑事责任的构成要素和影响判定的因素，说明注册会计师行业及个人应采取哪些措施降低诉讼风险。

二、本案例的关键内容

（一）案例资料

1. 银广夏案例。

（1）背景情况。银广夏集团全称是广夏（银川）实业股份有限公司，1994 年 6 月 17 日以“银广夏 A”的名字在深圳交易所上市。最初公司的主要业务为软磁盘生产，然后便逐渐进入了全面多元化投资阶段。银广夏集团于

1994 年在天津成立的控股子公司——“天津广夏”，原名为天津保洁制品有限公司。天津广夏公司于 1996 年通过德国西·伊利斯公司进口了一套由德国伍德公司生产的二氧化碳超临界萃取设备。1998 年，天津广夏接到了来自德国诚信贸易公司的关于购买萃取产品的第一张订单。这张订单给天津广夏带来了 7 000 多万元的收入。

1999 年，银广夏利润总额为 1. 58 亿元，其中 76%来自天津广夏。银广夏 1999 年年报中公布的每股盈利为 0. 51 元，并实行了历史上首次 10 转赠 10 的分红方案。

2001 年 3 月，银广夏公布了 2000 年年报，在股本扩大一倍的情况下，每股收益增长超过 60%，达到每股 0. 827 元，盈利能力之强，令人瞠目结舌。

对集团进行年度报表审计的是深圳中天勤会计师事务所。

（2）银广夏的问题所在。天津广夏萃取产品异常之高的产量和价格，经过多方面的证实是不可能的。《财经》杂志的记者对此事进行了调查，最后查明：一是与天津广夏签订订单的德国诚信贸易公司仅是一个注册资金为 10 万的小公司，根本就没有能力与天津广夏签订如此大额的订单；二是从天津海关取得的证据表明，天津广夏提供的报关单根本就不存在，通过伪造购销合同、伪造出口报关单、虚开增值税专用发票、伪造免税文件和伪造金融票据等手段，虚构主营业务收入，虚构巨额利润。

（3）中天勤的问题。中天勤的问题在于：注册会计师在执业过程中连最起码的职业谨慎都没有。对银广夏进行年报审计的注册会计师未能对关键证据亲自取证。审计所需的重要证据，如海关报关单、银行对账单、重要出口商品单价等，均由被审计单位提供，注册会计师不但没有对审计证据的真伪给予应有的关注，反而对这些证据过分依赖，甚至都没有执行必要的审计程序就出具了无保留意见的审计报告。

（4）事件结果。在事情真相大白之后，银广夏集团崩溃，进入了“PT”公司的行列。中天勤会计师事务所也受此案件的影响，信誉全失，签字注册会计师刘加荣、徐林文被吊销注册会计师资格；事务所的执业资格被吊销，其证券、期货相关业务许可证也被吊销；同时，中天勤会计师事务所的负责人、签字注册会计师等人被移送公安机关追究刑事责任。

2. 安然公司案例。

（1）背景情况。安然公司（ENRON）是美国最大的天然气采购商及出售商。该公司成立于 1930 年，于 1985 年以 24 亿美金收购了另外一家公司，并改名为安然公司。安然公司在 2000 年《财富》杂志 500 强中排名第 16 位，并连续四年获《财富》杂志“美国最具创新精神的公司”称号。

在美国，安然公司几乎是收入最多的一个公司，但它的利润增长速度远远没有收入增长速度这么快，1996 年它的总利润是 5. 84 亿美元，1998 年是 7. 03 亿美元，2000 年是 9. 79 亿美元。可见其利润并没有太多的增长，由此其利润率每年都是下降的。

到 2000 年底之前，安然公司的股价一直直线上涨。2000 年底，美国加州出现了能源危机，随后能源价格暴跌，这使得安然公司利润下降很快，偏离了市场对它的预期。2001 年 10 月 16 日，安然公司宣布第三财季亏损达 6. 38 亿美元。

（2）安然公司的问题所在。安然公司存在如下的问题：

一是利用“特别目的实体”高估利润、低估负债。按照美国会计惯例，如果非关联方在一个“特别目的实体”权益性资本的投资中超过 3%，即使该“特别目的实体”的风险主要由上市公司承担，上市公司也不可将该“特别目的实体”纳入合并报表的编制范围。安然公司不恰当地利用“特别目的实体”，将本应纳入合并报表的三个“特别目的实体”排除在合并报表编制范围之外，这导致安然公司 1997 至 2000 年期间高估了 4. 99 亿美元的利润、低估了数亿美元的负债。此外，安然公司还以不符合“重要性”原则为由，拒绝采纳安达信的审计调整建议，这导致公司 1997 至 2000 年期间高估净利润 0. 92 亿美元。

二是通过空挂应收票据，高估资产和股东权益。安然公司于 2000 年设立了四家“特别目的实体”。为了解决这四家公司的资本金问题，安然公司于 2000 年第一季度向它们发行了价值为 1. 72 亿美元的普通股。在没有收到认股款的情况下，安然公司仍将其记录为股本的增加，同时增加了应收票据，这一操作使安然公司同时虚增资产和所有者权益 1. 72 亿美元。此外，2001 年第一季度，安然公司与这四家公司签订了若干份远期合同，根据这些合同，安然公司在未来应向这些公司发行 8. 28 亿美元的普通股，以此交换这四家公司出具的应付票据。安然公司按上述方式将这些远期合同记录为股本和应收票据的增加，又虚增资产和股东权益 8. 28 亿美元。上述两项合计，安然公司共虚增资产和股东权益 10 亿美元。

三是通过设立众多的有限合伙企业，通过自我交易等手段操纵利润。安然公司通过在世界各地设立由其控制的有限合伙企业进行筹资、避税或避险。它设立了约 3 000 家合伙企业和子公司，其中 900 家设在海外的避税地区。为了某些特定目的，安然公司与这些公司进行了不少关联交易，尽管交易价格严重偏离公允价值，但安然公司并未将其列入合并报表进行抵销。这些交易使安然公司虚增了很多资产和利润。

（3）安达信在审计过程中存在的严重问题。在安然公司事件中，安达信至少存在以下严重问题：一是安达信出具了严重失实的审计报告和内部控制评价报告。自1985年成立以来，安然公司的财务报表一直由安达信审计。2000年度，安达信为安然公司出具了无保留意见加解释性说明段（对会计政策变更的说明）的审计报告和安然公司内部控制能够合理保证其财务报告可靠性的评价报告。但实际上，经安达信审计的安然公司财务报表并不能公允地反映其经营业绩、财务状况和现金流，得到安达信认可的内部控制也不能确保安然公司财务报表的可靠性，安达信的报告所描述的财务状况和内部控制的有效性，严重偏离了安然公司的实际情况。二是安达信对安然公司的审计缺乏独立性。这主要表现为：安达信不仅为安然公司提供审计鉴证服务，而且提供收入不菲的咨询业务，甚至帮助安然公司代理记账；安然公司的许多高层管理人员是安达信的前雇员，他们之间的密切关系至少有损安达信形式上的独立性。三是安达信在已察觉安然公司会计问题的情况下，未采取必要的纠正措施。早在2001年2月，安达信的资深合伙人就已经在讨论是否解除与安然公司的业务关系，理由是安然公司的会计政策过于激进。而这个时间是在安达信为安然公司出具2000年度的审计报告（2001年2月23日）之前。四是销毁审计工作底稿，妨碍司法调查。2000年10月，安达信注册会计师大卫·邓肯销毁了数以千计的关于安然公司的重要审计资料。

（4）审计工作所依据的会计准则存在的问题。在安然公司采用的财务手段中，其中一个是"特别目的实体"（这点我们已在前面论述），而"特别目的实体"是美国的会计惯例。如果严格按照会计法规和审计准则来说，安达信可以认为安然公司关于"特别目的实体"的账务处理是正确的。所以在"安然"事件中，美国会计法规也要承担一部分责任，因为美国会计准则是以具体规则为基础的准则，这样做，虽然操作性较好，但容易被规避。为了减少审计风险，应更多地采用以基本原则为基础的准则和规则。

（5）事件结果。2001年12月2日，安然公司向纽约破产法院申请破产保护，其在破产申请文件中开列的资产总额为498亿美元。

12月8日，安然公司的29名高级行政人员被以纽约为基地的联合银行起诉，索赔250亿美元。指控原因是明知公司的前景欠佳，仍趁机出售数以百万的股票。

12月12日，美国众议院一个特别委员会开始对该公司破产案展开调查。

2002 年 1 月 9 日，美司法部正式开始对安然公司案进行刑事调查。

2002 年 1 月 16 日，纽约证交所正式取消安然公司股票相关交易，并拟取消其上市资格。

2002 年 8 月 31 日，安达信美国公司在其芝加哥总部宣布，将退出公司从事了 89 年之久的上市公司审计业务。安达信美国公司已经到了倒闭的边缘。

2002 年 6 月 15 日，美国一个联邦大陪审团裁定安达信会计师事务所在销毁安然公司文件一案中的妨碍司法罪成立，从而使这家美国著名公司面临倒闭的危险。妨碍司法罪成立使安达信公司面临被罚款 50 万美元和禁止在 5 年内从事业务的处罚。

（二）案例分析要求

1. 对于规避注册会计师法律责任这个问题，除了上述案例中提出的建议外，你还有哪些好的建议？

2. 说明我国法律中注册会计师对客户和第三方的责任以及证券法中民事责任和刑事责任的区别。请举例说明注册会计师需要承担的各种法律责任的情况。

3. “安然事件”中，安达信缺乏审计的独立性暴露出什么问题？我们应如何应对？

4. 请指出近年来针对注册会计师的诉讼因素有哪些？对于注册会计师和整个社会来说，诉讼案件增加的负面影响和正面影响有哪些？

三、本案例需要关注的问题

（一）注册会计师审计法律责任的含义

“银广夏”与“安然”事件在社会上造成了很大的反响。在对造假公司进行控诉的同时，遭受损失的中小股东还把中天勤会计师事务所和安达信会计师事务所告上了法庭。可见，注册会计师审计法律责任是一个有现实意义的焦点问题。因此，我们需要关注注册会计师法律责任的有关问题，可以从广义和狭义、普遍意义和特定意义、积极意义和消极意义上分析注册会计师的法律责任。

1. 狭义和广义上的法律责任。狭义上的审计法律责任，其责任主体仅指注册会计师；广义上的审计法律，其责任主体不仅仅是注册会计师，还包括审计委托者、被审计者以及与审计活动有关的利益相关者。

2. 普遍意义和特定意义上的法律责任。普遍意义上的审计法律责任是从约束行为、防范错弊的角度讲的，审计活动各方要对其过去、现在和将来的行为及结果负责，其结果具有规范审计行为的积极作用。

3. 积极意义和消极意义上考量的法律责任。积极意义上的审计法律责任是从某一具体角度讲的，审计活动各方只对自己存在过失和舞弊的行为及其结果负责。一旦追究了某一方面的法律责任，一般说明责任者存在过失或舞弊，具有消极作用和影响。

（二）注册会计师审计法律责任的形成机理——审计期望差距

1. 含义。审计委托者、利益相关者、社会公众等对审计质量的期望（公众期望）与注册会计师、会计师事务所、自律组织等对审计质量的期望（业界期望）之间形成了一种差异，这便是审计期望差距。

注册会计师法律责任形成的原因可以从社会、经济、技术等方面分析，但是，从内在讲，审计期望差距是形成注册会计师法律责任的机理。因为注册会计师审计法律责任强调各方在审计活动中所形成的相互责任关系，这一责任关系总是由于某一方或几方的主观或客观原因而发生程度不同的摩擦甚至紊乱，始终需要进行磨合与协调，这种摩擦与紊乱、磨合与协调正是各方对审计活动及其结果具有不同的期望而形成的。

2. 构成要素。加拿大特许会计师协会的审计公众期望委员会在 1988 年提出了有关审计期望差距的构成要素的研究报告。该报告认为审计期望差距是指公众对审计的需求与公众对目前审计执业的认识之间存在的差距。它可以分为四个部分：可能的准则与现在的准则的差距、现在的准则与现在的执业之间的差距、公众对审计的期望与可能的准则之间的差距、现在的执业与公众对执业认识之间的差距。其中，前两个差距被认为是合理的期望差，有必要通过执业上的改进加以缩小，后两个差距被认为是不合理的期望差，有必要进行进一步的沟通。我们可以根据审计期望差距的要素构成分析审计期望差距所形成的积极方面和消极方面的影响。

通过上述对“银广夏”案例进行的分析可知，中天勤会计师事务所承担法律责任的主要原因是由业绩差距中的实际业绩缺陷造成的。对银广夏进行年报审计的中天勤事务所没有保持应有的执业谨慎，未能严格遵循独立审计准则。而“安然”事件中，安达信事务所承担法律责任，既有业绩差距中实际的业绩缺陷原因，也有准则差距中合理期望的原因。

（三）注册会计师审计法律责任的判定

当注册会计师未能发现重大错报并出具了错误的审计意见时，就可能产生注册会计师是否恪守应有的职业谨慎这一法律问题。如果注册会计师在审计过程中未能尽到应有的职业谨慎，就属于审计失败，这时，法院通常会判决注册会计师和会计师事务所对因审计失败而受损失的各方承担赔偿责任。早期的司法制度倾向于限定注册会计师对第三方的法律责任，但自 20 世纪 70 年代以来，许多法官倾向于让注册会计师对已知的第三方使用者承担法律责任。20 世纪 90 年代美国专家估计，美国会计师事务所诉讼的直接费用支出已经占其审计收费的 20%。由于注册会计师在诉讼中支付的赔偿金额持续上涨，因而不得不提高服务收费。

理论上，判定注册会计师应否承担律责任以及承担的具体形式，应从两个层面的结合点上考虑问题：一个层面是审计结果，另一个层面是审计过程。

法律责任有行政责任、民事责任和刑事责任。三种责任形式的评定所考虑的角度不同。

民事责任追究与否更多地考虑审计结果。因为民事责任主要是赔偿损失、停止侵害等形式，是针对审计的不良结果。

行政责任追究与否主要考虑审计过程。审计活动中，只要审计过程存在过失或舞弊，即使是没有造成不良后果，也要承担行政责任。

刑事责任追究与否要同时考虑结果和过程，而且一般说来，情况较严重。刑事责任是较重的一种责任形式。审计过程和结果都存在问题时，比只存在一个方面的问题时严重。

问题较严重时，三种责任应该同时追究。

中天勤会计师事务所对银广夏公司出具的审计报告对相关投资者造成了直接重大损失，执行审计的注册会计师未保持独立、公正的主观态度，并且也没有严格依照独立审计准则的要求执行有关审计程序，所以，应同时承担行政责任、民事责任和刑事责任。

“安然”事件中，注册会计师也应同时承担民事、行政和刑事这三种责任。

（四）注册会计师法律责任的规范措施

中天勤与安达信这两个事务所（一个是我国最大的事务所之一，另一个是世界上五大事务所之一）的崩溃给了我们很深的震撼，我们应该规范注册会计师审计的法律责任。

1. 本案例提到的规范措施，包括三项：

（1）消除“审计期望差距”，需要社会各界的共同努力。

（2）注册会计师本身应提高业务素质，增强专业技能，强化风险意识，严格执行审计准则。

（3）会计师事务所应当建立、健全风险保障制度，实行合伙制。

2. 其他几个具体措施。

（1）审慎选择审计客户。对于独立审计组织而言，接受委托人的审计委托时必须审慎，因为不正直、管理混乱、账目不全、财务不清或濒临破产的客户有可能将注册会计师推向被告席。注册会计师应通过各种途径了解客户的品格及大致的会计基础工作和财务状况，从而决定是否接受客户的委托。

（2）签订合理、有效的审计协议书。审计协议书是独立注册会计师受托执行审计业务的依据和基础，也是明确双方权利与义务的载体。独立注册会计师无论承办何种业务，都应与委托人签订审计协议书，而且应确保其合理、有效。这样才能真正约束双方认真履行各自的义务、行使各自的权利，从而避免注册会计师法律责任的发生。

（3）寻求律师帮助。注册会计师所在的审计机构或组织应常年聘请熟悉审计业务的律师，在工作过程中与其详细讨论潜在的审计风险并认真考虑其建议。在发生法律责任诉讼后，由律师参与或代理诉讼，也是避免或解除不应由自己承担法律责任的重要措施或途径。

（4）加强职业后续教育。一般来说，注册会计师人才的素质是由会计师资格教育质量、注册会计师资格考试质量和注册会计师职业后续教育质量三个方面的因素综合决定的。目前国内的事务所比较注重注册会计师的资格考试环节。而从国际上看，从注册会计师职业较为发达的国家、地区到国际大型会计公司，都无一例外地将注册会计师职业后续教育摆到了极其重要的地位。但我国目前的规范性条约《职业后续教育基本准则》，对后续教育的内容、形式等规定得较为笼统，不利于后续教育的具体落实。因此，一方面，我国要对相关法规进行修订；另一方面事务所也要积极主动地开展后续教育，尤其应增强法治意识和诉讼案例的培训，提高事务所以及注册会计师的自身法律修养。

（5）会计师事务所的审计业务和咨询业务要分开。为避免利益冲突、保持注册会计师的独立性，会计师事务所最好不要对一家公司同时开展以上两种业务。目前，国际五大会计师事务所在美国证券交易委员会的要求下，也在逐渐拆分其咨询业务。

（6）成立注册会计师法律责任的专业鉴定委员会。目前我国注册会计师行政处罚的裁定和实施权归属于省级以上人民政府的财政部门，并由省级以上注册会计师协会处理日常工作；民事制裁和刑事制裁的裁定和实施权归属于人民法院。随着市场经济向法制化方向的发展，民事责任及刑事责任将成为注册会计师承担法律责任的重要方式，而法院无疑将成为最终的裁判机构。

但当涉及的诉讼案件专业性很强、技术复杂程度很高时，法院将难以独立对案件做出合理界定。例如，已认定一项会计信息是虚假的，但界定这项会计信息的产生是出于故意还是过失，对提供虚假会计信息人员量刑时非常重要。前者不仅要承担民事赔偿责任，而且要承担刑事责任，后者要依据过失的大小确定不同的民事责任。这即使对专业人士，有时也是难以确认的。因此，中国注册会计师协会应成立专家鉴定委员会，作为注册会计师法律责任界定的权威机构，该机构出具的鉴定报告应同法医鉴定等司法鉴定报告一样，成为庭审的有力证据。在西方，司法机关在判决注册会计师诉讼案件时，也常常主动参考行业自律机构的意见，作为法律责任认定的重要依据。

（五）现行的审计制度缺陷对注册会计师法律责任的影响

“安然事件”中，安达信缺乏审计的独立性是其审计失败的重要因素。安达信缺乏独立性的问题具体表现为：多年来安达信一直为安然提供审计和会计咨询服务，仅 2000 年安达信从安然公司收取的审计和会计咨询的服务费就分别高达 2 500 万美元和 2 700 万美元；安达信有 100 多名雇员专门为安然提供各种服务，每周从安然收取 100 多万美元的服务费用；从 1995 年开始，安然还将其内部审计交给了安达信，甚至连财务长也是从安达信聘用的。这暴露出现行的审计制度存在重要缺陷：承担审计的会计师事务所是由被审计单位自行聘用的，被审计单位如果不满意事务所的审计工作，则该事务所就必然面临被炒鱿鱼的后果，这事实上形成了被审计单位与事务所之间的雇佣与被雇用关系，被审计单位成了事务所的衣食父母和上帝。巨大的商业利润必然会驱使事务所迎合其雇主的需要，使审计背离独立、客观、公正的要求。目前世界各国基本上都允许会计师事务所为被审计单位提供管理和会计咨询服务，这样做的结果是事务所过度地介入被审计单位的业务活动，必然会将两者的利益更紧密地捆绑在一起，审计也就不可能再具有独立性。

因此，可以采用下述应对措施：由监管机构通过招标方式，综合考虑参与投标会计师事务所的信誉、有无违规记录、资质、实力、内部管理水平等综合因素，并在适当考虑事务所已承担审计业务量及其实力的基础上，为被审计单位选择合适的会计师事务所。禁止会计师事务所向被审计单位提供除外部审计外的其他服务，但可以允许事务所向其他企业提供管理和会计咨询服务。这样，既能保证审计独立性，又不会影响事务所的经济利益。

四、思考与实践

2021 年 11 月 17 日，被媒体称为“A 股最大造假案”的康美药业财务造假案宣判。该公司原董事长、总经理马兴田因操纵证券市场和违规披露、不披露重要信息等行为一审被判有期徒刑12年，并处罚金120万元。康美药业被判承担24.59亿元的赔偿责任。康美药业实际控制人马兴田、许冬瑾，董事、副总经理、董秘邱锡伟，财务总监庄义清，职工监事、副总经理温少生，监事马焕洲，审计机构正中珠江会计师事务所及签字会计师杨文蔚，承担100%的连带赔偿责任。独立董事也在被追责之列，其中5名独立董事被判承担不同程度的民事赔偿连带责任。

2015至2018年间，马兴田等人利用其控制的股票交易账户操纵康美药业股价和交易量，还指挥公司相关人员实施财务造假，向公众披露虚假经营信息，对于控股股东和关联方非经营性占用的116亿余元资金故意不予披露。此外，2005至2012年间，马兴田向多名国家工作人员行贿790万元港币和60万元。在此案件中，注册会计师不仅存在"项目组未就舞弊事项进行讨论分析""未直接从银行获取对账单""未就函证全过程保持控制"等过失行为，甚至还实施了"参与伪造询证函回函路径"等明显违反《中国注册会计师审计准则》要求的故意行为。在康美药业案中，注册会计师涉及大量不符合审计准则和相关法律法规要求的执业行为是导致审计失败的重要原因。因康美药业处于破产重整阶段，其偿债能力尚不明确，各自然人被告也明确表示无力承担经济赔偿责任，被确认符合索赔条件的52 037名投资者未必能全额拿到24.59亿元赔偿款，但康美药业案最终会成为提升A股市场投资者获得感和安全感的标杆案件。

要求：在康美药业案中，注册会计师因被审计单位的违法行为承担了法律责任。请指出，当被审计单位存在违反法律法规的行为时，注册会计师是否有责任发现或防止这些违法行为？当识别出被审计单位存在违反法律法规行为时，注册会计师应该实施哪些审计程序？

案例二　会计师事务所审计质量控制

一、本案例学习目标

本案例从注册会计师的职业道德原则、专业胜任能力、工作委派、督导、咨询、业务承接、监控七个方面设计和完善了会计师事务所的全面审计质量控制，在此基础上，建立了计划阶段、实施阶段和报告阶段的审计项目的质量控制程序。

通过学习本案例，学生应重点掌握：建立、健全审计质量控制系统应考虑的因素，注册会计师的职业道德问题和专业胜任能力对审计质量的影响，建立质量责任制的意义，三级复核制度对审计质量控制的意义、

二、本案例的关键内容

（一）案例资料

信永会计师事务所的前身是某市财政局下属单位，最初主要由离退休的财务人员组成。2010年以前，该事务所急于扩大市场，忽略了专业胜任能力的提高，事务所长期存在人员素质低（以离退休财务人员为主、业务助理人员缺乏实际工作经验）且流动频繁的弊端。事务所一度主要靠领导的私人关系去获取业务，也曾经因“虚假验资”而被人告上法庭。此外，事务所的质量控制制度也不够完善，曾任意简化审计程序，因而造成审计工作底稿上的失误，引发了数次质量事故。

2010年，信永会计师事务所与另一家会计师事务所合并，成为一家发展迅速的专业化服务机构。此后，事务所主要从事审计、验资、司法鉴定、企业管理咨询、工程造价咨询、工程预（决）算审计、尽职调查等有关业务。信永会计师事务所将发展目标确定为：将高水平的专业服务与技术创新相结合，以客户的效益为己任，以高质量的产品为社会服务。为提高审计质量，信永会计师事务所的领导决定建立健全全面质量控制制度。因此，信永会计师事务所根据其他会计师事务所的先进经验，制作了“审计质量控制档案”，实行审计质量责任制，开展审计工作底稿的质量控制，同时大力提高人员素质。目前信永拥有注册会计师、注册资产评估师、注册税务师、房地产评估师、高级会计师、高级经济师等60余名高级专业人员，另外还有100多名具备综合知识结构及丰富实践经验的青年业务骨干。

上市公司A公司是信永会计师事务所的常年客户，2024年11月信永会计师事务所接受委托审计A公司2024年度财务报表，事务所委派注册会计师张年作为该审计项目合伙人。张年已经连续六年担任A公司年报审计的项目合伙人。在制定审计计划时，张年根据其在A公司多年的审计经验，认为A公司2024年度的财务报表不存在重大错报风险，应当直接实施进一步审计程序。在审计过程中，张年要求项目组成员之间互相复核审计工作底稿，并委派其所在业务部的王民负责本项目的质量控制复核。在出具审计报告之前，项目组内部就某重大问题产生了分歧，张年电话咨询了有关专家，但未形成工作底稿。在合同规定日期之前，经主任会计师批准，项目组按时出具了审

计报告。在出具审计报告后，王民随机抽取了若干份工作底稿进行复核，并没有发现重大问题。

（二）案例分析要求

1. 你认为建立、健全审计质量控制系统一般应考虑哪些方面的因素？

2. 结合本案例，谈谈专业胜任能力对审计质量的重大影响。

3. 根据一些会计师事务所的先进经验，制定“审计质量控制档案”是很有用的工具，请根据质量控制涉及的因素，尝试列举“审计质量控制档案”应该包含哪些要素？

4. 建立质量责任制有何意义，如何建立？

5. 何谓“三级复核制度”，对审计质量控制有何意义？

6. 你认为信永会计师事务所应如何完善审计工作底稿的质量控制？

7. 会计师事务所为什么必须审慎选择客户？

8. 请指出信永会计师事务所的注册会计师在审计 A 公司过程中可能违反审计准则和质量控制准则的情形，并简要说明理由。

三、本案例需要关注的问题

（一）建立健全审计质量控制系统

建立、健全审计质量控制系统应考虑的因素包括：

1. 经营理念。

2. 组织结构。

3. 决策程序。

4. 沟通质量控制程序及方式。

5. 现行质量控制系统。

6. 会计师事务所的规模。

7. 所提供专业服务的性质。

8. 客户类型。

9. 负责人及员工对质量控制观念的接受程度。

10. 会计师事务所的区域分布。

（二）专业胜任能力对审计质量的重大影响

会计师事务所应当确保全体专业人员达到并保持履行其职务所需要的专业胜任能力，以应有的职业谨慎完成委派的工作。会计师事务所应当合理制定并实施职业后续教育计划，据以提高注册会计师的专业胜任能力与执业水平。专业胜任能力包括招聘、专业发展及晋升等三个方面的政策和程序。

会计师事务所如果贸然承接一项超过自身专业胜任能力的委托，很容易陷入困境。专业发展的政策和程序应该合理地保证专业人员具有履行职务所需要的知识和能力，并随着执业进展而不断提高水平。会计师事务所的持续发展有赖于专业人员的经验和知识，这种依赖正随着专业领域的扩展及客户需求的增长而日益变得重要。

本案例的背景资料中提到，2010 年以前，信永会计师事务所只考虑扩大市场，却忽略了专业胜任能力的提高，因而事务所人员长期以离退休财务人员为主，且业务助理人员缺乏实际工作经验，流动频繁。这种专业胜任能力的不足所导致的直接结果就是对新业务不熟悉和“虚假验资”事件的出现，审计质量难以保证也是可以理解的。合并后的事务所注重大力提高人员素质也是为了提高审计质量。

（三）质量控制档案的要素

质量控制档案至少应包括下列要素：

1. 会计师事务所组织结构的描述。

2. 质量控制政策及程序。

3. 建立和维护系统的特定人员的责任。

4. 关于质量控制各个方面信息的样式或表格。

5. 质量控制系统各个方面负责人的姓名。

（四）质量责任制的意义及建立原则

1. 意义。有利于树立全员质量意识，促使注册会计师自觉执行质量控制政策和程序，将质量控制落到实处。

2. 质量责任制的建立可按“谁过错谁赔偿”的原则，在助理人员、项目负责人和事务所之间合理划分责任，把质量责任层层分解，逐项落实到岗位，落实到各级人员。具体地讲：首先，明确助理人员与项目负责人的责任分担。项目负责人对助理人员的工作负责。如果助理人员的工作底稿记录无误，项目负责人判断有误的过错责任由项目责任人承担。如果工作底稿本身不实的，由具体操作的助理人员负责。项目负责人作为复核人在工作底稿上签字，只负有对有关底稿形式上的审核责任，不承担实质审核责任，不因其审核而解除助理人员的责任。其次，明确项目负责人与事务所的责任分担。项目负责人对其负责的审计项目质量负责。但对已向管理当局请示报告，并按处理意见实施的，可以免责，其过错责任由事务所承担。

（五）三级复核制度

“三级复核制度”是指由事务所项目负责人、部门经理和主任会计师对具体项目工作底稿逐级审查，最后签发审计报告的制度。

“三级复核制度”是一项重要的质量控制制度，对确保审计质量、降低审计风险、明确相关注册会计师的责任有着重要作用。将三级复核制度与注册会计师签名制度、质量考核评价与奖惩制度、风险责任追究制度结合起来，可以更好地发挥“三级复核制度”的质量控制作用。

（六）审计工作底稿的质量控制

审计工作底稿在审计项目质量控制中起到极其重要的作用。审计工作底稿是整个审计过程的记录，是形成审计报告的依据，也是确定或解除注册会计师审计责任的依据。从一些审计案件来看，审计结论失误经常直接表现在审计程序不完备造成的审计底稿不完善上。本案例中，信永会计师事务所早期对审计工作底稿并未足够重视，不完善的地方很多，也造成了几次质量事故。因此，应将审计工作底稿质量管理作为审计项目质量控制的重点，参照其他事务所的先进经验，具体可要求注册会计师采取以下措施：

1. 审计计划应按照审计准则的要求编制，经部门经理审核并完善后报主任室审核。

2. 银行存款余额必须函证。

3. 应收账款、其他应收款的函证回函比例应达到规定的比例，如未达到，应有替代审计程序。

4. 存货盘点（或监盘）应达到规定的比例，存货应有计价测试。生产成本的检查、产品成本结转使用正确的查验程序。

5. 固定资产应有盘点记录，盘点应达到规定比例。不动产的权证应取证或查核原件。

6. 对无形资产应取证有关法律文件。

7. 银行借款应函证。

8. 对于实收资本审计，如属首次审计，应查核资本到位情况。如非首次审计，应关注是否有抽资情况或发生资本金变动情况。

9. 收入审核应结合符合性测试查核发货交付情况。

10. 重要证据一定要请客户盖章，复印件一定要与原件核对一致。

11. 销售成本应有毛利率分析程序、查验成本是否与收入配比的审计程序以及结合存货的计价测试生产成本的检查等程序。

12. 应编制审计小结，经部门经理审核并完善后报主任室审核。

（七）会计师事务所审慎选择客户的对策

为保证审计质量，会计师事务所必须在选择客户时做好如下工作：

1. 会计师事务所应建立质量控制政策和程序以决定是否接受新客户或继续与老客户合作，其目的是降低与那些缺乏正直性的客户打交道的风险。会计师事务所无法为某一客户的正直性和可信赖性做出担保或承诺，而客户的正直性和可信赖性很可能会影响其财务报表的认定。在决定承接业务时，会计师事务所也应该考虑自身的独立性和专业胜任能力，比如特殊行业、特殊领域的知识，会计师事务所的规模，完成委托所需要的人力资源等。

2. 为了提高审计质量，会计师事务所在接受一个新客户前，应对其各个方面进行认真的评价；对于老客户应定期进行再评价。这些评价的目的是：确定可能涉及执业责任的相关风险；确定会计师事务所是否具有专业胜任能力；避免潜在的利益冲突。

（八）案例分析

在 A 公司年报审计过程中，信永会计师事务所的注册会计师存在下述可能违反审计准则和质量控制准则的情形：

1. 根据职业道德守则的规定，在执行上市实体财务报表审计工作时，因密切关系产生的不利影响尤其重要。针对这次审计业务，职业道德守则要求在不超过五年的期限内轮换关键审计合伙人。本案例中，张年已经连续六年担任 A 公司的年报审计的项目合伙人，为避免密切关系产生的不利影响，应改派其他注册会计师担任 A 公司年报审计的项目合伙人。为避免类似问题，信永会计师事务所应制定政策和程序，明确规定项目合伙人轮换的年限标准或者实施项目质量控制复核。

2. 根据审计准则的规定，了解被审计单位、实施风险评估程序是审计的必要程序，不可忽略。本案例中，注册会计师在审计计划中省略了风险评估程序而直接执行进一步审计程序是错误的。

3. 会计师事务所确定复核责任的政策和程序的原则应该是：由项目组内经验较丰富的人员复核经验较少的人员执行的工作。本案例中项目组成员之间互相复核审计工作底稿是错误的。

4. 会计师事务所需要制定政策和程序，以保持项目质量控制复核人员的客观性。因此，这些政策和程序要求项目质量控制复核人员符合下列规定：如果可行，不由项目合伙人挑选；在复核期间不以其他方式参与该业务；不代替项目组进行决策；不存在可能损害复核人员客观性的其他情形。

作为一个规模较大的事务所，信永会计师事务有能力委派该项目质量控制的复核人员，本案例中由审计项目合伙人委派复核人员是不恰当的。

5. 虽然项目质量控制复核形成的工作底稿可以在审计报告日后完成，但项目合伙人在审计过程的适当阶段应及时实施复核，以便使得重大事项在审计报告日之前得到及时满意的解决。本案例中王民在审计报告出具后才进行复核，其时间安排是错误的。

6. 项目质量控制复核无需复核所有审计工作底稿，但复核的内容应包括：①对关键领域所做的判断，尤其是执行业务过程中识别出的疑难问题或争议事项；②特别风险；③项目合伙人认为重要的其他领域。本案例中，注册会计师随机抽取工作底稿进行项目质量控制复核是错误的。

7. 项目组就疑难问题或争议事项向其他专业人士咨询应形成足够完整和详细的记录，记录咨询情况的工作底稿应包含以下内容：①寻求咨询的事项；②咨询的结果，包括做出的决策、决策依据以及决策的执行情况。本案例中，张年电话咨询了有关专家，但未形成工作底稿是错误的。

四、思考与实践

信永会计师事务所的质量管理制度部分内容摘录如下：

(1) 在全所范围内树立“质量至上”文化，成立质量管理领导小组，质量管理主管合伙人承担最终质量责任，事务所首席合伙人协助质量管理合伙人的工作并承担部分职业道德方面的运行责任。

(2) 根据各业务部门的收入排名，参考执业质量考核情况，以各业务部门为单位分配合伙人的收益。

(3) 除了参与审计项目的实习生和事务所聘请的外部专家之外，审计项目组成员在执行业务时都应遵守会计师事务所质量管理政策和程序。

(4) 事务所质量管理部对上市实体审计业务的关键审计合伙人的轮换进行实时监控和复核。其他审计业务的关键审计合伙人的轮换，由各业务部门自行监控和复核。

(5) 按照相关职业道德要求须保持独立性的人员，每隔3年向事务所提交一次独立性声明。

(6) 项目合伙人和项目组其他成员不得担任本项目的项目质量复核人员，但可以为本项目的项目质量复核提供协助。

(7) 上市实体审计业务的项目质量复核人员由质量管理部委派，其他业务的项目质量复核人员由审计项目合伙人推荐，并向质量管理部备案。

要求：针对上述（1）至（7）项，逐项指出该会计师事务所的质量管理制度是否存在不当之处。

第十一章
注册会计师职业道德

案例一　注册会计师职业道德基本原则

一、本案例学习目标

完成本案例学习后，学生应当能够掌握：注册会计师的职业道德基本原则，职业道德概念框架，可能对职业道德产生不利影响的因素，接受新客户时对职业道德的考虑。

二、本案例的关键内容

（一）案例资料

卫兰是一名在一家大型会计师事务所工作了18个月的注册会计师。卫兰所在的会计师事务所设置了包括合伙人、高级经理、项目经理、审计员、业务助理在内的五个岗位级别，每个岗位又分为3个级别，如审计员分为一级审计员、二级审计员和三级审计员。一般情况下，事务所会在新员工工作一年之后将其由业务助理晋升为一级审计员。在晋级之前，将由更高级别的员工对下级员工晋级进行考核打分。卫兰目前是一级审计员，和其他经验较少的一级审计员一样，她从未被安排去管理一个具体的审计项目，一般仅仅是奉命执行具体的审计步骤。

2024年11月，卫兰参加了对马克商贸公司的财务报表审计。马克商贸公司是一家全国领先的家居建材用品零售商，拥有234家连锁商店，并连续5年被行业杂志评为“最受欢迎的专业零售商”。但该公司最近一年处境比较困难，在过去12个月内，由于受到供应商物价上涨、同行竞争加剧以及国内房地产限购政策的影响，马克商贸公司的利润大幅下降。在2024年度，该公司的审计前净利润仅为 100 万元左右。

在马克商贸公司的资产中，存货一向是比例最大的项目。在今年的审计中，存货尤为重要，若发现重大的调整，将会使马克商贸公司的利润由正转负。

2025 年 1 月，事务所的高级经理李杰派卫兰编制存货审定表。卫兰的任务是对她和其他几位审计员在过去 2 个月内 1 000 个小时的工作进行总结，通过分析审计证据形成关于马克商贸公司存货的审计结论。在卫兰试图得出审计结论时，她逐渐意识到，她并不能确定马克商贸公司的存货是否正确，因为该客户存货跌价准备的年终余额仅有 30 万元，不足存货总额的 0.5%，但同行业其他公司本年的存货跌价准备比率达到了 2%。于是卫兰找到李杰说，她认为不应该确认存货的余额。但李杰明确表示反对卫兰的立场，他认为项目组已经耗费了大量的时间，并且根据约定应该很快出具审计报告，不应该再节外生枝。此外，李杰还暗示卫兰，他将负责对她的晋级考核。卫兰知道，李杰希望在审计报告中出现这样的关键语句，即“在所有重大方面都能公允反映并且符合公认会计原则”，于是回到自己的办公桌前，拿起笔开始撰写存货审计结论。

（二）案例分析要求

1. 你认为卫兰在存货审定表上会写上什么结论？如果你处于卫兰的位置，你能够得出什么结论？为什么？你认为李杰的处理是否恰当？如果遇到金额尚存在疑问的账户，你会采取与卫兰一样的处理方式吗？

2. 把存货审计这种重要事项分配给卫兰这样的经验并不丰富的注册会计师，这种做法恰当吗？

三、本案例需要关注的问题

（一）注册会计师职业道德的含义

注册会计师的职业道德是指在审计实践中应当遵循的行为规范，是对注册会计师思想意识、品德修养等方面规定的基本要求。

国家注册会计师应当遵循《中华人民共和国审计法》第六条关于“客观公正、实事求是、廉洁奉公、保守秘密”和《审计机关注册会计师职业道德准则》第 4 条的具体规定。

民间注册会计师应遵循中国注册会计师协会发布的《中国注册会计师职业道德基本准则》中关于“一般原则、专业胜任能力与技术规范、对客户的责任、对同行的责任”等方面的具体规定。

（二）注册会计师职业道德基本原则

基本原则是对注册会计师应当具备的职业道德所做的原则性要求，也是整个职业道德中最基本的要求。注册会计师的职业道德基本原则包括：诚信、客观和公正、独立性、保密、专业胜任能力和勤勉尽责以及良好的职业行为。

（三）专业胜任能力与技术规范

注册会计师应当做到：保持和提高专业胜任能力，遵守独立审计准则等职业规范，合理运用会计准则及其他相关技术规范；不承担不能胜任的业务；在执业时妥善规划，并对业务助理人员的工作进行指导、监督和检查；不以其职业身份对未审计或未鉴证事项发表意见；不对未来事项的可实现程度做出保证；对审计过程中发现的违反会计准则及相关技术规范的事项，应当按照独立审计准则的要求进行适当处理。

根据相关职业道德要求的要求，在确定是否具有接受新客户或现有客户的新业务所需的胜任能力、素质和资源时，会计师事务所需要评价新业务的特定要求和所有相关级别的现有合伙人和员工的基本情况，要考虑会计师事务所是否拥有足够的具有必要胜任能力和素质的人员。

本案例中，事务所派经验不足的卫兰担任存货这类重要事项的审计负责人，是不恰当的行为。

（四）对客户的责任

注册会计师对客户所负的责任包括：按时保质地完成委托业务的责任；保密的责任；按规定标准收费的责任。

（五）对同行的责任

注册会计师对同行的责任包括：配合同行工作；不得损害同行利益；不得雇佣正在其他会计师事务所执业的注册会计师；不得以不正当手段与同行争揽业务。

（六）其他责任

注册会计师的其他责任是指：不得有可能损害职业形象的行为；不得采用强迫、欺诈、利诱等方式招揽业务；不得对自身能力进行广告宣传以招揽业务；不得以向他人支付佣金等不正当方式招揽业务；不得向客户收取服务费之外的任何利益；不得允许他人以本所或本人的名义承办业务。

（七）可能对职业道德产生不利影响的因素

可能对职业道德产生不利影响的因素包括：自身利益、自我评价、过度推介和外在压力。外在压力导致不利影响的情形主要包括：

1. 会计师事务所被客户解除业务关系的不利影响。

2. 审计客户表示，如果会计师事务所不同意对某项交易的会计处理，则不再委托其承办拟议中的非鉴证业务。

3. 客户威胁将起诉会计师事务所。

4. 会计师事务所受到降低收费的影响而不恰当地缩小工作范围。

5. 由于客户员工对所讨论的事项更具有专长，注册会计师面临服从其判断的压力。

6. 会计师事务所合伙人告知注册会计师，除非同意审计客户不恰当的会计处理，否则将影响晋升。

在本案例中，李杰暗示卫兰负责对她晋级的考核，强迫下属隐瞒真相，发表无保留意见，因此在外在压力下，卫兰可能确认不正确的存货余额，违反客观公正原则。

四、思考与实践

2021 年 1 月 18 日，新疆亿路万源实业控股股份有限公司（后文简称“*ST 新亿”）收到《中国证券监督管理委员会调查通知书》，因公司涉嫌信息披露违法违规，根据《中华人民共和国证券法》等有关规定，中国证监会决定对该公司立案调查。

证监会调查发现，*ST 新亿的问题主要体现在两个方面。首先是虚假记载。*ST 新亿虚增 2018 年营业收入 1 338.54 万元，利润总额 129.11 万元，占当年披露营业收入的 100%、利润总额绝对值的 5.24%；虚增 2019 年度营业收入 578.86 万元、营业外收入 7 590 万元、利润总额 7 931.21 万元，虚增营业收入、利润总额分别占当年披露营业收入和利润总额的 55.76%、253.99%。追溯调整后，*ST 新亿 2018 年、2019 年连续两年营业收入低于 1 000 万元，2019 年由盈转亏。另外，该公司财务报告也存在重大遗漏。2020 年 5 月 24 日，*ST 新亿的子公司韩真源与喀什市自然资源局签署《喀什市开源市场用地规划调整开发协议》，约定对喀什开源市场进行规划调整并重新开发。协议涉及资产总额占上市公司最近一期经审计总资产的 72.36%。根据协议，如果韩真源 2020 年 8 月 24 日前未拆除完毕，则喀什市自然资源局将收回土地使用权，如韩真源的产权证书办理了抵押手续，则应该在 2020 年 7 月 20 日内办理解抵押手续。*ST 新亿并未及时披露这些风险事项。

由于公司触及重大违法强制退市实施办法，上海证券交易所决定终止*ST 新亿股票上市。2022 年 3 月 22 日晚间，*ST 新亿收到了上海证券交易所下发的《关于拟终止新疆亿路万源实业控股股份有限公司股票上市的通知》。

*ST 新亿 2018 年和 2019 年的年报是由深圳堂堂会计师事务所（以下简称“堂堂所”）审计的。在堂堂所接受*ST 新亿业务委托之前，*ST 新亿先后找过四家事务所，但均被拒绝。最后经中间人介绍，*ST 新亿找到了堂堂所。

堂堂所成立年限较短，知名度较低，拥有的注册会计师人数低于行业平均水平，其中执业超过 5 年且年龄在 60 周岁以下的注册会计师数量为 0。另外，堂堂所没有成立分所，难以形成规模效应。这些因素都导致该事务所在承接审计业务时缺乏竞争优势。因而，当堂堂所所长吴育堂的前同事刘耀辉向其推荐*ST 新亿的年报审计业务时，堂堂所很快便接受了业务委托。双方约定，堂堂所承诺不出具否定和无法表示意见的审计报告，同时，若堂堂所受到处罚，*ST 新亿应对堂堂所提供经济补偿。

2020 年 7 月，*ST 新亿原签字注册会计师李富风在完成审计工作后拟出具保留意见的审计报告。在刘耀辉和*ST 新亿高管施压后，吴育堂要求李富风更改审计意见。最终李富风辞职，堂堂所更换签字注册会计师，在未执行进一步审计程序以消除保留意见产生基础的情况下，出具了无保留意见审计报告。实际上，在审计*ST 新亿 2018 年和 2019 年年报的过程中，审计报告复核工作是由刘耀辉团队完成的。

2021 年 11 月 2 日，堂堂所收到了中国证监会下达的《行政处罚及市场禁入事先告知书》。证监会对堂堂所处以“没收业务收入 199 万元，罚款 6 倍计罚款 1 194 万元”的处罚，创造了中国资本市场上对会计师事务所行政处罚的最高纪录。相关签字注册会计师分别被罚款 100 万元、50 万元、30 万元，并被判罚 10 年、5 年、3 年的市场禁入。

要求：请分析堂堂所在审计新亿公司的过程中违背了哪些职业道德基本原则。

案例二　独立性

一、本案例学习目标

完成本案例学习后，学生应当能够理解独立性的含义。

二、本案例的关键内容

（一）案例资料

注册会计师行业是一个劳动强度很大的行业，因此很多人会最终跳槽到其他公司做财务总监。2024 年 2 月，受雇于信达会计师事务所的王敏就面临着这样一次选择的机会。王敏自 2022 年以来一直负责吴迪股份有限公司的审计业务。2023 年底，吴迪股份有限公司的财务总监辞职了，于是公司总经理陆彦打电话给王敏，邀请她到该公司担任财务总监。

在与陆彦谈话后，王敏与信达会计师事务所的合伙人张国强就自己的独立性问题进行了讨论。对照了相关准则后，二人都认为王敏确实存在独立性问题。但因为事务所目前缺少合适的人手，而且王敏表明态度会保持独立性，因此事务所在王敏决定接受邀请之前仍派她继续负责吴迪股份有限公司 2024 年报表的审计工作，王敏在事务所的好友及下属张荣参与了相关审核工作。

2025 年 5 月，王敏正式接受邀请到吴迪股份有限公司担任财务总监。2026 年，吴迪股份有限公司继续邀请信达会计师事务所作为其年报的审计人，信达会计师事务所也派出另外一位注册会计师张倩接管吴迪股份有限公司的审计业务。2025 年，信达会计师事务所所租的房屋到期，经王敏帮助协商，信达会计师事务所租用了吴迪股份有限公司的一处房产作为办公场所。由于王敏是会计师事务所的老员工，尽管已经调到新单位，王敏仍与原来的同事保持着良好的友谊，经常在工作之余在一起聚会聊天。

（二）案例分析要求

1. 独立性对于注册会计师执行审计业务时保持客观和公正有何意义？请解释一下什么是注册会计师的独立性？

2. 本案例中有哪些行为违反了注册会计师独立性原则？

3. 你认为注册会计师是否可以接受其原来客户的邀请成为其雇员？在本案例中，信达会计师事务所应采取何种措施应对王敏的跳槽以维护职业道德？

三、本案例需要关注的问题

（一）独立性的含义

客观和公正原则要求审计项目组成员、会计师事务所与审计客户保持独立。在执行审计业务时，审计项目组成员、会计师事务所应当维护公众利益，独立于审计客户。

独立性包括实质上的独立性和形式上的独立性。实质上的独立性是一种内心状态，使得注册会计师在提出结论时不受损害职业判断的因素影响，诚信行事，遵循客观和公正原则，保持职业怀疑态度；形式上的独立性是一种外在表现，使得一个理性且掌握充分信息的第三方，在权衡所有相关事实和情况后，认为会计师事务所或审计项目组成员没有损害诚信原则、客观和公正原则或职业怀疑态度。

本案例中有三处违反独立性原则，表现在：

1. 会计师事务所在王敏接受邀请之前仍派她继续负责吴迪股份有限公司并让张荣进行审核工作。

2. 原来的同事经常与王敏在工作之余一起聚会聊天。

3. 经王敏帮助协商，信达会计师事务所租用了吴迪股份有限公司的一处房产作为办公场所。

（二）针对注册会计师加入审计客户的应对措施

如果审计项目组前任成员或会计师事务所前任合伙人加入审计客户，担任董事、高级管理人员或特定员工，除非同时满足下列条件，否则将被视为损害独立性：①前任成员或前任合伙人无权从会计师事务所获取报酬或福利（除非报酬或福利是按照预先确定的固定金额支付的，并且未付金额对会计师事务所不重要）；②前任成员或前任合伙人未继续参与，并且在外界看来未参与会计师事务所的经营活动或专业活动。

注册会计师是可以跳槽到其客户中任职的。如果审计项目组某一成员知道自己在未来某一时间将要或有可能加入审计客户，将因自身利益对独立性产生不利影响。会计师事务所应当制定政策和程序，要求审计项目组成员在与审计客户协商受雇于该客户时，向会计师事务所报告。在接到报告后，会计师事务所应当评价不利影响的严重程度，并在必要时采取防范措施消除不利影响或将其降低至可接受的水平。防范措施主要包括：

1. 将该成员调离审计项目组。

2. 由审计项目组以外的注册会计师复核该成员在审计项目组中做出的重大判断。

本案例中王敏一旦已经开始商讨受聘事项，就不应再参与事务所对该公司的审计业务，信达会计师事务所仍让其审计吴迪股份有限公司的业务是错误的，属于未能采取防范措施消除不利影响或将其降低至可接受的水平。

四、思考与实践

信达会计师事务所接受委托，审计长江公司 2024 年度财务报表。审计项目组遇到下列事项：

（1）项目组成员李华的父亲在长江公司担任市场专员，因业绩优异，2022 年被长江公司授予股票期权 2 万股。该期权自 2025 年 1 月 1 日起可以行权，李华的父亲于 2025 年 1 月 2 日行权后立即处置了该股票。

（2）项目合伙人张华将其股票账户长期借给高中同学王明使用。2024 年 2 月，王明通过该股票账户买入长江公司股票 3 000 股，2024 年 9 月卖出，亏损 5 000 元。

（3）信达会计师事务所的合伙人刘安于 2022 年 1 月 1 日退休。根据事务所薪酬政策刘安可继续享受两年分红。刘安自 2023 年 9 月 1 日起受聘为长江公司独立董事。

（4）长江公司的海南分公司财务经理突然去世。因未能及时找到合适的财务经理，长江公司向信达会计师事务所借调了一名审计部经理临时负责分公司财务经理工作，借调时间为一个月。

（5）项目质量复核合伙人沈阳曾担任长江公司 2020 年度至 2022 年度财务报表审计项目的合伙人，未参与 2023 年度财务报表审计。

要求：针对上述（1）至（5）项内容，请分析是否存在违反中国注册会计师职业道德守则中有关独立性规定的情况。

案例三　诚信原则与保密义务

一、本案例学习目标

完成本案例学习后，学生应当能够理解注册会计师应该遵循的诚信原则和保密义务。

二、本案例的关键内容

（一）案例资料

张华是信达事务所的高级经理，自 2022 年以来，他一直是天门股份有限公司的年报审计负责人。2025 年 2 月，信达事务所对天门公司 2024 年度的财务报表出具了无保留意见的审计报告。天门公司将 100 份财务报告分发给债权人、证监会等企业和政府部门。

2025 年 6 月，信达事务所的员工发现天门股份有限公司（以下简称“天门公司”）2024 年度的财务报表存在重大错误，该公司下属部门面临倒闭，其商品都在 2025 年初打折出售，但该公司 2024 年度财务报表中并没有对这部分存货提取减值准备。这笔错误导致天门公司 2024 年度财务报表上的净利润由亏变盈。其他债权人先后证实，他们正是根据这份错误的报表继续向天门公司提供赊销和贷款的。

张华与天门公司就2024年年报中的问题进行沟通，天门公司反应很激烈，并且提出，若信达事务所撤回审计意见并通报第三方，属于违反保密性原则，该公司将提起诉讼。2025年6至8月，张华带领的审计小组成员处于左右为难的境地，因为天门公司是信达事务所的重要客户，若撤回审计意见并通知财务报表的使用者，事务所可能会失去这个客户。经过与天门公司的沟通，事务所提出一个折中方案，即事务所重新出具审计报告，由天门公司自行向报表使用者寄送新的财务报表。但后来事务所得知天门公司并没有寄送新的财务报表，信达事务所并未采取下一步措施。

（二）案例分析要求

1. 你是否认为信达事务所已经遵循了应有的职业准则？请说明理由。

2. 假设信达事务所2025年度不再承接天门股份有限公司的审计业务，按照职业道德的要求，此时若信达事务所发现了2024年度报表中存在的重大错误，应当承担什么责任？

3. 如果信达事务所将2024年度财务报表中的错误通报第三方，你认为事务所是否违反了保密性原则？

三、本案例需要关注的问题

（一）诚信原则

诚信原则要求注册会计师在所有职业活动中保持正直，诚实守信。注册会计师应该遵循诚信原则。

为遵守诚信原则，当注册会计师认为业务报告中存在虚假或误导性陈述时，不得与这些信息发生牵连。如果注册会计师注意到已经与有问题的信息发生牵连，则应采取措施消除牵连。

本案例中，注册会计师虽然更正了审计报告与财务报表，但未能通知第三方，属于没有完全遵循职业道德原则对诚信的要求。

即使信达事务所2025年度不再担任天门股份有限公司的相关审计工作，此时若信达事务所发现2024年度报表中存在的重大错误，仍应当承担撤回报告和通知相关各方的义务。

（二）保密原则

保密原则要求注册会计师对职业活动中的涉密信息保密，未经客户授权或法律允许，不得向第三方披露或利用其为自己和第三方牟利。

本案例中，信达事务所对会计报表信息所做的修改并非涉密信息，因此通知第三方是信达事务所的权利和义务。本案例中信达事务所已经知道天门公司利用其错误的审计报告，却并未尽到通知的义务，违反了职业道德原则的要求。

四、思考与实践

甲制药公司是信达会计师事务所的常年审计客户，注册会计师张华担任甲制药公司2024年度财务报表审计的项目合伙人。项目组在审计中遇到下列事项：

（1）信达会计师事务所的某一网络事务所受聘对甲制药公司开展尽职调查，为提高工作效率，网络事务所的项目负责人请求借阅过去5年审计工作底稿中与甲制药公司相关的部分，张华批准了该请求，提供了相关工作底稿。

（2）审计项目组的部分成员首次参与制药行业的审计项目，为提高审计效率，张华向这些成员提供了制药行业其他公司审计项目的工作底稿作为参考。

（3）甲制药公司的董秘王鹏向张华私下透露，某国有医药集团正与甲制药公司秘密接洽，准备参股甲制药公司。张华就此事的可行性询问了其在该国有医药集团工作的朋友。

要求：针对上述（1）至（3）项，请分析注册会计师的做法是否恰当。

第十二章
审计报告

案例一　出具标准审计报告

一、本案例学习目标

完成本案例学习后，学生应当能够：确定审计报告日，描述标准审计报告的构成，说明出具标准审计报告的条件，独立撰写标准审计报告。

二、本案例的关键内容

（一）案例资料

2025年2月27日，注册会计师吴颖完成了樱花技术股份有限公司截至2024年12月31日的财务报表审计的外勤审计工作，并于3月2日草拟了对该公司2024年度的审计报告初稿。注册会计师编制的审计报告初稿如下。

审计报告

樱花技术股份有限公司全体股东：

一、审计意见

我们审计了樱花技术股份有限公司财务报表，包括2024年12月31日的资产负债表，2024年度的利润表、现金流量表、股东权益变动表以及相关财务报表附注。

我们认为，樱花技术股份有限公司财务报表在所有重大方面按照企业会计准则的规定编制，公允反映了樱花技术股份有限公司2024年12月31日的财务状况以及2024年度的经营成果和现金流量。

二、形成审计意见的基础

我们按照中国注册会计师审计准则的规定执行了审计工作，审计报告的“注册会计师对财务报表审计的责任”部分进一步阐述了我们在这些准则下的责任。按照中国注册会计师职业道德守则，我们独立于樱花技术股份有限公司，并履行了职业道德方面的其他责任。我们相信，我们获取的审计证据是充分、适当的，为发表审计意见提供了基础。

三、关键审计事项

关键审计事项是根据我们的职业判断，认为对本期财务报表审计最为重要的事项。这些事项是在对财务报表整体进行审计并形成意见的背景下进行处理的，我们不对这些事项提供单独的意见。

四、管理层和治理层对财务报表的责任

管理层负责按照企业会计准则的规定编制财务报表，并设计、执行和维护必要的内部控制，以使财务报表不存在由于舞弊或错误而导致的重大错报。

在编制财务报表时，管理层负责评估樱花技术股份有限公司的持续经营能力，披露与持续经营相关的事项（如适用），并运用持续经营假设，除非计划清算樱花技术股份有限公司、停止运营或别无其他现实的选择。

治理层负责监督樱花技术股份有限公司的财务报告过程。

五、注册会计师对财务报表的责任

我们的目标是对财务报表整体是否不存在由于错误或舞弊导致的重大错报获取合理保证，并出具包含审计意见的审计报告。合理保证是高水平的保证，但并不能保证按照审计准则执行的审计在某一重大错报存在时总能发现。错报可能由于舞弊或错误导致，如果合理预期错报单独或汇总起来可能影响财务报表使用者依据财务报表做出经济决策，通常认为错报是重大的。

在按照审计准则执行审计的过程中，我们运用了职业判断，保持了职业怀疑。我们同时：

1. 识别和评估由于舞弊或错误导致的财务报表重大错报风险；对这些风险有针对性地设计和实施审计程序；获取充分、适当的审计证据，作为发表审计意见的基础。由于舞弊可能涉及串通、伪造、故意遗漏、虚假陈述或凌驾于内部控制之上，未能发现由于舞弊导致的重大错报的风险高于未能发现由于错误导致的重大错报的风险。

2. 了解与审计相关的内部控制，以设计恰当的审计程序，但目的并非对内部控制的有效性发表意见。

3. 评价管理层选用会计政策的恰当性和做出会计估计及相关披露的合理性。

4. 对管理层使用持续经营假设的恰当性得出结论。同时，根据获取的审计证据，就可能导致对樱花技术股份有限公司持续经营能力产生重大疑虑的事项或情况是否存在重大不确定性得出结论。若我们得出结论认为存在重大不确定性，审计准则要求我们在审计报告中提请使用者注意财务报表中的相关披露；如果披露不充分，我们应当发表非无保留意见。我们的结论基于审计报告日可获得的信息，然而，未来的事项或情况可能导致樱花技术股份有限公司不能持续经营。

5. 评价财务报表的总体列报、结构和内容（包括披露），并评价财务报表是否公允反映相关交易和事项。

我们与治理层就计划的审计范围、时间安排和重大审计发现（包括我们在审计中识别的值得关注的内部控制缺陷）等事项进行沟通。

我们还遵守关于独立性的相关职业道德要求向治理层提供声明，并就可能被合理认为影响我们独立性的所有关系和其他事项以及相关的防范措施（如适用）与治理层进行沟通。

从与治理层沟通的事项中，我们确定哪些事项对本期财务报表最为重要，因而构成关键审计事项。我们在审计报告中描述这些事项，除非法律法规禁止公开披露这些事项，或在极其罕见的情况下，如果合理预期在审计报告中沟通某事项造成的负面后果超过在公众利益方面产生的益处，我们确定不应在审计报告中沟通该事项。

会计师事务所　　　　　　　　　　中国注册会计师：×××
（盖章）　　　　　　　　　　　　　　　（签名并盖章）
　　　　　　　　　　　　　　　　中国注册会计师：×××
中国××市　　　　　　　　　　　　　　（签名并盖章）
　　　　　　　　　　　　　　　　　2024 年×月×日

（二）案例分析要求

1. 认真阅读上述审计报告，指出标准审计报告的组成部分。

2. 审计报告中注册会计师的责任段为什么使用“重大错报”和“合理保证”这些标准词汇？

3. 审计报告意见段中为什么使用“我们认为，樱花技术股份有限公司财务报表……公允反映了……”，而不是直接指出“樱花技术股份有限公司财务报表……公允反映了……”？

4. 请指出上述审计报告中在签章上的错误。

5. 本案例中审计报告的正确日期应该是哪一天？为什么这个日期很重要？

6. 出具标准审计报告报告的条件是什么？本案例中出具的审计报告类型是否正确？

7. 请指出其他信息中的事项有哪些不必反映在审计报告中？

8. 根据其他信息，请判断本案例中注册会计师应出具何种类型审计报告？

三、本案例需要关注的问题

（一）标准审计报告的含义

标准审计报告是指不含有说明段、强调事项段、其他事项段或其他任何修饰性用语的无保留意见的审计报告。

包含其他报告责任段，但不含有强调事项段或其他事项段的无保留意见的审计报告也被视为标准审计报告。

非标准审计报告是指带强调事项段或其他事项段的无保留意见的审计报告和非无保留意见的审计报告。不同类型的审计报告反映了会计报表的真实程度。

（二）标准审计报告的结构

标准审计报告应当包括十个基本要素：

1. 报告的标题。美国等国家的审计准则通常要求在审计报告的标题中传达“注册会计师是公正无偏”的信息，因此常以“独立审计报告”等作为标题，但因历史原因，“审计报告”这一标题已经为我国公众广泛接受，因此我国注册会计师审计报告的标题中不包含“独立”二字。

2. 审计报告的收件人。审计报告的收件人是审计报告致送的对象，通常是审计业务委托人。审计报告应当按照审计业务约定的要求载明收件人的全称。通用目的财务报表审计的审计报告收件人通常是被审计单位股东或治理层。对于股份有限公司，收件人可以写成“××股份有限公司全体股东”，对于有限责任公司，收件人可以写成“××有限公司董事会”。

3. 审计意见。审计意见由两个部分组成。

第一部分相当于引言段，用于指明注册会计师执行的是审计工作及所审计财务报告的范围，具体内容包括：指出被审计单位的名称；说明财务报表已经审计；指出构成整套财务报表的每一财务报表的名称；提及财务报表附注；指明构成整套财务报表的每一财务报表的日期或涵盖的期间。

审计意见段阐述了注册会计师得出的审计结论。

在意见段中，要使用“我们认为”等类似的词语，这类词语表明审计结论是在注册会计师专业判断的基础上得出的，虽然财务报表已经过审计，但仅仅是注册会计师表达的一个意见，而不是一项担保或绝对保证，因此，仍可能存在信息风险。

第二部分是注册会计师发表的审计意见。在此部分，注册会计师应当就财务报表是否在所有重大方面按照适用的财务报告编制基础编制并实现公允反映发表审计意见。在本案例中，注册会计师发表的是无保留意见。

4. 形成审计意见的基础。该部分指出注册会计师为发表审计意见做了哪些工作，提供了关于审计意见的重要背景。

该部分应该包括四个方面的内容。首先，说明注册会计师已经按照审计准则的规定执行了审计工作。其次，指出审计报告中专门用于描述审计准则规定的注册会计师责任的部分。第三，声明注册会计师按照与审计相关的职业道德要求对被审计单位保持了独立性，并履行了职业道德方面的其他责任。此处应当指明适用的具体职业道德要求，如中国注册会计师职业道德守则。第四，声明注册会计师相信获取的审计证据是充分、适当的，为发表审计意见提供了基础。

5. 管理层和治理层对财务报表的责任段。本段的目的是强调管理当局和治理层在编制报表、内部控制和对持续经营的评估等方面的责任，提及这些责任有助于向报表使用者和管理层解释执行审计工作的前提。

在此部分，应当说明管理层负责的两方面的责任：第一，按照适用的财务报告编制基础编制财务报表，使其实现公允反映，并设计、执行和维护必要的内部控制，以使财务报表不存在由于舞弊或错误导致的重大错报。第二，评估被审计单位的持续经营能力和使用持续经营假设是否适当，如果存在与持续经营相关的事项，应加以披露。对管理层评估责任的说明应当包括描述在何种情况下使用持续经营假设是适当的。

此处应指出治理层的责任是负责监督公司的财务报告过程。

6. 注册会计师的责任段。“注册会计师对财务报表审计的责任段”由三部分组成。

第一部分要对注册会计师的目标做出详细说明。在此部分要指出，注册会计师的目标是对财务报表整体是否不存在由于舞弊或错误导致的重大错报获取合理保证，并出具包含审计意见的审计报告，而且合理保证是高水平的保证，但并不能保证按照审计准则执行的审计一定会发现存在的重大错报。还要强调错报可能由于舞弊或错误导致，在说明错报可能由于舞弊或错误导致时，注册会计师可以描述为：如果合理预期错报单独或汇总起来可能影响财务报表使用者依据财务报表做出的经济决策，则通常认为错报是重大的。此外，注册会计师也可以根据适用的财务报告编制基础，提供关于重要性的定义或描述。

第二部分通过说明注册会计师的责任，对审计工作进行详细描述。这些责任包括：①在按照审计准则执行审计工作的过程中，注册会计师运用职业判断，并保持职业怀疑。②识别和评估由于舞弊或错误导致的财务报表重大错报风险，设计和实施审计程序以应对这些风险，并获取充分、适当的审计证据，作为发表审计意见的基础。由于舞弊可能涉及串通、伪造、故意遗漏、虚假陈述或凌驾于内部控制之上，未能发现由于舞弊导致的重大错报的风险高于未能发现由于错误导致的重大错报的风险。③了解与审计相关的内部控制，以设计恰当的审计程序，但目的并非对内部控制的有效性发表意见。当注册会计师有责任在财务报表审计的同时对内部控制的有效性发表意见时，应当略去上述“目的并非对内部控制的有效性发表意见”的表述。④评价管理层选用会计政策的恰当性和做出会计估计及相关披露的合理性。⑤对管理层使用持续经营假设的恰当性得出结论。同时，根据获取的审计证据，就可能导致对被审计单位持续经营能力产生重大疑虑的事项或情况是否存在重大不确定性得出结论。如果注册会计师得出结论认为存在重大不确定性，审计准则要求注册会计师在审计报告中提请报表使用者关注财务报表中的相关披露；如果披露不充分，注册会计师应当发表非无保留意见。注册会计师的结论基于截至审计报告日可获得的信息，然而，未来的事项或情况可能导致被审计单位不能持续经营。⑥评价财务报表的总体列报、结构和内容（包括披露），并评价财务报表是否公允反映相关交易和事项。

第三部分是与管理层沟通相关的事项，主要包括三方面内容：首先，说明注册会计师与治理层就计划的审计范围、时间安排和重大审计发现等事项进行沟通，包括就注册会计师在审计中识别的值得关注的内部控制缺陷进行沟通；其次，对于上市实体财务报表审计，指出注册会计师就已遵守与独立性相关的职业道德要求向治理层提供声明，并与治理层沟通可能被合理认为影响注册会计师独立性的所有关系和其他事项，以及相关的防范措施（如适用）；第三，对于上市实体财务报表审计以及决定按照《中国注册会计师审计准则第 1504 号——在审计报告中沟通关键审计事项》的规定沟通关键审计事项的其他情况，说明注册会计师从已与治理层沟通的事项中确定哪些事项对本期财务报表审计最为重要，因而构成关键审计事项。注册会计师应当在审计报告中描述这些事项，除非法律法规禁止公开披露这些事项，或在极少数情形下，注册会计师合理预期在审计报告中沟通某事项造成的负面后果超过在公众利益方面产生的益处，因而决定不应在审计报告中沟通该事项。

7. 按照相关法律法规的要求报告的事项。除审计准则规定的报告责任外，相关法律法规也可能对注册会计师设定了其他报告责任。例如，要求注册会计师对在财务报表审计中注意到的某些事项予以报告；注册会计师也可能被要求实施和报告额外的规定程序，或对特定事项（如会计账簿和记录的适当性）发表意见。

这些责任是注册会计师按照审计准则对财务报表出具审计报告的责任的补充，并不影响注册会计师对审计报告类型的判断。

本部分的内容和格式取决于法律法规对其他报告责任性质的规定。如果其他报告责任与审计准则所要求的报告责任涉及相同主题，则可以在审计准则所要求的同一报告要素部分列示，否则，其他报告责任都应在此部分列示。

由于没涉及其他报告责任，故在本案例中的审计报告中并没有此项内容。

8. 注册会计师的签名和盖章。此处要求有两个注册会计师分别签名并盖章，通常其中一个注册会计师是该审计项目的合伙人，另一个签章注册会计师也是负责该项目的注册会计师。签章在前的注册会计师将承担更大的法律责任。

9. 会计师事务所的名称、地址和盖章。会计师事务所的名称是不可省略的，因为会计师事务所对审计质量承担法律和职业责任。地址通常只需写明事务所所在城市即可。

本案例中的审计报告漏掉了会计师事务所的全称，是不正确的。

10. 报告日期。审计报告的日期是指注册会计师完成外勤审计工作的日期。

审计报告的日期不应早于注册会计师获取充分、适当的审计证据（包括管理层认可对财务报表的责任且已批准财务报表的证据），并在此基础上对财务报表形成审计意见的日期。这个日期之前的重大事项，注册会计师都有审核责任，注册会计师应对审计报告日之前的所有已经记录和未记录的重大交易和事项进行审计。

在实务中，注册会计师在正式签署审计报告前，通常把审计报告草稿和管理层已按调整建议修改后的财务报表提交给管理层；如果管理层批准并签署已按调整建议修改后的财务报表，注册会计师即可签署审计报告。

注册会计师签署审计报告的日期通常与管理层签署已审计财务报表的日期为同一天，或晚于管理层签署已审计财务报表的日期。

本案例中审计报告的日期应该是 2025 年 2 月 27 日。

在适用的情况下，注册会计师还应当在审计报告中对与持续经营相关的重大不确定性、关键审计事项、被审计单位年度报告中包含的除财务报表和审计报告之外的其他信息进行报告。

（三）出具标准审计报告的条件

当满足下面所有条件时，注册会计师可以出具标准审计报告：

1. 所审计的财务报表中已经包含了资产负债表、利润表、现金流量表、股东权益变动表在内的所有报表。

2. 注册会计师进行审计业务时，一贯遵守了职业道德守则的规定。

3. 注册会计师搜集了充分的审计证据，足以使自己确信已经遵循了审计准则的规定、执行了审计工作。

4. 财务报表是根据企业会计准则编制的，即报表附注及其他方面已经进行了充分披露。

5. 不存在需要增加说明段或其他修改审计报告措辞的情况。

（四）本案例中的其他信息

其他信息中不需反映于审计报告中的是：

1. 樱花技术有限公司将存货的计价方法由先进先出法改为加权平均法，该事项涉及的金额比较重大，注册会计师认为这种变更是合理的。

2. 吴颖不能执行部分存货盘点程序，但使用替代审计程序取得了足够的审计证据，不需反映在审计报告中。

3. 樱花技术有限公司卷入一项大额诉讼中，如果败诉，公司会遭受巨额损失，该案件尚未开庭，樱花技术有限公司没有进行任何会计处理也没有在报表中披露，并且拒绝注册会计师要求其进行调整的意见，注册会计师应出具保留或否定意见审计报告，不应出具标准无保留意见审计报告。

四、思考与实践

注册会计师李阳负责审计甲公司 2024 年度财务报表。审计工作底稿中部分内容摘录如下：

（1）2024 年 1 月，甲公司与南坪市自然资源局签署了《南坪市平安市场开发协议》，约定重新建设南坪市平安市场。协议涉及资产总额占甲公司 2023 年经审计总资产的 80%。2024 年 2 月 1 日，甲公司启动拆迁工作。根据协议，如果公司 2025 年 8 月 1 日前未完成拆迁，南坪市自然资源局将收回土地使用权。截至 2024 年底，甲公司仅完成前期拆迁工作的三分之一，预计不能按期完成拆迁任务。甲公司未在 2024 年的财务报告中披露相关风险。由于此事件影响较大，李阳准备出具保留意见审计报告，被甲公司拒绝。经协商，注册会计师同意出具无保留意见的审计报告，并在关键审计事项段充分披露该事项。

（2）2025 年 2 月 20 日，李阳出具了 2024 年的审计报告。在财务报表报出前，李阳获悉甲公司 2025 年 1 月 10 日发生了一笔大额销售退回，因此，李阳要求管理层修改财务报表，并于 2025 年 2 月 25 日重新出具了审计报告。管理层于 2025 年 2 月 26 日批准并报出修改后的财务报表。

要求：针对案例中资料，请分析注册会计师的处理是否恰当。

案例二　非无保留意见审计报告

一、本案例学习目标

完成本案例学习后，学生应当能够：说明非无保留意见的类型及出具条件，了解非无保留意见审计报告的格式和内容，会根据不同情况编制各种类型的非无保留审计报告；理解广泛性的含义，说明重要性是如何影响审计报告类型的。

二、本案例的关键内容

（一）案例资料

注册会计师吴颖在审计中曾遇到下列事项，假设这些事项是相互独立的，请代替吴颖做出判断。

1. 益达公司作为抵押物的固定资产中存在一个重要错报，可能影响报表使用者发放贷款的决策。

2. 工联公司的存货可能被严重高估，但客户不允许注册会计师扩大审计范围，因此无法得到有关存货余额真实性的充足审计证据，该公司存货是全部资产中余额最大的项目。

3. 因为自然灾害造成的道路中断，注册会计师无法对天目矿业集团的矿石进行实地盘点，注册会计师只好采用替代审计程序，并对替代审计程序的结果比较满意。

4. 会计年度结束 4 周内，布迪公司的一个重要客户宣告破产，但布迪公司的账面上已经确认该客户的应收账款，这些应收账款占该公司应收账款金额的 15%，税前利润的 30%。但布迪公司拒绝转销该账户，并且拒绝披露此信息。

5. 穆强龙公司过去一直用支付现金的方式从公司购买设备生产产品，由于遇到金融危机，公司现金流出现短缺，公司决定当年采用融资租赁方式取得新设备，其会计处理方法也采用融资租赁方式。这项会计政策的变更已经在附注中得到披露。

6. 福大冶炼公司在审计年度的最后 3 个月内改变了经营方向，将经营链条向上延伸，投资于高风险的采矿行业，但此行业的潜在回报也是巨大的。截至年底，虽然已经勘探了两处矿山，但公司尚未发现有价值的富矿，因此公司出现了营运资本的暂时短缺。公司未将上述事项加以披露。

7. 永安公司漏记一笔销售，公司拒绝更正。

（二）案例分析要求

针对资料中的每一个事项，请找出注册会计师不能出具无保留意见审计报告的情况。

三、本案例需要关注的问题

（一）非无保留意见的类型和条件

非无保留意见有三种类型，即保留意见、否定意见和无法表示意见。

发表非无保留意见的条件包括：

1. 根据获取的审计证据，得出财务报表整体存在重大（达到设定的重要性水平）错报的结论。其中：如果错报对财务报表影响重大且具有广泛性，应当发表否定意见；如果错报影响重大但不具有广泛性，则发表保留意见。

2. 无法获取充分、适当的审计证据，不能得出财务报表整体不存在重大（达到设定的重要性水平）错报的结论。

其中，如果未发现的错报（如存在）对财务报表可能产生的影响重大且具有广泛性，应当发表无法表示意见；如果未发现的错报（如存在）对财务报表可能产生的影响重大，但不具有广泛性，则发表保留意见。

（二）判断非保留审计意见类型的关键指标——广泛性

如果错报影响到整个财务报表整体的公允性，则称其具备广泛性。也就是说，如果报表使用者依赖总体财务报表进行决策可能会出错，则错报具备广泛性。广泛性取决于注册会计师的判断。

具有广泛性的情形包括：

1. 错报涉及的范围很大，其影响不仅仅局限于财务报表的特定要素、账户或项目。

2. 虽然仅对财务报表的特定要素、账户或项目产生影响，但这些要素、账户或项目是或可能是财务报表的主要组成部分。

3. 当与披露相关时，产生的影响对财务报表使用者理解财务报表至关重要。

本案例中：

事项 1 中，益达公司作为抵押物的固定资产存在一个重要错报，仅仅影响特定报表要素，如可能仅影响报表使用者发放贷款的决策，故不具备广泛性，可发表保留意见审计报告。

事项 2 中，存货可能被严重高估，但客户不允许注册会计师扩大审计范围，因此无法得到有关存货余额真实性的充足审计证据，但存货是全部资产中余额最大的项目，属于报表的主要组成部分，故应出具无法表示意见审计报告。

事项 3 中，注册会计师无法对天目矿业集团的矿石进行实地盘点，采用替代审计程序并对替代审计程序的结果比较满意，不影响出具标准审计意见。

事项 4 中，布迪公司拒绝转销该账户，并且拒绝披露此信息，且应收账款所占比例较大，属于主要账户，故应出具否定意见审计报告。

事项 5 中，会计政策的变更已经在附注中得到披露，不影响标准审计意见的出具。

事项 6 中，公司出现营运资本短缺，持续经营能力值得怀疑，且没有加以披露，故应出具带其他事项段的审计报告。

事项 7 中，永安公司漏记一笔销售，如果其金额较小，则不影响出具标准审计报告；如果金额较大，超过设定的重要性水平，则可能影响销售收入、应收账款、所得税费用、应交所得税、留存收益，进而又会影响到流动资产、流动负债等项目，故该项错报重大且具有广泛性，应出具否定意见审计报告。

四、思考与实践

信达会计师事务所的注册会计师在审计过程中遇到如下事项：

（1）在审计甲公司2024年度财务报表时，注册会计师认为甲公司信息披露不充分，未披露信息产生的影响对财务报表使用者理解财务报表至关重要。另外，注册会计师还发现年末存货余额存在重大错报，该错报对财务报表的影响不具有广泛性。注册会计师就信息披露问题对甲公司财务报表发表否定意见，未在审计报告中提及存货的重大错报。

（2）注册会计师无法就乙公司2023年末的应收账款获取充分、适当的审计证据，对财务报表发表了保留意见。注册会计师认为除这一事项外，不存在其他关键审计事项，因此未在审计报告中包含关键审计事项部分。

（3）2023年6月，丙公司以无法做出准确估计为由未对年末的长期股权投资和无形资产计提减值准备。注册会计师实施审计程序获取充分、适当的审计证据后，认为该事项对财务报表使用者理解财务报表至关重要，在审计报告中增加了强调事项段，提醒财务报表使用者关注附注中的相关披露。

（4）丁公司2022年度和2023年度连续亏损，2024年度实现净利润1.4亿元，其中包括控股股东债务豁免收益2亿元。注册会计师认为该交易不具有商业实质，对2024年度财务报表发表了保留意见。

要求：根据上述事项，请分析注册会计师的做法是否恰当。

案例三　增加强调事项段和其他事项段

一、本案例学习目标

完成本案例学习后，学生应当能够说明增加强调事项段和其他事项段的条件。

二、本案例的关键内容

（一）案例资料

兴达会计师事务所的注册会计师吴颖在审计中曾遇到下列事项，假设这些事项是相互独立的，请代替吴颖做出判断。

1. 通达公司同时按照中国企业会计准则和国际财务报告准则编制了两套财务报表，兴达会计师事务所接受委托同时对两套报表出具了审计报告，注册会计师已经确认这两个报告分别在各自的编制基础下是公允的。

2. 兴达会计师事务所接受委托对运通公司的财务报表进行舞弊审计，运通公司的报表是按照通用财务报告准则编制的。

3. 根据委托，兴达会计师事务所对英华公司的按照合同条款编制的财务报表进行审计。注册会计师采用了被审计单位管理层在编制财务报表时对所有重要合同做出的解释等审计程序。

4. 海天公司是一家以互联网技术为基础的电子商务公司，其主业是向海外销售国内生产的日用化工产品，由于国外金融危机和电子商务滑坡的影响，该公司的销售和现金流极度恶化，注册会计师对下一年的持续经营能力很担心。公司本年度的审计业务已经完成，注册会计师准备出具无保留意见审计报告。

5. 2025 年 2 月 26 日，注册会计师对大行公司出具了无保留意见审计报告，大行公司财务报告的报出日是 2025 年 3 月 5 日。3 月 1 日，注册会计师发现报表中的某些信息存在严重误导，决定修改审计报告。

6. 注册会计师张颖在审计方大公司的财务报表时，发现上期财务报表已经经过其他注册会计师审计，前任注册会计师发表了无保留意见审计报告，张颖经过执行必要的审计程序，认可了前任注册会计师的看法。

7. 在对德克公司的审计中，注册会计师在审计报告日前获取了其他信息并识别出重大不一致，需要对其他信息做出修改，但管理层拒绝做出修改，注册会计师决定在审计报告中加以反映。

（二）案例分析要求

根据各事项，分别判断是否应将其反映在审计报告中。如果需要反映于审计报告，应如何修改审计报告？

三、本案例需要关注的问题

（一）强调事项段和其他事项段的作用和位置

如果认为有必要，注册会计师可以通过在审计报告中增加强调事项段和其他事项段提供补充信息，目的是提醒使用者关注。

强调事项段提及已在财务报表中恰当列报或披露的事项。如果根据注册会计师的职业判断，该事项对财务报表使用者理解财务报表至关重要，认为有必要让财务报表使用者知晓，可增加强调事项段，并使用“强调事项”或其他适当标题。注意应在强调事项段指出审计意见没有因该强调事项而改变。

其他事项段提及未在财务报表中列报或披露的事项。根据注册会计师的职业判断，如果该事项与财务报表使用者理解审计工作、注册会计师的责任或审计报告相关且不为法律禁止，认为有必要让财务报表使用者知晓，可增加其他事项段，并使用“其他事项”或其他适当标题。

注册会计师应当将强调事项段紧接在审计意见段之后，其他事项段放在强调事项段（如有）之后。如果其他事项段的内容与其他报告责任部分相关，这一段落也可以置于审计报告的其他位置。

（二）增加强调事项段和其他事项段的具体情形

本案例反映了审计准则中列示的增加强调事项段和其他事项段的具体情形。

1. 事项 1 中，注册会计师接受委托同时对被审计单位按不同编制基础的两套财务报表进行审计时，如果注册会计师已经确定这两个报告分别在各自的编制基础下是可接受的，则可以在审计报告中增加其他事项段，说明该被审计单位根据另一个编制基础编制了另一套财务报表以及注册会计师对这些财务报表出具了审计报告。

2. 事项 2 中，舞弊审计属于特定目的审计，其审计报告应该提供给特定使用者，尽管运通公司的财务报告是根据通用财务报告编制基础编制的，为避免报告被滥用，注册会计师可以在审计报告中增加其他事项段，说明审计报告只能提供给财务报表预期使用者，不能分发给其他非预期使用者。

3. 事项 3 中，注册会计师审计的报表是根据合同编制的，故应增加强调事项段。因为《中国注册会计师审计准则第 1601 号——对按照特殊目的编制基础编制的财务报表审计的特殊考虑》第十五条规定，注册会计师对特殊目的财务报表出具的审计报告应当增加强调事项段，以提醒审计报告使用者关注财务报表按照特殊目的编制基础编制，因此，财务报表可能不适用于其他目的。注册会计师应当将强调事项段置于适当的标题下。

4. 事项 4 中，注册会计师应该发布带强调事项段的无保留审计报告，因为《中国注册会计师审计准则第 1324 号——持续经营》第十八条规定，如果财务报表已做出充分披露，注册会计师应当发表无保留意见，并在审计报告中增加强调事项段，强调可能导致对持续经营能力产生重大疑虑的事项或情况存在重大不确定性的事实，并提醒财务报表使用者关注财务报表附注中的相关披露。

5. 事项 5 中，注册会计师发现报表中的某些信息存在严重误导，应修改审计报告，增加强调事项段或其他事项段。因为根据《中国注册会计师审计准则第 1332 号——期后事项》第十九条规定，注册会计师发现报表中的某些信息存在严重误导，应当在新的或经修改的审计报告中增加强调事项段或其他事项段，提醒财务报表使用者关注财务报表附注中有关修改原财务报表的详细原因和注册会计师提供的原审计报告。

6. 事项 6 中，注册会计师应该在审计报告中增加其他事项段，提供相关补充信息。因为根据审计准则规定，如果上期财务报表已由前任注册会计师审计，除非前任注册会计师对上期财务报表出具的审计报告与财务报表一同对外提供，注册会计师除对本期财务报表发表意见外，还应当在其他事项段中说明：上期财务报表已由前任注册会计师审计；前任注册会计师发表的意见的类型（如果是非无保留意见，还应当说明发表非无保留意见的理由）；前任注册会计师出具审计报告的日期。

《中国注册会计师审计准则第 1511 号——比较数据》第十九条还规定，当因本期审计而对上期财务报表发表审计意见时，如果对上期财务报表发表的意见与以前发表的意见不同，注册会计师应当按照《中国注册会计师审计准则第 1503 号——在审计报告中增加强调事项段和其他事项段》的规定，在其他事项段中披露导致不同意见的实质性原因。

此外，《中国注册会计师审计准则第 1511 号——比较数据》第二十二条规定，如果上期财务报表未经审计，注册会计师应当在其他事项段中说明比较财务报表未经审计。但这种说明并不减轻注册会计师获取充分、适当的审计证据，以确定期初余额不含有对本期财务报表产生重大影响的错报的责任。

7. 事项 7 中，根据《中国注册会计师审计准则第 1521 号——注册会计师对含有已审计财务报表的文件中的其他信息的责任》第十二条第二款第（一）项规定，如果在审计报告日前获取的其他信息中识别出重大不一致，并且需要对其他信息做出修改，但管理层拒绝做出修改，除非治理层的所有成员参与管理被审计单位，注册会计师应当就该事项与治理层进行沟通。此外，注册会计师还应当采取下列措施之一：在审计报告中增加其他事项段，说明重大不一致、拒绝提交审计报告或解除业务约定。

四、思考与实践

信达会计师事务所的注册会计师张华负责审计多家上市公司的财务报表，遇到下列与审计报告相关的事项：

（1）2024 年 6 月，甲公司因产品质量问题造成人身伤害被顾客起诉。由于一审败诉，甲公司很可能需要承担巨额赔偿。管理层以案件尚未终审判决为由未计提预计负债。张华认为该事项对财务报表使用者理解财务报表至关重要，在审计报告中增加了强调事项段，提醒财务报表使用者关注附注中的相关披露。

（2）乙公司管理层在 2024 年度财务报表中确认与披露了一项重要的股权投资。张华将其作为审计中最为重要的事项与治理层进行了沟通，拟在审计报告的关键审计事项部分沟通该事项。同时，因该事项对财务报表使用者理解财务报表至关重要，张华拟在审计报告中增加强调事项段予以说明。

（3）丙公司管理层在2025年度财务报表附注中披露了2025年1月发生的一项重大存货损失。张华认为该事项对财务报表使用者理解财务报表至关重要，拟在审计报告中增加其他事项段予以说明。

（4）在审计丁公司2024年度财务报表时，因上期财务报表已由前任注册会计师审计，审计项目组拟在审计报告中增加强调事项段，说明2023年12月31日的资产负债表，及2023年度的利润表、现金流量表、股东权益变动表、相关财务报表附注由其他会计师事务所审计，并于2024年3月31日发表了无保留意见。

要求：根据上述事项，请分析注册会计师的做法是否恰当。

案例四　审计报告综合案例

一、本案例学习目标

通过阅读本案例，学生应能够：理解确定关键审计事项段的决策框架，理解增加关键审计事项段的情形，理解增加强调事项段和其他事项段的情形，了解注册会计师对其他信息的责任。

二、本案例的关键内容

（一）案例资料

东林会计师事务所的注册会计师张华负责审计多家上市公司2024年度财务报表。在审计过程中，他遇到下列与审计报告相关的事项：

1. 张华对甲公司金融资产实施审计程序并与治理层沟通后，对公司报表中金融资产的分类和收益确认方法存在疑虑，拟将其作为关键审计事项在审计报告中沟通。

2. 由于行业竞争日趋激烈，乙公司2024年发生重大经营亏损。张华实施审计程序并与治理层沟通后，认为可能导致对持续经营能力产生重大疑虑的事项或情况不存在重大不确定性。因在审计工作中对该事项进行过重点关注，注册会计师拟将其作为关键审计事项在审计报告中沟通。

3. 丙公司管理层在2024年度财务报表附注中披露了2025年1月发生的一项重大资产重组业务。张华认为该事项对财务报表使用者理解财务报表至关重要，准备在审计报表中增加其他事项段予以说明。

4. 会计师事务所首次接受委托审计丁公司 2024 年度财务报表。张华拟在审计报告中增加其他事项段，说明上期财务报表由前任注册会计师审计及其出具的审计报告的日期。

5. 在审计戊公司比较财务报表时，张华对上期财务报表发表的意见与以前注册会计师发表的意见不同，张华在其他事项段中披露了导致不同意见的实质性原因。

6. 注册会计师未能在审计报告日前获取己公司 2024 年年度报告的最终版本，因此，未要求管理层提供有关其他信息的书面声明。

7. 张华在庚公司审计报告日后获取并阅读了庚公司 2024 年年度报告的最终版本，发现其他信息存在重大错报，在与管理层和治理层沟通后，该错报仍未得到更正。注册会计师拟重新出具审计报告，指出其他信息存在的重大错报。

（二）案例分析要求

针对上述 1~7 项，逐项指出注册会计师的做法是否恰当，如不恰当，简要说明理由。

三、本案例需要关注的问题

（一）在审计报告中沟通关键审计事项

关键审计事项是指注册会计师根据职业判断认为对当期财务报表审计最为重要的事项。

为达到突出关键审计事项的目的，注册会计师应当在审计报告中单设“关键审计事项”段，并使用恰当的子标题逐项描述各个关键审计事项。

关键审计事项段应说明：关键审计事项是注册会计师根据职业判断认为对本期财务报表审计最为重要的事项，而且关键审计事项应对以对财务报表整体进行审计并形成审计意见为背景，注册会计师对财务报表整体形成审计意见，而不对关键审计事项单独发表意见。

在关键审计事项部分披露的关键审计事项必须是已经得到满意解决的事项，即不存在审计范围受到限制、不存在注册会计师与被审计单位管理层意见分歧的情况。

在本案例的事项 1 中，注册会计师拟将存在疑虑金融资产作为关键审计事项，这种做法是不恰当的，因为关键事项必须是已经得到满意解决的事项，不能以关键审计事项替代非无保留意见。

导致非无保留意见的事项、可能导致对被审计单位持续经营能力产生重大疑虑的事项或情况存在重大不确定性等，虽然符合关键审计事项的定义，但这些事项在审计报告中专门部分披露，不应在关键审计事项部分披露。

在本案例的事项 2 中，注册会计师在审计工作中对可能导致对持续经营能力产生重大疑虑的事项进行重点关注，拟将其作为关键审计事项，这种做法也是不恰当的。

（二）强调事项段

强调事项段是指审计报告中含有的一个段落，该段落提及已在财务报表中恰当列报或披露的事项，根据注册会计师的职业判断，该事项对财务报表使用者理解财务报表至关重要。

增加强调事项段应符合三个条件：①已经在财务报表中列报或披露；②认为对财务报表使用者理解财务报表至关重要的事项；③已获取充分、适当的审计证据证明该事项在财务报表中不存在重大错报

审计准则对特定情况下在审计报告中增加强调事项段提出具体要求。这些情形包括：①法律法规规定的财务报告编制基础不可接受，但其是由法律或法规做出的规定；②提醒财务报表使用者注意财务报表按照特殊目的编制基础编制；③注册会计师在审计报告日后知悉了某些事实（即期后事项），并且出具了新的审计报告或修改了审计报告。

强调事项与关键事项在某些情况下可能是重合的。除了前述准则规定必须作为强调事项处理的事项外，如果注册会计师想要更突出某些事项，也可将其放到关键事项段。

本案例的事项 3，丙公司管理层在 2024 年度财务报表附注中披露了 2025 年 1 月发生的一项重大收购。张华拟在审计报表中增加其他事项段予以说明是不恰当的，应当增加强调事项段，其他事项段仅用于提及未在财务报表附注中列报或披露的事项。

（三）其他事项段

其他事项段是指审计报告中含有的一个段落，该段落提及未在财务报表中列报或披露的事项，根据注册会计师的职业判断，该事项与财务报表使用者理解审计工作、注册会计师责任或审计报告相关。

强调事项段与其他事项段最大的区别在于是否已在财务报表中列报或披露。

应当增加其他事项段的情形主要有三种：

1. 对应数据。如上期报表已由前任注册会计师审计，后任注册会计师可以提及前任的审计报告。当决定提及时，应当在其他事项段中说明前任注册

会计师的意见类型和报告日期；如上期财务报表未经审计，应当增加其他事项段说明未经审计对应数据。

在本案例的事项 4 中，仅增加其他事项段，说明上期财务报表由前任注册会计师审计及其出具的审计报告的日期，却没有说明审计意见类型，故这种做法欠妥，注册会计师应当在其他事项段中进一步说明前任注册会计师发表的意见的类型。

2. 比较财务报表。如本期对上期财务报表发表的审计意见与以前发表的审计意见不同，应当增加其他事项段，以披露导致不同意见的实质性原因。非前任注册会计师对上期财务报表出具的审计报告与财务报表一同对外提供，注册会计师除对本期财务报表发表意见外，还应当在其他事项段中说明前任注册会计师的意见类型和报告日期。

若上期报表未经审计，应当增加其他事项段说明此事项。

3. 针对第二时段、第三时段的期后事项。在特殊情况下，如果管理层对财务报表的修改仅限于反映导致修改的期后事项的影响，注册会计师可以仅针对有关修改将用以识别期后事项的上述审计程序延伸至新的审计报告日。注册会计师应当在新的或者修改后的审计报告中增加强调事项段或其他事项段，提醒财务报表使用者关注财务报表附注中有关修改原财务报表的详细原因和注册会计师提供的原审计报告。

在本案例的事项 5 中，当因本期审计而对上期财务报表发表审计意见时，张华对上期财务报表发表的意见与以前发表的意见不同，注册会计师应当在其他事项段中披露导致不同意见的实质性原因，故本案例中的做法是正确的。

（四）注册会计师对其他信息的责任

在被审计单位年度报告中，除包含财务报表和审计报告外，还通常包括实体的发展、未来前景、风险和不确定事项、治理层声明以及包含治理事项的报告等信息，这些财务信息和非财务信息被称为其他信息。

如果其他信息与财务报表或者与注册会计师在审计中了解到的情况存在重大不一致，可能表明财务报表或其他信息存在重大错报，两者均会损害财务报表和审计报告的可信性，而且此类重大错报也可能不恰当地影响审计报告使用者的经济决策，因此，虽然注册会计师对财务报表发表的审计意见不涵盖其他信息，但是，注册会计师仍应当阅读和考虑其他信息。

如果注册会计师认为其他信息存在重大错报，应当要求管理层更正其他信息。如果管理同意做出更正，注册会计师应当确定更正已经完成；如果管理层拒绝做出更正，注册会计师应当就该事项与治理层进行沟通，并要求做出更正。

如果注册会计师认为审计报告日前获取的其他信息存在重大错报，且在与治理层沟通后其他信息仍未得到更正，注册会计师应当采取恰当措施，包括：考虑对审计报告的影响，并就注册会计师计划如何在审计报告中处理重大错报与治理层进行沟通。注册会计师可在审计报告中指明其他信息存在重大错报。在少数情况下，当拒绝更正其他信息的重大错报导致对管理层和治理层的诚信产生怀疑，进而质疑审计证据总体上的可靠性时，对财务报表发表无法表示意见可能是恰当的。在相关法律法规允许的情况下，当拒绝更正其他信息的重大错报导致对管理层和治理层的诚信产生怀疑，进而质疑审计过程中从其获取声明的可靠性时，解除业务约定可能是适当的。此时，注册会计师可以考虑解除业务约定。

注册会计师认为审计报告日后获取的其他信息存在重大错报，如果其他信息得以更正，注册会计师应当根据具体情形实施必要的程序，包括确定更正已经完成，也可能包括复核管理层与收到其他信息（如果之前已经公告）的人士沟通并告知其修改而采取的步骤。如果与治理层沟通后其他信息未得到更正，注册会计师应当考虑其法律权利和义务并采取恰当的措施，以提醒审计报告使用者恰当关注未更正的重大错报。

如果组成年度报告的部分或全部文件在审计报告日后才能取得，注册会计师应要求管理层提供书面声明，声明上述文件的最终版本将在可获取时并且在被审计单位公布前提供给注册会计师，以使注册会计师可以完成准则要求的程序。

本案例的事项 6 中，注册会计师的做法是不恰当的，因为当注册会计师未能在审计报告日前获取年度报告的最终版本时，应当要求管理层提供书面声明。

在法律法规允许的情况下，注册会计师可能采取设法提醒审计报告使用者适当关注未更正错报的措施。例如：向管理层提供一份新的或修改后的审计报告，其中指出其他信息的重大错报，并要求管理层递送给相关审计报告使用者；提醒审计报告使用者关注其他信息的重大错报；与监管机构或相关职业团体沟通未更正的重大错报；考虑对持续承接业务的影响。

本案例的事项 7 中，张华在审计报告日后发现其他信息存在重大错报，与管理层和治理层沟通后该错报未得到更正。因此，注册会计师拟重新出具审计报告、指出其他信息存在重大错报的做法是正确的。

四、思考与实践

信达会计师事务所的注册会计师张华负责审计多家上市公司的财务报表，在审计过程中遇到下列与审计报告相关的事项：

（1）由于甲公司管理层2022年末未足额计提存货跌价准备，张华对其2022年度财务报表发表了保留意见。2023年末，管理层根据存货计价测试结果计提了存货跌价准备，在2023年度利润表中确认了资产减值损失。张华执行审计工作后认可了本期期末的存货跌价准备金额，对2023年度财务报表发表了无保留意见。

（2）在审计乙公司2023年度财务报表时，张华发现2022年度财务报表中存在重大错报。乙公司管理层在编制2023年度财务报表时，对对应数据进行了恰当重述和披露，张华就2022年度财务报表重新出具了审计报告。在出具2023年审计报告时，张华在强调事项段描述了该重述事项，以提醒财务报表使用者关注此事项。

（3）在审计丙公司2023年度财务报表时，张华认为研发费用确认存在较高的重大错报风险，将研发费用确认作为审计中最为重要的事项与治理层进行了沟通。张华实施审计程序后未发现研发费用确认存在重大错报，拟将研发费用确认作为审计报告中的关键审计事项，并在审计应对部分说明，丙公司的研发费用确认符合企业会计准则的规定，在所有重大方面公允反映了丙公司2023年度的研发费用。

（4）2023年末，丁公司将大额债权转让给庚公司，因转回相关的坏账准备，公司利润总额由亏损转为盈利。由于无法就该交易的商业理由获取充分、适当的审计证据，注册会计师对财务报表发表了保留意见。

要求：根据上述事项，请分析注册会计师的做法是否恰当。

第十三章
特殊项目审计

案例一　主审注册会计师利用其他注册会计师的工作

一、本案例学习目标

完成本案例学习后，学生应当能够掌握：在集团公司审计中，主审注册会计师应如何评估利用其他注册会计师的工作。

二、本案例的关键内容

（一）审计概况

华德电子公司委托上元会计师事务所对其 2024 年度的合并会计报表进行审计。华德电子公司拥有 5 家需要纳入合并报表的子公司，分别为：华德电线工业有限公司、华德电子线缆有限公司、大连华德电线工业有限公司、华德电线（重庆）有限公司、华德国际有限公司。其中，华德电线工业有限公司、华德电子线缆有限公司、大连华德电线工业有限公司的利润额分别占集团公司利润总额的 11%、12% 和 13%，华德电线（重庆）有限公司、华德国际有限公司从事期货、外汇等风险领域的业务。5 家公司已经与当地的会计师事务所签订年报审计协议。上元会计师事务所与组成部分会计师及时进行沟通。出具审计报告时，上元会计师事务所并未提及组成部分注册会计师。

（二）案例分析要求

1. 本案例中负责集团合并报表审计的主审注册会计师是否需要了解组成部分注册会计师？如果需要了解这些组成部分注册会计师执行的组成部分财务信息的相关审计工作，主审注册会计师应该了解哪些事项？

2. 在集团审计中，审计风险有哪些特点？

3. 请讨论主审注册会计师在计划阶段应如何协调与其他注册会计师的工作，并编写主审注册会计师就关联方事项致其他注册会计师的询证函。

4. 出具审计报告时，上元会计师事务所并未提及组成部分注册会计师，这种做法是否正确？

三、本案例需要关注的问题

（一）集团和集团财务报表的含义

集团，是指由所有组成部分构成的整体，并且所有组成部分的财务信息包括在集团财务报表中。集团至少拥有一个以上的组成部分。

集团财务报表，是指包括一个以上组成部分财务信息的财务报表。集团财务报表也指没有母公司但处在同一控制下的各组成部分编制的财务信息所汇总生成的财务报表。

（二）主审注册会计师的含义

主审注册会计师是指当被审计单位财务报表包含由其他注册会计师审计的一个或多个组成部分的财务信息时，负责对该财务报表出具审计报告的注册会计师。

（三）成为主审注册会计师的条件

判断注册会计师是否足以担当主审注册会计师需要考虑下列因素：

1. 主审注册会计师所审计的财务报表部分的重要程度，是否足够重要，足以获取充分适当的审计证据将审计风险降至可接受的低水平。

2. 主审注册会计师对组成部分业务的了解程度。

3. 其他注册会计师审计组成部分的财务信息的重大错报风险。

4. 主审注册会计师在何种程度上参与对组成部分的审计。若参与不足，可考虑追加审计程序，适当增加对组成部分的审计。

（四）对组成部分注册会计师工作的考虑

为确定其他注册会计师的工作对审计工作的影响，主审注册会计师应该：

1. 对被审计单位、被审计单位的组成部分及环境进行了解，识别重要的组成部分及可能导致财务报表重大错报的风险。在此基础上，考虑区别对待不同组成部分、是否参与其他注册会计师的工作、需要实施的审计程序。

2. 根据对其他注册会计师的了解程度确定是否参与及在多大程度上参与其他注册会计师对组成部分财务信息重大错报风险的评估；充分沟通，确定其他注册会计师对组成部分实施审计程序的性质、时间、范围，考虑是否审计、复核其他注册会计师的工作，必要时追加程序。

3. 如果拟利用其他注册会计师的工作和报告，主审注册会计师应在初始计划阶段安排双方的配合，并将有关重要事项告知其他注册会计师，包括：需要特别考虑的审计领域，识别（被审计单位与组成部分之间）交易的程序，完成审计工作的时间安排。

4. 主审注册会计师应在确定整体财务报表重要性水平的基础上，与其他注册会计师共同确定（低于整体重要性水平且适用于）组成部分的重要性水平。

（五）集团审计中审计风险的特点

在集团审计中，审计风险包括：组成部分注册会计师可能没有发现组成部分财务信息存在错报（该错报导致集团财务报表发生重大错报）的风险，以及集团项目组可能没有发现该错报的风险。

（六）审计报告中的责任

注册会计师对集团财务报表出具的审计报告不应提及组成部分注册会计师，除非法律法规另有规定。如果法律法规要求在审计报告中提及组成部分注册会计师，审计报告应当指明，这种提及并不减轻集团项目合伙人及其所在的会计师事务所对集团审计意见承担的责任。

四、思考与实践

信达会计师事务所的注册会计师张华负责审计新江集团公司 2025 年度财务报表。新江集团的业务涉及房地产、娱乐、化工等多个领域。新江集团拥有东方公司、西方公司、南方公司、北方公司四个子公司。集团项目组计划利用组成部分注册会计师来执行组成部分财务信息的审计工作。与集团审计相关的部分事项如下：

（1）通过了解负责东方公司审计的组成部分注册会计师，张华认为该组成部分注册会计师了解并能够遵守与集团审计相关的职业道德要求，具有胜任能力，所在地区监管环境严格，据此认为可以利用该组成部分注册会计师的工作。

（2）西方公司的组成部分注册会计师黎明的妻子在西方公司担任研发部经理并持有该公司股票期权 2 万股。因黎明不符合与集团审计相关的独立性要求，集团项目组拟对组成部分财务信息实施进一步审计程序来消除组成部分注册会计师不具有独立性的影响。

（3）南方公司为不重要的组成部分，张华对组成部分注册会计师的专业胜任能力存在重大疑虑，因此，对其审计工作底稿实施了详细复核，不再实施其他审计程序。

（4）北方公司为不重要的组成部分，其他会计师事务所的注册会计师对北方公司财务报表执行了法定审计。集团项目组对北方公司财务报表执行了集团层面分析程序，未发现异常，决定不再对北方公司财务信息执行进一步工作。

要求：针对上述事项，请分析注册会计师的做法是否恰当。

案例二　或有事项（一）

一、本案例学习目标

完成本案例学习后，学生应当能够：了解或有负债的含义和主要形式，了解或有事项审计的主要目标，掌握或有事项审计的主要程序，掌握或有事项会计处理和披露的基本要求。

二、本案例的关键内容

（一）案例资料

明信会计师事务所负责审计华西公司2024年度的财务报表。注册会计师现在正审计或有负债或承诺，注册会计师执行的主要审计程序如下：

（1）向被审计单位管理层询问其确定、评价与控制或有事项方面的有关方针政策和工作程序。

（2）向被审计单位管理层索取有关或有事项的资料，做必要的审核和评价。

（3）向被审计单位的法律顾问和律师进行函证，分析被审计单位在审计期间所发生的法律费用，从法律顾问和律师处复核发票。

（4）与治理层就遵循法律法规的情况进行讨论，更新与遵循法律法规有关的永久性档案，复核与监管部门的往来信函，确定需要包括在管理层声明书中的声明事项。

（5）复核上期和税务机构的税收结算报告。

（6）向与被审计单位有业务往来的银行寄发含有要求银行提供被审计单位或有事项的询证函。

（7）询问有关销售人员并获取被审计单位对产品质量保证方面的记录，确定存在损失的可能性。

（8）审阅截至审计工作完成日止被审计单位历次董事会纪要和股东大会会议记录，确定是否存在未决诉讼或仲裁、未决索赔、税务纠纷、债务担保、产品质量保证等方面的记录。

（9）查询被审计单位对未来事项和协议的财务承诺，并向被审计单位管理层询问。获取并审阅截至审计外勤工作完成日历次股东大会、董事会和管理层会议记录及其他重要文件（包括被审计单位的重要合同和往来通信档案等），确定是否存在不可撤销的财务承诺事项。

（10）向被审计单位管理层获取书面声明，保证其已按照企业会计准则的规定，对其全部或有事项做了恰当反映。

在审计过程中，注册会计师发现公司存在下述或有事项：

1. 2024 年 6 月，华西公司被客户起诉违约，律师认为华西公司有可能支出赔偿款 60 万元，另外需要支付诉讼费 5 万元。华西公司就此事项进行会计处理，2024 年增加营业支出共计 65 万元。

2. 为融通资金，2024 年 8 月，华西公司将收到的京南公司的应收票据到银行贴现。注册会计师在 2024 年度审计时发现京南公司已经于 2024 年底申请破产。华西公司并未就该公司的应收票据贴现业务做任何会计处理。

3. 2022 年华西公司为其母公司债务提供担保，2024 年 3 月，该笔债务已经到期，但母公司因与银行存在经济纠纷不肯及时偿还，银行向法院提起诉讼，要求华西公司和其母公司一起承担连带赔偿责任。律师认为华西公司很有可能赔偿其中的 300 万元。因为华西公司与其母公司正在上诉，华西公司没有就此诉讼进行任何账务处理。

另外，华西公司目前有一笔为子公司某些债务融资提供的担保，因未能及时偿付，子公司目前正面临债权人的诉讼，华西公司很可能因此承担连带偿还义务，但金额尚无法确定。华西公司并未进行任何账务处理，也未在报表附注中披露。

（二）案例分析要求

1. 请给出或有负债的定义，并列举注册会计师需要特别关注的或有负债的例子。

2. 为了发现或有事项，注册会计师应该向管理层索取哪些相关资料？

3. 在审计或有事项时，注册会计师向被审计单位的法律顾问和律师进行函证的目的是什么？分析被审计单位在审计期间所发生的法律费用，从法律顾问和律师处复核发票的目的是什么？

4. 与治理层就遵循法律法规的情况进行讨论，更新与遵循法律法规有关的永久性档案，复核与监管部门的往来信函的目的是什么？

5. 注册会计师为什么要复核上期和税务机关的税收结算报告？

6. 银行询证函对于或有事项审计有何意义？

7. 针对事项1，请指出注册会计师是否应认可华西公司的会计处理？

8. 针对事项2，请指出注册会计师应提出何种建议？

9. 针对事项3，请指出华西公司的做法是否恰当？注册会计师应提出何种建议？

三、本案例需要关注的问题

（一）或有负债含义

或有负债是由于已经发生的事项导致企业在未来期间可能需要向外部单位或个人支付不确定金额款项的潜在义务。常见的或有负债包括：关于专利侵权、产品责任等行为导致的未决诉讼，所得税等税收争议，产品质量担保，应收票据贴现等事项。

（二）发现或有负债所需资料

为了发现或有事项，注册会计师应向被审计单位管理层索取下列有关或有事项的资料，做必要的审核和评价。

1. 被审计单位有关或有事项的全部文件和凭证。

2. 被审计单位与银行之间的往来函件，以查找有关票据贴现、应收账款保理、票据背书和对其他债务的担保。

3. 被审计单位的债务说明书，其中，除其他债务说明外，还应包括对或有事项的说明，即说明已知的或有事项均已在财务报表中做了适当反映。

4. 与治理层就遵循法律法规的情况进行讨论，更新与遵循法律法规有关的永久性档案，复核与监管部门的往来信函，其目的是发现被审计单位违反法律法规的迹象进而发现违反法规引起的或有事项。

5. 因为税款拖延时间较久，发生税务纠纷的可能性就较大，故注册会计师需要复核上期和税务机关的税收结算报告，以便了解被审计期间有关纳税方面可能发生的争执之处。

6. 银行函证可以反映商业票据贴现、应收账款保理、票据背书情况和为其他单位的银行借款进行担保的情况（包括担保事项的性质、金额、担保期间等）。

7. 事项1中，注册会计师不应认可华西公司的会计处理。公司应将诉讼费用计入管理费用，其调整分录为：

借：管理费用	50 000	
贷：营业外支出		50 000

8. 事项 2 中，注册会计师应建议华西公司对应收票据贴现金额进行会计处理，增加费用和预计负债。

9. 事项 3 中，华西公司的两项担保事项的处理均不恰当。

华西公司对母公司的担保债务，因其很可能承担连带责任，且金额可以合理估计，故注册会计师应要求华西公司进行会计处理并调整财务报表账户。

华西公司对子公司的担保债务，因其很可能承担连带责任，但金额不能合理估计，故注册会计师应要求华西公司以报表附注形式加以披露。

四、思考与实践

信达会计师事务所受托审计上市公司新江公司 2024 年度的财务报表，委派注册会计师张华担任项目合伙人。张华在审计工作底稿中记录了审计完成阶段的工作，部分内容摘录如下：

（1）因产品质量问题，新江公司被客户起诉到法院。直到 2024 年末，此重大未决诉讼仍未结案。管理层认为败诉的可能性仅三成，因而未确认预计负债，也未在报表中披露。注册会计师检查了相关文件，结果满意，未再实施其他审计程序。

（2）2024 年 12 月 20 日，新江公司告白银公司侵犯其专利权。至该年 12 月 31 日，法院还没有对该案件进行公开审理。管理层认为证据确凿，胜诉的可能性超过 50%，因而将预计会收到的白银公司赔款确认为“其他应收款”。

要求：针对资料中事项，请分析注册会计师的做法是否恰当。

案例三　或有事项（二）

一、本案例学习目标

了解注册会计师需要关注的或由事项或承诺，掌握发现或有事项的审计程序，会评价已经发现的或有事项，掌握客户与第三方承诺的审计程序。

二、本案例的关键内容

（一）案例资料

在润达公司截至 2024 年 12 月 31 日年报审计业务中，通过与客户交谈、阅读会议记录、查阅往来文件及分析公司的律师费用，兴达会计师事务所的注册会计师发现下列事项，公司并未在2024年的会计记录和报表披露中反映这些事项。

1. 润达公司为附属子公司英达公司2022年1月15日发行的100万元三年期债券提供了担保。英达公司宣布2025年1月15日不能兑付到期的债券本金和利息共计115万元。

2. 为推广新产品，公司本年制定了优惠的售后服务政策，承诺对A商品提供12个月售后担保，如果期内出现质量问题，将无条件退换货。截至12月底，公司尚有200万元的产品在保质期内，已经实现的销售收入为350万元。

3. 为保证材料供应，公司与供应商签订合约，约定未来期间按每吨1万元的价格购买A材料100吨，目前该材料价格为每吨8 000元。

为确定公司涉及的诉讼问题，注册会计师向该公司的律师发出询证函，有一些律师提供了其职责范围内的有关信息，但有部分律师以为客户保密为由拒绝提供相关信息。因此，注册会计师采取了相应措施。

（二）案例分析要求

1. 举例说明或有负债与实际负债的区别，并说明注册会计师为什么要关注或有负债？

2. 说明你对上述事项所使用的审计程序。

3. 说明你根据每个事项提出的审计调整分录或调整报表披露的建议。

4. 如果在审计过程中，注册会计师认为有必要查找潜在的或有事项，应执行哪些审计程序？

5. 对于已经存在的或有负债，注册会计师应如何对其进行评价？在评价诉讼导致的或有负债时，注册会计师应如何评价律师的工作？

6. 请代为编写律师询证函。

三、本案例需要关注的问题

（一）或有负债与实际负债的区别

或有负债是由于已经发生的事项导致企业在未来期间可能需要支付不确定款项的潜在义务。注册会计师需要特别关注的或有负债主要包括：未决诉讼、所得税争议、产品质量担保、应收票据贴现、为第三方责任提供担保等。

实际负债是由于过去的交易或事项导致的现实义务。

（二）验证或有负债的目的

注册会计师验证或有负债的目的是评价已知的或有负债的会计处理并尽

量查找管理当局没有确认的或有负债。

（三）或有负债的审计时机

在验证各个账户或交易时，注册会计师一般可以验证企业的潜在负债，一般不需要将或有负债作为接近年末时的一项单独的审计内容。例如，在审计所得税费用时，注册会计师通过分析所得税费用、查阅税务代理报告等验证所得税存在的争议。在审计业务完成阶段进行的是对或有负债的审核，而不是初始测试。

（四）注册会计师查找或有负债的程序

注册会计师查找或有负债可以采用的程序包括：

1. 向管理当局解释企业应披露的或有事项的类型，询问管理当局是否存在未记录的或有事项。如果管理当局无意中忽略了某种或有事项或不理解会计披露的相关规定，用询问的方式可以有很多收获。

2. 查阅企业的税务申报书、税务代理报告等税务相关文件，了解企业税务事项的处理情况。如果税务机关正对企业进行纳税调查，则客户可能存在税务争议。

3. 分析股东大会、董事会及可以获得的公司其他会议纪要中有无涉及或有事项的信息。

4. 分析被审计单位的法律费用，查找诉讼等事项可能带来的或有负债。

5. 查找审计记录中可能表明存在潜在或有事项的信息。

（五）利用律师的工作

注册会计师评价或有负债时应该评价其重要性和需要在报表中披露的性质。在评价诉讼导致的或有负债时，注册会计师应以客户律师的意见为参考，但不能依赖客户律师的意见，而应充分听取自己的律师的意见，以避免客户律师作为客户支持者的不中立地位所导致的偏见。

四、思考与实践

信达会计师事务所的注册会计师张华负责审计新江公司 2024 年度财务报表。新江公司有两笔未决诉讼，底稿中相关内容摘录如下：

（1）新江公司因产品质量问题被客户起诉，虽至年底法院仍未判决，但新江公司很可能被败诉，因此公司在 2024 年度财务报表中确认预计负债 300 万元。注册会计师实施各类审计程序后得出点估计 200 万元。

（2）新江公司因债务纠纷形成未决诉讼，至年底法院仍未宣判。新江公司在 2024 年财务报表中确认了预计负债 300 万元，注册会计师实施各类审计程序后得出区间估计 100 万元至 400 万元。

要求：(1) 请指出事项 (1) 中错报金额为多少万元。

(2) 请分析，事项 (2) 中注册会计师是否可以接受被审计单位的会计估计结果。

案例四 审核期后事项

一、本案例学习目标

完成本案例学习后，学生应当能够：了解注册会计师需要审核的期后事项，了解期后事项审核的目的，掌握发现期后事项的审计程序，会评价已经发现的期后事项，掌握客户与第三方承诺的审计程序，理解期后发现的事实的含义，了解注册会计师对审计报告出具之后发现的影响审计报告的事实的责任，理解期后事项与期后发现的事实的区别。

二、本案例的关键内容

(一) 案例资料

注册会计师李梅等负责康达公司 2024 年报表的审计。审计业务约定书约定，外勤工作日的最后一天是 2025 年 3 月 11 日。李梅认为，如果严格执行详细的审计计划，那么可以简化审计完成阶段的汇总工作，并且最后在汇总阶段节约的时间可以放在平时的审计工作中。在为审核期后事项而向律师发出询证函时，李梅要求在资产负债表日后尽快收到每位律师的回函，争取早日完成对期后事项的审查，从而避免审计将要结束时留下过多有争议的问题。

在审计中，注册会计师发现，该公司在 2025 年 1 月 1 日至 3 月 31 日之间存在如下期后事项：

1. 2025 年 2 月，康达公司的主要竞争对手引入了一种先进技术，这使得该公司的甲产品变成了过时的产品并出现大量积压，为应对挑战，康达公司决定停止生产该产品并将该产品的剩余产品亏本出售。

2. 到 2024 年底，因与益达公司的产品质量纠纷尚未判决，公司估计可能败诉，并在 2024 年报表中记录估计的赔偿金额 200 万元。2025 年 2 月，法院对该案件进行终审判决，结果康达公司需赔付对方 300 万元。

3. 为融通资金以引进新的生产线，公司 2025 年 2 月出售其对润华公司的一项长期投资，该投资账面价值是 6 000 万元，但本次出售仅获得现金 3 000

万元。此外，公司还于 3 月 1 日折价出售经营中不需使用的设备获得现金 1 000 万元，出售时该设备账面价值是 2 000 万元。

4. 2 月 28 日，康达公司的重要客户江南公司宣告破产，康达公司 2024 年 12 月的报表上记载江南公司尚欠本企业货款 500 万元。

5. 2025 年 2 月，公司持有的短期投资的市价下跌 5%。

6. 公司新任董事会决定调整企业结构，将公司对金山公司的长期投资以 1 000 万元的价格出售给其他公司，该长期投资账面价值为 1 200 万元。

7. 为建设研发中心，2025 年 3 月 1 日公司发行债券 5 000 万元。

8. 2025 年 2 月，公司通过并购金蝶公司扩大了其业务范围。

9. 2025 年 3 月 21 日，因遇到地震，公司一批在途存货发生 600 万元的经济损失，这批存货尚未购买保险。

注册会计师对上述事项实施了进一步审计程序，并提请管理当局修改了财务报表。在执行其他最后阶段的审计程序后，注册会计师出具了双重日期的审计报告，第一个报告日期是 2025 年 3 月 11 日，第二个报告日期是 2025 年 3 月 31 日。公司财务报告对外公布的日期是 4 月 2 日。

2025 年 4 月，注册会计师又发现经审计后公布的财务报告中某些信息存在严重误导，注册会计师根据职业准则的要求采取了必要的措施，管理层根据注册会计师的意见针对这些问题修改了财务报表，注册会计师并未重新修改审计报告。

（二）案例分析要求

1. 请说明两种常见的期后事项的区别，并说明本案例中哪些事项需要注册会计师调整当前年度财务报表。

2. 专门为确认期后事项而执行的审核程序有哪些？

3. 李梅希望在资产负债表日后尽快收到每位律师的回函以便争取早日完成对期后事项的审查，这种做法对吗？

4. 注册会计师签署双重日期报告的目的是什么？

5. 在完成审计的最后阶段，除了期后事项的审核之外，注册会计师需要完成哪些审计程序才能最终完成搜集证据工作？

6. 对于 2025 年 4 月发现的事实与之前发现的事实，注册会计师应该采取的措施和所负的责任有何不同？

7. 李梅认为，如果严格执行详细的审计计划，那么可以简化审计完成阶段的汇总工作，并且最后在汇总阶段节约的时间可以放在平时的审计工作中。这种看法是否正确？

三、本案例需要关注的问题

(一) 期后事项的含义

期后事项是指从客户资产负债表日到审计报告日之间发生的对会计报表产生影响的事项以及注册会计师在审计报告日后知悉的事实。

期后事项包括两类：需要调整财务报表的期后事项和不需要调整财务报表但需要披露的期后事项。

第一类期后事项提供了资产负债表日已经存在的账户余额的补充信息，当这些期后事项的金额达到重要性标准时，需要对报表进行调整，否则将影响这些账户余额的公允列示。这些期后事项主要包括：尚欠本企业货款的顾客宣告破产、企业败诉实际赔偿金额与账面记录不符、按照低于账面价值的价格处理设备、按低于账面成本的价格出售投资等。

第二类期后事项是发生在资产负债表日之后，且不影响被审计单位资产负债表日的财务状况和相关会计年度的经营成果，但如不对其加以说明，有可能使会计报表使用者产生误解，即第二类期后事项是对报表没有直接影响但需要披露的事项，包括：金融资产的市价显著下跌、发行债券或股票、由于政府政策导致的存货市价下降、自然灾害引起的未保险的存货损失、并购业务等。

本案例中需要调整的期后事项是2、3、4，因为上述事项说明资产负债表日对相关资产的估计不准确，需要调整相关金额。

(二) 期后事项的审核程序

期后事项的审核可以结合年末账户余额的审计而进行，也可以专门为确认期后事项而执行下列审核程序：

1. 在尽量接近审计报告日时，向管理层询问可能影响财务报表的期后事项，比如：根据初步或尚无定论的数据做出会计处理的项目的现状；是否发生新的担保、借款或承诺；是否出售或购进资产，或者计划出售或购进资产；是否已发行或计划发行新的股票或债券；是否已签订或计划签订合并或清算协议；资产是否被政府征用或因不可抗力而遭受损失；在风险领域和或有事项方面是否有新进展；是否已做出或考虑作出异常的会计调整；是否已发生或可能发生影响会计政策适当性的事项。

2. 与律师联系，向被审计单位律师或法律顾问询问有关诉讼和索赔事项。

3. 在尽量接近审计报告日时，查阅股东会、董事会及其专门委员会在资产负债表日后举行的会议的纪要，并在不能获取会议纪要时询问会议讨论的事项。审核公司资产负债表日后编制的内部报表，查阅最近的中期财务报表、主要会计科目、重要合同和会计凭证；如认为必要和适当，还应当查阅预算、现金流量预测及其他相关管理报告，查阅被审计单位与客户、供应商、监管部门等的往来信函，查询被审计单位在资产负债表日或审计期间已存在的重大财务承诺。

4. 取得管理当局声明书。

（三）执行对期后事项的审核程序的时间

注册会计师需要对期后事项承担审核责任。审核期后事项是为了确定这段时间是否发生了影响当前报表公允列示和披露的事项。注册会计师一般在接近审计报告日的期间执行对期后事项的审核程序。

本案例中李梅要求在资产负债表日后尽快收到每位律师的回函，争取早日完成对期后事项的审查是不恰当的，因为律师回函过早，有可能遗漏重要的期后事项。

（四）双重日期

双重日期指审计报告包括两个日期。较早的日期是完成除期后事项之外的外勤工作的日期，较晚的第二个日期是完成期后事项审核工作时的日期。

对期后事项实施了追加审计程序，并已做适当的处理后，注册会计师可选用两种方式确定审计报告的日期：一是更改审计报告日期，即将原定审计报告日延长至完成追加审计程序时的审计报告日；二是签署双重报告日期，即保留原定审计报告日，并就该期后事项注明新的审计报告日。审计报告日期关系到判断注册会计师承担审计责任的截止时点，采用双重报告日期有助于保护注册会计师，避免因延长的审计报告日期承担不必要的审计责任。

（五）最后阶段的审计程序

在完成审计的最后阶段，注册会计师应搜集适合于所有循环的最终证据，并实施以下程序：①由合伙人执行最后的分析程序，以发现其他测试中没注意的重大错报和评估证据的充分性；②根据审计中获得的新信息评价企业的持续经营假设；③取得管理当局声明书；④考虑与财务报表一起公布的信息；⑤阅读年报中的与财务报表之间相关的其他信息。

（六）注册会计师对期后事项的审计目标和责任

期后事项是财务报表日之后和审计报告日之前发生的事项以及注册会计师在审计报告日后知悉的事实。以审计报告日为节点，注册会计师对期后事项有不同的审计目标和责任。

对于财务报表日至审计报告日之间发生的期后事项，注册会计师应获取充分、适当的审计证据，以确定财务报表日至审计报告日之间发生的、需要在财务报表中调整或披露的事项是否已经按照适用的财务报告编制基础在财务报表中得到恰当反映。

在审计报告日后，注册会计师并没有义务针对财务报表实施任何审计程序，但对于如果在审计报告日知悉可能导致注册会计师修改审计报告的事实，注册会计师应当：

（1）与管理层和治理层讨论该事项。

（2）确定财务报表是否需要修改。

（3）如果需要修改，询问管理层将如何在财务报表中处理该事项。

本案例中，2025 年 4 月发现的事实即属于审计报告日后知悉的事实。由于财务报表已经报出后，管理层又修改了财务报表，注册会计师应当：

1. 根据具体情况对有关修改实施必要的审计程序，并针对修改后的财务报表出具新的审计报告，新的审计报告日不应早于修改后的财务报表被批准的日期。注册会计师应当在新的或经修改的审计报告中增加强调事项段或其他事项段，提醒财务报表使用者关注财务报表附注中有关修改原财务报表的详细原因和注册会计师提供的原审计报告。

2. 复核管理层采取的措施能否确保所有收到原财务报表和审计报告的人士了解这一情况。如果管理层没有采取必要措施确保所有收到原财务报表的人士了解这一情况，也没有在注册会计师认为需要修改的情况下修改财务报表，注册会计师应当通知管理层和治理层（除非治理层全部成员参与管理被审计单位），其将设法防止财务报表使用者信赖该审计报告。

（七）审计完成阶段需要完成的工作

审计过程的最后一个阶段是完成审计。在审计完成阶段，注册会计师需要完成复核或有负债、复核期后事项、搜集最后的证据、评价结果、出具审计报告、与管理层沟通等一系列工作。这个过程非常重要，注册会计师所做的工作不能局限于简单的汇总。

本案例中，李梅认为，如果严格执行详细的审计计划，那么可以简化审计完成阶段的汇总工作，并且最后在汇总阶段节约的时间可以放在平时的审计工作中，这种看法是不正确的。

四、思考与实践

甲汽车股份有限公司是信达会计师事务所的常年审计客户。注册会计师张华负责审计该公司 2024 年度财务报表。注册会计师确定的审计报告日是

2025 年 3 月 12 日，董事会批准的财务报表报出日是 2025 年 4 月 1 日。张华在审计工作底稿中记录了重大事项的处理情况，部分内容摘录如下：

（1）2025 年 1 月，甲汽车股份有限公司的客户丁公司因地震导致重大损失，经营困难，难以按期偿还所欠货款。甲汽车股份有限公司管理层在 2024 年度财务报表中补提了 500 万元的应收账款坏账准备。张华在对该事项实施细节测试并获取书面声明后，认可了管理层的处理。

（2）2024 年 12 月 23 日，行业采用新的燃油车环保标准。管理层认为该政策可能导致甲汽车股份有限公司的燃油车存货发生重大减值，在财务报表附注中将其作为资产负债表日后非调整事项进行了披露。张华查阅了相关政府文件，据此认可了管理层的处理。

（3）2025 年 3 月 20 日，甲汽车股份有限公司 2024 年末的一项重大未决诉讼终审结案，管理层根据判决结果调整了 2024 年度财务报表。在对该调整实施审计程序后，张华对重新批准的财务报表出具了新的审计报告。

要求：针对资料中所列事项，请分析注册会计师的做法是否恰当。

案例五　财务报表审计中对违反法规行为的考虑

一、本案例学习目标

理解注册会计师对违反法规行为的审计目的，掌握注册会计师在财务报表审计中如何考虑违反法规行为，了解常见的审计程序。

二、本案例的关键内容

（一）案例资料

华星会计师事务所派出了项目组到万为股份有限公司进行年审。审计组于 2025 年 2 月 15 日至 3 月 6 日对该公司 2024 年度的会计报表进行了审计。

万为股份有限公司主营业务为食品饮料的生产加工、销售，药品研制、生产、经销。该公司在董事会下设有审计委员会，在总经理下设有审计部，审计委员会和审计部在业务上是指导与被指导关系。注册会计师的审计工作得到了该公司内部审计的协助。公司治理层希望注册会计师能够帮助发现企业内部的违反法规行为。李芳、张方迪等注册会计师于 2024 年 11 月 1—7 日对万为公司执行了风险评估等程序，在此过程中，考虑到对被审计单位违反法规行为的相关风险，注册会计师执行了下述审计程序。

1. 在计划审计工作时，从总体上了解适用于被审计单位及其所处行业的有关法律法规，以及被审计单位如何遵守这些法律法规的情况。

2. 在获得总体了解后，实施下列进一步审计程序，以有助于识别被审计单位在编制财务报表时应当考虑的违反法规行为：

（1）向管理层询问被审计单位是否遵守了适用于被审计单位及其行业的法律法规。

（2）检查被审计单位与许可证颁发机构或监管机构的往来函件。

3. 向管理层获取书面声明，以表明被审计单位已告知知悉的、影响财务报表的所有违反或可能违反相关法律法规的情况。

4. 在审计过程中，充分关注可能表明被审计单位违反法律法规的信息。在审计过程中，注册会计师发现被审计单位存在以下现象：

（1）企业因食品受到政府有关部门的调查或处罚。

（2）与其母公司存在异常资产置换交易。

（3）当年的佣金占销售额比例偏高，但企业的销售佣金支付标准并未提高。

（4）部分材料的购买价格严重高于市场价格。

注册会计师就上述现象与管理层讨论，但管理层并不能提供令人满意的信息证明其确实遵守了法律法规。

（二）案例分析要求

1. 注册会计师关注被审计单位违反法规行为的目的是什么？

2. 注册会计师应如何从总体上了解适用于被审计单位及其所处行业的有关法律法规，以及被审计单位是如何遵守这些法律法规的？

3. 注册会计师发现可能存在违反法规行为时，应从哪些方面评价其对财务报表可能产生的影响？

4. 本案例中，管理层不能提供令人满意的信息证明其确实遵守了法律法规，注册会计师应采取什么措施？

三、本案例需要关注的问题

（一）注册会计师关注被审计单位违反法规行为的目的

违反法律法规可能导致被审计单位面临罚款、诉讼或其他对财务报表产生重大影响的后果。注册会计师关注被审计单位违反法规行为，其目的是考虑被审计单位是否存在违反法规行为及其对财务报表的影响。

（二）从总体上了解被审计单位及其所处行业的法律法规

在计划审计工作时，注册会计师应实施下列程序以便从总体上了解适用于被审计单位及其所处行业的法律法规，以及被审计单位如何遵守这些法律法规：

1. 利用了解被审计单位行业状况、法律环境与监管环境以及其他外部因素时所获知的信息。

2. 向管理层询问被审计单位为遵守有关法律法规而采用的政策和程序。

3. 向管理层询问对被审计单位经营活动可能产生重要影响的法律法规。

4. 与管理层讨论在识别、评价和处理诉讼、索赔与税务纠纷时采用的政策和程序。

5. 与审计组成部分的其他注册会计师讨论适用于该组成部分的法律法规。

（三）评价违反法规行为的影响

如果发现可能存在违反法规行为，应从以下方面评价其对财务报表可能产生的影响：

1. 因可能存在违反法规行为导致的潜在财务后果。

2. 潜在财务后果是否需要披露。

3. 潜在财务后果是否严重，以至于影响到财务报表的公允反映。

（四）信息不足时的措施

如果管理层不能提供令人满意的信息证明其确实遵守了法律法规，应向被审计单位律师咨询有关法律法规的遵守情况，及其对财务报表可能产生的影响。如果认为向被审计单位律师咨询是不适当的，或不满意其提供的咨询意见时，应当考虑向会计师事务所的律师咨询，以确定被审计单位是否存在违反法规行为、可能导致的法律后果及应采取的进一步行动。

注册会计师没有责任防止被审计单位违反法律法规行为，也不能期望其发现所有的违反法律法规行为。

四、思考与实践

上市公司新江公司是信达会计师事务所的常年审计客户，主要从事化工产品的生产和销售。注册会计师张华负责审计新江公司2025年度财务报表。张华在审计工作底稿中记录了重大事项的处理情况，部分内容摘录如下：

（1）2025年末，新江公司因一项重大的环境污染事故被起诉。张华认为，新江公司聘请的外部律师不具有客观性，因此未与其沟通，而是征询了独立第三方律师的法律意见。

（2）张华发现新江公司未与部分临时工签订劳动合同且未缴纳社会保险金，管理层解释系临时工流动频繁所致。张华检查了人事部门的员工入职和离职记录，认为解释合理，未再实施其他审计程序。

要求：针对资料中事项，请分析注册会计师的做法是否恰当？

案例六 持续经营

一、本案例学习目标

完成本案例学习后，学生应当能够：熟悉影响企业持续经营能力的事项，掌握审计持续经营能力的基本程序，掌握持续经营问题对审计意见的影响。

二、本案例的关键内容

（一）案例资料

2024 年，英达体育用品有限公司委托明信会计师事务所对其 2024 年度的会计报表进行审计。

英达体育用品有限公司是国内首家成立海外产品运动服饰和运动类鞋产品研发设计中心的体育用品公司，也是国内首家在海外上市的体育用品企业。公司总部设立在北京，在北京、上海、天津、广州等全国 12 个大城市建立了分公司，开设 200 多家分店、2 000 多个营业网点，公司的城市覆盖率达到 85%以上。全国范围内店铺数量超过 8 000 家，遍布 1 800 多个城市。此外英达公司在东南亚、中亚、欧洲等地区也拥有多家销售网点。

2008 年以前，英达公司一直快速稳步的发展。然而近年来由于市场竞争激烈，导致英达公司连续几年出现库存积压的问题。2008 年，英达公司想借着北京奥运会期间人们对体育用品的消费热情，迈开了扩张的步伐。但实际上，由于企业产品定位问题以及国内同行业竞争加剧等一系列内外部原因导致公司出现市场占有率持续低迷、存货周转天数增加、大量门店关门、存货严重积压等问题。从 2022 年起，企业出现部分银行债务难以偿还的现象，经公司经理层与银行斡旋，银行同意对其债务展期到 2025 年底，并修改了借款合同中的有关条款，但公司至今仍难以继续履行重大借款合同中的有关条款。

为缓解困境，管理当局采取了一系列措施，包括处置大量存货、处置部分门店、出租部分闲置设备、引入风险资金、强化管理、削减管理费用开支、开拓新的市场等。

应注册会计师要求，管理层对持续经营能力做出了书面评估。通过风险评估，注册会计师识别出可能导致对持续经营能力产生重大疑虑的事项或情况，并采取了应对措施。2025 年 2 月 20 日，明信会计师事务所结束了对英达公司 2024 年度会计报表的审计工作。注册会计师在审计报告中提到被审计单位存在的持续经营问题。

（二）案例分析要求

1. 针对管理层对持续经营能力做出的书面评估，注册会计师应从哪些方面关注管理当局对持续经营能力所做出评价的适当性？如果管理层对持续经营能力进行评估所涵盖的期间短于自财务报表日起的 12 个月，注册会计师应如何处理？

2. 注册会计师审计持续经营的责任是什么？如果监管部门并没有要求管理层对持续经营能力做出专门评估，注册会计师是否需要关注持续经营问题？

3. 注册会计师应采用哪些审计程序以识别被审计单位在账务、经营等方面存在的持续经营假设不再合理的各种迹象？请列举至少四种审计程序。该公司持续经营能力是否有问题？

4. 对于识别出可能导致对持续经营能力产生重大疑虑的事项或情况，注册会计师应当如何处理？

5. 如果注册会计师未在审计报告中提及持续经营的不确定性，是否可以认为是对企业持续经营能力的保证？

6. 如果英达公司把应披露的事项都在报表中充分披露，你认为注册会计师应出具哪种类型的审计意见？如果财务报表未做出充分披露，你认为注册会计师应出具哪种类型的审计意见？

三、本案例需要关注的问题

（一）关注管理当局对持续经营能力所做出评价的适当性

如果管理层对持续经营能力做出了书面评估，注册会计师评价管理层对持续经营能力所做出评价的适当性时，应关注管理层做出评价的过程、评价的依据和拟采取的改善措施。

如果管理层评估持续经营能力涵盖的期间短于自财务报表日起的 12 个月，注册会计师应当提请管理层将其至少延长至自财务报表日起的 12 个月。

（二）注册会计师审计持续经营问题的责任

审计持续经营问题时，注册会计师的责任是就管理层在编制和列报财务报表时运用持续经营假设的适当性获取充分、适当的审计证据，并就持续经营能力是否存在重大不确定性得出结论。即使编制财务报表时采用的财务报告编制基础没有明确要求管理层对持续经营能力做出专门评估，注册会计师的这种责任仍然存在。

如果注册会计师未在审计报告中提及持续经营的不确定性，不能被视为对被审计单位持续经营能力的保证。

（三）识别持续性经营的审计程序

注册会计师可采用下列审计程序以识别被审计单位在账务、经营等方面存在的持续经营假设不再合理的各种迹象，例如：

1. 了解被审计单位管理当局对于存在的持续经营假设不再合理的迹象计划采取的应对计划，考虑管理层提出的应对计划和其他缓解措施的效果，获取充分、适当的审计证据，以确认是否存在与此类事项或情况相关的重大不确定性。

2. 与管理当局讨论、分析最近的中期财务报表、现金流量预测、盈利预测及其他预测，进一步了解影响持续经营假设合理性的因素以及这些因素本身的变化情况。

3. 检查借款合同及债务契约条款等的履行情况，审核影响持续经营假设的期后事项、财务承诺及或有事项。

4. 查阅股东大会、董事会会议及其他重要会议有关财务困境的记录，检查有无改善措施及账务救助计划，并评估其合法性和可行性。

5. 向被审计单位的法律顾问和律师询问有关诉讼、索赔的情况，并向其询问管理层对诉讼或索赔结果及其财务影响的估计是否合理。

本案例中，英达公司持续经营能力有问题。公司存在市场占有率持续低迷、存货严重积压、部分银行债务难以偿还、难以继续履行重大借款合同中的有关条款等情况，如果市场占有率继续低迷，不能履行借款合同，将会出现严重影响持续经营能力的情况。

（四）针对识别出持续经营可疑事项采取的审计程序

如果识别出可能导致对持续经营能力产生重大疑虑的事项或情况，注册会计师应当通过实施追加的审计程序（包括考虑缓解因素），获取充分、适当的审计证据，以确定是否存在重大不确定性。这些程序应当包括：

1. 如果管理层尚未对被审计单位持续经营能力做出评估，提请其进行评估。

2. 评价管理层与持续经营评估相关的未来应对计划，这些计划的结果是否可能改善目前的状况，以及管理层的计划对于具体情况是否可行。

3. 如果被审计单位已编制现金流量预测，且对预测的分析是评价管理层未来应对计划所考虑事项或情况未来结果的重要因素，评价用于编制预测的基础数据的可靠性，并确定预测所基于的假设是否具有充分的支持。

4. 考虑自管理层做出评估后是否存在其他可获得的事实或信息。

5. 要求管理层和治理层（如适用）提供有关未来应对计划及其可行性的书面声明。

（五）本案例情况

如果英达公司把应披露的事项都在报表中充分披露，不考虑其他事项，注册会计师应出具带强调事项段的无保留意见审计报告。因为英达公司存在严重影响持续经营能力的情况，虽然正采取改善措施，且已经在报表中充分披露，但仍存在重大不确定性，故应在审计意见段之后增加强调事项段，以提醒报告使用者注意可能导致对持续经营能力产生重大疑虑的事项或情况存在重大不确定性的事实，并提醒财务报表使用者关注财务报表附注中的相关披露。

如果财务报表未做出充分披露，注册会计师应当发表保留意见或否定意见。注册会计师应当在审计报告中说明，存在可能导致对被审计单位持续经营能力产生重大疑虑的重大不确定性。

四、思考与实践

信达会计师事务所的注册会计师李华负责审计多家上市公司的财务报表，遇到下列与持续经营相关的事项：

（1）甲公司 2020 年收购了 R 公司，使之成为公司旗下的重要子公司。李华在审计甲公司 2024 年年报时发现，R 公司在 2024 年末处于停产状态，其核心技术人员被竞争对手 H 公司挖走，H 公司目前已经占领了大部分市场。甲公司管理层拟在三年内研发出替代性技术，基于该假设编制的预计未来现金流量现值显示，收购 R 公司时形成的大额商誉不存在减值。注册会计师认为技术研发成功的可能性存在重大不确定性，在无保留意见的审计报告中增加了强调事项段，提醒报表使用者关注。

（2）乙公司是一家生产和销售保健食品的企业。李华在审计乙公司 2025 年年报时了解到，保健品行业将于 2026 年执行更严格的成分标准。乙公司的主要产品可能因此被淘汰。管理层提供了对该事项的评估及相关书面声明，李华据此认为该事项不影响乙公司的持续经营能力。

（3）丙公司的某重要子公司将于2025年清算，其2024年度财务报表以非持续经营为基础编制，丙公司管理层在合并财务报表附注中披露了该情况，张华拟在对丙公司合并财务报表出具的审计报告中增加其他事项段，提醒报表使用者关注该事项。

要求：针对上述事项，请分析注册会计师的做法是否恰当。

案例七　比较信息审计

一、本案例学习目标

了解比较财务报表、对应数据和比较信息的含义，掌握比较信息的审计程序，理解比较信息对审计报告的影响，理解注册会计师在财务报表审计中与比较信息相关的责任。

二、本案例的关键内容

（一）案例资料

华达电子公司委托明信会计师事务所对其2024年度会计报表进行审计。明信会计师事务所自2014年起一直负责华达公司的年报审计。上期的金额与相关披露已经审计。

注册会计师对华达电子公司2022年、2023年报表均出具了保留意见审计报告。

2024年，注册会计师发现华达公司财务报告中比较信息出现如下问题：

1. 在核对比较数据采用的会计政策时发现，经董事会批准，从2024年1月起，公司将折旧方法由直线折旧法改为双倍余额递减法。

2. 核对比较数据与上期财务报表反映的金额和相关披露时发现，本期报表中列示的期初存货数与上期财务报表中的期末数不同。

3. 2023年，注册会计师对公司财务报表出具了保留意见的审计报告，导致保留意见的事项有两项：

（1）公司有一笔对国外附属公司的投资，注册会计师无法获取充分的审计证据，因而对2023年度财务报表出具了保留意见的审计报告，但上述投资至本期已经转回，但注册会计师仍不能就该投资的期初数得到充分适当的审计证据。

（2）公司有一项融资租赁资产未能正确资本化而对财务报表产生较大影

响，该租赁事项至今仍存在，公司并未根据注册会计师的要求更正相关会计处理方法。

（二）案例分析要求

1. 注册会计师对比较信息的审计目标是什么？为实现上述目标，注册会计师应对比较信息的哪些方面加以评价？

2. 对于事项 1 和事项 2，注册会计师应采用何种审计程序加以审查？

3. 事项 3 对注册会计师的审计意见有何影响？如果 2023 年，注册会计师对该公司财务报告发表了无保留意见审计报告，则上述事项会对注册会计师本期发表审计意见有何影响？

4. 对于已经在上期审计过的上期金额和相关披露，注册会计师在出具本期审计报告中应如何处理？

5. 如果明信会计师事务所 2024 年是初次接受华达电子公司的委托，在本期的审计报告中是否应提及对比信息？如果初次接受委托后，在审计过程中注册会计师认为存在影响上期财务报表的重大错报，而前任注册会计师以前出具了无保留意见的审计报告，注册会计师应采取什么措施？

6. 如果因 2024 年采用新发布的企业会计准则，华达电子公司对以前年度投资形成的部分长期股权投资改按公允价值计量，并确认了大额公允价值变动收益，但公司并未对比较数据进行追溯调整。若注册会计师对华达电子公司 2024 年度会计报表实施审计，针对上述事项，应当出具何种类型的审计报告？

三、本案例需要关注的问题

（一）比较信息、对应数据和比较财务报表的含义

比较信息，是指包含于财务报表中的、符合适用的财务报告编制基础的、与一个或多个以前期间相关的金额和披露。

对应数据，属于比较信息，是指作为本期财务报表组成部分的上期金额和相关披露，这些金额和披露只能和本期相关的金额和披露（称为“本期数据”）联系起来阅读。对应数据列报的详细程度主要取决于其与本期数据的相关程度。

比较财务报表，属于比较信息，是指为了与本期财务报表相比较而包含的上期金额和相关披露。比较财务报表包含信息的详细程度与本期财务报表包含信息的详细程度相似。

（二）注册会计师对比较信息的审计目标

注册会计师对比较信息的审计目标是：获取充分、适当的审计证据，确

定在财务报表中包含的比较信息是否在所有重大方面按照适用的财务报告编制基础的要求进行有关列报，并按照注册会计师的报告责任出具审计报告。

为实现上述目标，注册会计师应当评价：比较信息是否与上期财务报表列报的金额和相关披露一致，如果必要，比较信息是否已经重述；在比较信息中反映的会计政策是否与本期采用的会计政策一致，如果会计政策已发生变更，这些变更是否得到恰当处理并得到充分列报和披露。

事项1中，注册会计师应查明，公司将折旧方法由直线折旧法改为双倍余额递减法的会计处理是否正确，公司是否已经将此事项在财务报表附注中披露。

事项2中，注册会计师应查明本期报表中列示的期初预计负债与上期财务报表中的期末数不同的原因，确定是否存在重大错报，如果发现比较信息的变更缺乏合理依据，应提请管理层对比较信息进行更正，必要时根据更正情况修改审计报告类型。

（三）仍未解决的非无保留意见事项的影响

如果以前针对上期财务报表发表了保留意见、无法表示意见或否定意见，且导致非无保留意见的事项仍未解决，注册会计师应当对本期财务报表发表非无保留意见。

本案例中，事项3中第（1）项，是导致上期保留意见的事项，虽至本期已消除，但注册会计师对该投资的期初数仍无法取得充分审计证据；事项3中第（2）项，导致上期保留意见的事项仍然留存到本期。因此，注册会计师应发表保留意见审计报告。

在审计报告的导致非无保留意见的事项段中，由于未解决事项对本期数据的影响或可能的影响是重大的，注册会计师应当在导致非无保留意见事项段中同时提及本期数据和对应数据。

如果注册会计师已经获取上期财务报表存在重大错报的审计证据，而以前对该财务报表发表了无保留意见，且对应数据未经适当重述或恰当披露，注册会计师应当就包括在财务报表中的对应数据，在审计报告中对本期财务报表发表保留意见或否定意见。

（四）上期金额和相关披露对审计意见的影响

如果上期金额和相关披露已经审计，注册会计师应在本期审计意见中提及。

如果上期财务报表未经审计，注册会计师应当在审计报告的其他事项段中说明对应数据未经审计。但这种说明并不减轻注册会计师获取充分、适当的审计证据以确定期初余额不含有对本期财务报表产生重大影响的错报的责任。

如果认为存在影响上期财务报表的重大错报，而前任注册会计师以前出具了无保留意见的审计报告，注册会计师应当就此与适当层级的管理层沟通，并要求告知前任注册会计师。注册会计师还应当与治理层进行沟通，除非治理层全部成员参与管理被审计单位。如果上期财务报表已经更正，且前任注册会计师同意对更正后的上期财务报表出具新的审计报告，注册会计师应当仅对本期财务报表出具审计报告。

如果注册会计师已经获取上期财务报表存在重大错报的审计证据，以前对该财务报表发表了无保留意见，且对应数据未经适当重述或恰当披露（被审计单位未改），注册会计师应当就包括在财务报表中的对应数据，在审计报告中对本期财务报表发表保留意见或否定意见。

在本案例中，由于华达电子公司对以前年度投资形成的部分长期股权投资改按公允价值计量，并确认了大额公允价值变动收益，但未对比较数据进行追溯调整，因此，比较数据和当期数据都存在重大错报，但此事项仅影响个别报表项目，其影响并不广泛。因此，在 2019 年审计时，注册会计师针对上述事项应出具保留意见审计报告。

四、思考与实践

信达会计师事务所承接了多家上市公司 2024 年度财务报表审计的业务。注册会计师在审计过程中遇到下列事项：

（1）因 2023 年末少计无形资产减值准备 300 万元，注册会计师对甲公司 2023 年度财务报表发表了保留意见，甲公司于 2024 年处置了相关无形资产，并在 2024 年度财务报表中确认了处置损益，注册会计师认为导致对上期财务报表发表保留意见的事项已经解决，不影响 2024 年度的审计报告。

（2）2024 年，因采用新发布的企业会计准则，乙公司对以前年度投资形成的部分长期股权投资改按公允价值计量，并确认了大额公允价值变动收益，未对比较数据进行追溯调整，注册会计师出具了无保留意见审计报告。

（3）丙公司 2023 年度财务报表未经审计。管理层将一项应当在 2024 年度确认的大额长期资产减值损失作为前期差错，重述了比较数据。注册会计师出具了无保留意见审计报告。

要求：针对上述事项，请分析注册会计师的做法是否恰当？

“思考与实践”参考答案

第一章

案例一　审计需求的产生

答：开放式问题，结合审计的鉴证和服务作用讨论。

案例二　会计责任与审计责任

答：不能。

管理层和治理层应对编制财务报表承担完全责任。即使财务报表存在重大错报，而注册会计师通过审计没能够发现，也不能因为财务报表已经被注册会计师审计这一事实而减轻管理层和治理层对财务报表的责任。

案例三　审计目标与管理当局认定

答：(1) 营业收入——发生认定；营业成本——发生认定；存货——完整性认定。

(2) 营业收入——发生认定；应收账款——存在认定。

(3) 营业收入——截止认定。

(4) 存货——完整性认定。

(5) 管理费用——分类认定。

(6) 营业收入——准确性认定。

(7) 其他收益——列报认定。

(8) 固定资产——准确性、计价和分摊认定。

案例四　审计证据

答：(1) 不恰当。仅检查应收票据复印件不能获取充分、适当的审计证据，注册会计师应当检查应收票据原件。

(2) 不恰当。应当核实万达公司网页的真实性。

(3) 不恰当。注册会计师仅靠获取更多的审计证据可能无法弥补其质量上的缺陷，内部证据未必能作为充分、适当的审计证据证明应收账款的真实性、完整性和准确性。

(4) 不恰当。注册会计师应当对函证的全过程保持控制。

案例五　审计的固有限制

答：开放式问题，要点可以包括：由于审计存在固有限制，注册会计师不可能将审计风险降至零，因此，不能对财务报表是否不存在由于舞弊或错误导致的重大错报获取绝对保证。若普华永道能证明其按照审计准则的要求完成审计工作，并取得充分适当的审计证据，则可以免于被追责。

第二章

案例一　审计风险的结构

答：

风险与证据计划矩阵

	生产与存货循环	销售和收款循环	购货和付款循环	筹资和投资循环
未考虑内控之前的预期重大错报风险（固有风险）	预期错报很多（高）	预期错报很多（高）	预期错报不多（中等）	预期几乎没有错报（低）
内部控制防止或发现重大错报的有效性（控制风险）	有效性较低（高）	高度有效（低）	有效性为中等水平（中等）	高度有效（低）
完成审计后允许存在重大错报的程度（可接受的检查风险）	程度低（低）	程度低（低）	程度低（低）	程度低（低）
计划搜集证据的程度（计划的检查风险）	高水平（低）	中等水平（中等）	中等水平（中等）	低水平（高）

案例二　审计业务承接

连续审计时，注册会计师不一定每年都向被审计单位致送新的审计业务约定书。如果注册会计师通过评估认为不需要修改业务约定条款或提醒被审计单位注意现有条款，则可以沿用原来的审计业务约定书。

但是，也存在可能导致修改审计业务约定条款或提醒被审计单位注意现有条款的情形，包括：①有迹象表明被审计单位误解审计目标和范围。②需要修改约定条款或增加特别条款。③被审计单位高级管理人员近期发生变动。④被审计单位所有权发生重大变动。⑤被审计单位业务的性质或规模发生重大变化。⑥法律法规的规定发生变化。

本案例中，2024年银鑫珠宝集团的股权结构、业务结构发生变更，可能影响审计风险和审计收费，同时，也有必要提醒新上任的治理层和管理层知悉业务约定书的内容。因此，在2024年外勤业务开始前，注册会计师应向该公司致送新的审计业务约定书。

案例三　初步业务活动

答：首次接受审计委托，应实施下列程序：

1. 与被审计单位面谈，讨论下列事项：

（1）审计的目标；

（2）审计报告的用途；

（3）管理层对财务报表的责任；

（4）审计范围；

（5）执行审计工作的安排，包括出具审计报告的时间要求；

（6）审计报告格式和对审计结果的其他沟通形式；

（7）管理层提供必要的工作条件和协助；

（8）注册会计师不受限制地接触任何与审计有关的记录、文件和所需要的其他信息；

（9）利用被审计单位专家或内部审计人员的程度（必要时）；

（10）审计收费。

2. 初步了解被审计单位及其环境，并予以记录。

3. 征得被审计单位书面同意后，与前任注册会计师沟通。

案例四　用作风险评估的分析程序

答：具体见下表：

事项	是否可能表明存在重大错报风险（是/否）	理由	风险类别（报表层次/认定层次）	涉及的认定
（1）	是	甲公司管理层为获得股权激励奖励，具有实施舞弊的动机和压力	报表层次	
（2）	是	甲公司2024年毛利率为49%，2023年为50%，与成本大幅上涨不符，可能存在少记营业成本、多记营业收入的风险	认定层次	营业成本（完整性） 存货（存在）应收账款（存在） 营业收入（发生/准确性）

续表

事项	是否可能表明存在重大错报风险（是/否）	理由	风险类别（报表层次/认定层次）	涉及的认定
（3）	是	甲公司董事会决定将每月薪酬发放日由当月最后1日推迟到次月5日，同时将员工薪酬水平平均上调10%。甲公司2024年员工队伍基本稳定。考虑到应付职工薪酬在资产负债表日要比年初数多出一个月的金额，且工薪上涨达10%，总体应付职工薪酬年末数应当远远大于年初数。而被审计单位账面仅有少量余额，与上年年末余额很接近，存在少计应付职工薪酬和成本费用的重大错报风险	认定层次	①应付职工薪酬/完整性 ②营业成本/完整性 ③销售费用/完整性
（4）	是	甲公司新业务收入增长迅猛且金额重大/可能存在多计收入的风险	认定层次	应收账款（存在） 营业收入（发生） 营业成本（完整性/准确性）

案例五　用作实质性程序的分析程序

答：（1）不恰当。应当针对450万元的全部差异进行调查。

（2）不恰当。对特别风险的应对程序仅为实质性程序时，应当包括细节测试。

（3）不恰当。差异超过可接受的差异额，注册会计师应当调查该差异，而不是将超出部分直接作为错报。

案例六　风险评估

答：（1）2024年末，仅完成了研究阶段的相关工作，尚未进入开发阶段，但根据资料二财务数据显示确认开发支出500万元，存在高估开发支出、低估研发费用的重大错报风险。

（2）2024年8月在建工程完工转入固定资产后，剩余期间产生的专门借款利息应计入财务费用，但资料二显示财务费用中不包含这部分专门借款的利息支出，存在高估固定资产、低估财务费用的重大错报风险。

(3) 对于甲公司收到的与资产相关的政府补助应按照长期资产的预计使用期限，分期确认其他收益，或冲减长期资产账面价值，但资料二显示被审计单位在2024年度全额确认了其他收益，存在高估其他收益的重大错报风险。

(4) 豁免的商标使用费应计入资本公积，存在多计营业外收入、少计资本公积的风险。

案例七　评估与应对舞弊风险

答：事项（1）和（2）：存在舞弊风险因素。

因为被审计单位所处行业竞争激烈且市场处于饱和状态，被审计单位增长率超过行业平均增长率，管理层受到收入增长期望过高的压力；同时，被审计单位管理层报酬中有相当一部分取决于收入的完成情况。

事项（3）：测试报告期末的会计分录和其他调整的目的是应对管理层凌驾于控制之上的风险。仅检查管理层的批准和入账金额是否准确不足以实现测试目标。

事项（4）：该错报涉及较高层级的管理层舞弊。注册会计师应当采取下列措施：重新评估舞弊导致的重大错报风险；考虑重新评估的结果对审计程序的性质、时间安排和范围的影响；重新考虑此前获取的审计证据的可靠性。

案例八　重要性水平的确定及错报的评价

答：(1) 应该以税前利润为基准。

(2) 事务所首次接受委托，应考虑选择较低的百分比，确定实际执行的重要性水平。

(3) 对于单个金额低于实际执行的重要性的项目，汇总起来可能金额重大，以及存在低估风险或舞弊风险的财务报表项目，不能仅仅因为其金额低于实际执行的重要性，而不实施进一步审计程序。

(4) 应将差异额与可接受差异额相比较。

(5) 运用审计抽样实施细节测试时，可容忍错报通常不超过实际执行的重要性，防止抽样总体的错报连同其他错报的汇总数构成重大错报。

(6) 应付账款存在低估风险，还应当考虑舞弊风险，不能仅因为其金额低于实际执行的重要性而不实施进一步审计程序。

第三章

案例一　内部控制活动

答：控制环境方面存在问题，缺乏风险评估系统，控制活动不健全，例如缺乏分工等。

案例二　计划的审计流程和审计测试类型

答：(1) 穿行测试不能为控制运行的有效性提供充分证据；穿行测试用于了解内部控制；还应当实施控制测试。

(2) 口头回复不能作为可靠的审计证据；审计报告日前审计工作未完成；未获取充分、适当的审计证据。

(3) 注册会计师应当检查应收票据原件；仅检查应收票据复印件不能获取充分、适当的审计证据/还应实施其他审计程序。

(4) 该错报可能是系统性错报；其他分公司可能也会存在类似的错报；注册会计师应当调查其他分公司是否有类似情况。

案例三　审计抽样方法的应用

答：(1) 抽样单元应为2024年度确认的每笔销售费用。

(2) 分层的意义在于减少总体的变异性，而不在于使各层之间均值相同。

(3) 细节测试中采用传统变量抽样方法确定样本规模时需要考虑可容忍错报的影响，可容忍错报与样本规模呈反向关系。

(4) 随意选样仅用于非统计抽样。

(5) 不应另选一个样本项目代替，应当查明原因，或实施替代程序，或直接将其视为错报。

案例四　应用审阅法审阅明细账

答：(1) 记账凭证审阅内容主要包括：有无以不符合手续的原始凭证作为填制记账凭证的依据；记账凭证的审批传递手续是否符合规定程序，有关人员是否全部签章；记账凭证的填制是否符合要求，如记账凭证上载明的所附原始凭证张数是否与原始凭证张数一致，记账凭证与自制发出凭证是否连续编号，所列会计分录是否正确，与其所反映的经济业务是否一致，是否正确计入总账，明细账、记账凭证的内容与原始凭证所载内容是否一致等。

(2) 原始凭证的审阅主要包括：原始凭证有无涂改或伪造现象，原始凭证记载的经济业务是否合理合法，原始凭证手续是否完善等。

(3) 委托代销安排，是指委托方和受托方签订代销合同或协议，委托受托方向终端客户销售商品。在这种安排下，企业（委托方）应当评估受托方在企业向其转让商品时是否已获得对该商品的控制权，如果没有，企业不应在此时确认收入，通常应当在受托方售出商品时确认销售商品收入，也就是收到代销清单时再确认收入。

注册会计师应该要求新江公司做如下调整分录，并相应调整资产负债表中的应交税金和库存商品项目。

（1）借：以前年度损益调整　　10 000
　　应交税费——应交增值税（销项税额）　　1 300
　贷：应收账款——丙公司　　11 300
（2）借：库存商品——W 商品　　6 000
　贷：以前年度损益调整　　6 000
（3）借：利润分配——未分配利润　　4 000
　贷：以前年度损益调整　　4 000

案例五　应用核对法检查存货

答：核对法是审计的一个常用方法，对于核对中出现的差异一定要追踪到底，不能因为被审计单位的一个解释或理由就不做进一步的核查，否则后续的舞弊行为可能不会被发现。

案例六　调节法的应用

答案：(1)

银行存款余额调节表

年　月　日

产　别：　　索引号：

币　别：　　页　次：

项目	金额	项目	金额
企业银行存款日记账余额	86 970	银行对存款户余额	94 460
加：企业未入账的收入款项	4 400	加：银行未入账的收入款项	18 400
1. 存款利息	24 590	1. 存入转账支票	7 550
2. 银行代收货款	12 000	减：银行未入账的付出款项	1 350
减：企业未入账的付出款项		1. 开出转账支票	
1. 银行代扣罚金		2. 开出现金支票	
调节后日记账余额	103 960	调节后对账单余额	103 960

（2）检查调节事项的程序如下表：

企付银未付款项	1. 检查被审计单位付款的原始凭证，并检查该项付款是否已在期后银行对账单上得以反映； 2. 在检查期后银行对账单时，就对账单上所记载的内容，如支票编号、金额等，与被审计单位支票存根进行核对

续表

企收银未收款项	1. 检查被审计单位收款入账的原始凭证； 2. 检查其是否已在期后银行对账单上得以反映
银收企未收款项/银付企未付款项	1. 检查收、付款项的内容及金额，确定是否为截止错报； 2. 如果企业的银行存款余额调节表存在大额或长期未达账项，注册会计师应追查原因并检查相应的支持文件，判断是否为错报事项，确定是否需要提请被审计单位进行调整

第四章

案例一　销售与收款循环关键控制及控制测试

答：(1) 内控缺陷：

①未实现职责分离，长期客户临时申请延长信用期，应经由信用管理部批准。

②应调查所有对账差异，即使差异未超过该客户应收账款余额的5%，也应予以调查。

(2) 注册会计师的做法不恰当，还应测试信息系统一般控制。

案例二　营业收入实质性测试

答：不恰当。

(1) 以主营业务收入明细账中的会计分录为起点，检查相关原始凭证，如订购单、销售单、出库单、发票等，只能评价已入账的营业收入是否真实发生。

(2) 在访谈前应注意对访谈提纲保密。

(3) 还应当关注关联方交易的其他条款和条件是否与独立各方之间通常达成的交易条款相同。

案例三　销售收入的截止测试

答：不恰当。

(1) 收入存在高估风险，应从资产负债表日前的收入明细账查至客户签收记录。

(2) 应该从资产负债表日前后若干天的账簿记录追查至记账凭证和客户签收的出库单。

案例四　应收款项及坏账准备审计

答：(1) 恰当。在该事项中，英达公司在工商银行国泰支行仅开立了养老保险专门账户。除此以外，与该银行没有其他业务关系，且该账户的重大错报风险很低且余额不大，可以不对该账户实施函证程序。注册会计师的做法恰当，但需要在审计工作底稿中说明理由。

(2) 不恰当。应当对重要的银行借款实施函证程序。

(3) 不恰当。当管理层要求不实施函证时，还应当考虑可能存在重大的舞弊或错误，以及管理层的诚信度。

(4) 不恰当。仅选取大金额的主要供应商实施函证不能应对低估风险，还应选取小额或零余额账户。

(5) 不恰当。在对客户乙函证时，注册会计师应该与外部信息核对，不能只与内部信息核对。

(6) 不恰当。应当观察函证的处理过程，审计项目组成员需要在整个过程中保持对询证函的控制。

(7) 不恰当。注册会计师应当核实被询证者的信息，同时电子回函的可靠性存在风险，注册会计师和回函者要采用一定的程序以创造安全的环境。

(8) 不恰当。这些说明属于对回函可靠性产生影响的限制条款。

(9) 不恰当。电子形式的回函一定要加以验证，微信号是从英达公司财务人员手中获取的，未必是真实的南海公司财务人员。

(10) 不恰当。口头解释证据不充分，注册会计师应当对该情况进行核实。

案例五　虚列销售收入

答：通过会计操纵调节收入，包括：调整收入确认期间；通过提前或延后确认收入调节各会计期间的利润指标，以实现某特定期间的业绩目标；按全额法确认收入；将其他性质的所得计入销售收入。

第五章

案例一　应付账款余额测试

答：不恰当。应付账款较上年有较大幅度下降，说明存在低估风险，不应从明细账中选取样本，而应该从完整的供应商清单中选取样本。仅选取大金额主要供应商实施函证不能应对低估风险，还应选取小额或零余额账户。李华未对重大账户余额实施实质性程序也是不恰当的，重大的账户余额的实质性程序是不可省略的。

案例二　购货与付款循环内部控制测试

答：不恰当。(1) 还应检查分析报告，以确定控制运行有效；

(2) 估计的总体偏差率略低于可容忍偏差率，控制很可能无效；

(3) 应由不负责应付账款核算的财务人员向供应商对账。

案例三　固定资产审计

答：存在。(1) 固定资产是否达到预定使用状态存疑，固定资产转固金额可能是重大错报风险点。

(2) 固定资产按照预计提供的工作量计提折旧，可能存在重大错报风险。车辆等运输设备的价值转移方式通常与工作量有关，建筑物的价值转移方式不一定与工作量有关。

第六章

案例一　负债融资审计

答：利息测算差异原因可能是以下情况导致的：

(1) 款项到账日与借款合同约定的开始日不一致；

(2) 归还本金的日期与合同约定的还款日不一致；

(3) 年利率换算成日利息用365天或366天，而不是360天；

(4) 有些借款并非采用固定利率，而是采用基准利息+浮动利率，借款利息用错；

(5) 公司账面未计提12月21日至12月31日期间最后11天的利息；

(6) 借款本金存在提前还款（部分还款或全部还款）的情况；

(7) 借款存在延长期间的情况；

(8) 公司财务会计处理错误，包括会计分录、漏做、重做、金额做错等情况；

(9) 有些借款放在“其他应付款”中核算，审计人员测算时漏了该部分借款。

短期借款利息分户测算表

测算期末日：2024年12月31日

序号	日期	摘要	借方	贷方	账户余额	占用天数	积数	应计利息	实际计提利息	差异
		合计	50.00	900.00	950.00			10.24	10.10	0.15
1	2024/1/1	期初余额			100.00	364	36 400.00	7.08	6.98	0.10
2	2024/2/28		50.00		50.00	306	15 300.00	2.98	2.93	0.05
3	2024/12/30			900.00	950.00	1	950.00	0.18	0.18	0.00

案例二　权益融资审计

答：(1) 按照《公司法》的规定，法定公积金（资本公积和盈余公积）转为资本时，所留存的该项公积金不得少于转增前公司注册资本的25%。

(2) 注册会计师对于知悉的董事会不规范的决议，应当建议其纠正，然后视具体情况对会计报表的影响，考虑出具审计报告。

股份有限公司回购本公司股票进行减资的，注册会计师应检查其是否按注销的股票面值总额和所注销的库存股的账面余额，依次冲减资本公积和盈余公积。正确的会计处理是：

借：股本	3 000 000	
资本公积——股本溢价	6 000 000	
盈余公积	3 000 000	
贷：库存股		12 000 000

案例三　投资审计

答：事项(1)中，新江公司在取得对万有公司股权后，根据投资协议约定，能够对万有公司董事会派出1名成员，参与万有公司的财务和生产经营决策，其所派出成员虽然有发言权和1票表决权，但按照准则规定，应当认为新江公司对万有公司具有重大影响，该投资应作为长期股权投资核算是正确的。

(2) 本案例中，虽然新江公司拥有运城公司有表决权股份的比例为20%，且向被投资单位派出董事会成员参与其生产经营决策，但从实际中其提议未实际被讨论、其意见和建议被否决以及提出获取运城公司财务报表的要求被拒绝等事实来看，新江公司向运城公司董事会派出的成员无法对运城公司生产决策施加影响，该项投资不构成联营企业投资，不应记入长期股权投资，而应该根据金融工具准则核算。

第七章

案例一　达美集团货币资金审计

答：(1) 现金监盘的不当之处有：

①提前通知甲公司会计主管人员做好监盘准备的做法不当，注册会计师最好实施突击性检查。

②没有同时监盘总部和营业部库存现金的做法不当。注册会计师应组织同时监盘总部和营业部的库存现金，若不能同时监盘，则应对后监盘的库存现金实施封存。

③甲公司会计主管人员没有参与盘点的做法不当。盘点人员应包括出纳、会计主管人员，监盘人员为注册会计师。

④现金盘点操作程序不当，库存现金应由出纳盘点，由注册会计师监盘。

⑤“库存现金监盘表”签字人员不当，“库存现金监盘表”应由甲公司出纳员、会计主管人员和注册会计师共同签字。

(2) 定期存款期末余额重大，应当实施银行函证程序。

(3) 可能存在关联方交易的披露错报。

(4) 应亲自到银行获取对账单或用观察甲公司人员登录并操作网银系统导出信息的过程等方式核实网银截屏的真实性。

案例二　现金盘点及审计

答：盘点日库存现金应有数=1 244.50+2 520−356=3 408.50（元）

2024年12月31日库存现金应有额为：3 408.50+3 431.82−5 746=1 094.32（元）。

案例三　测试银行存款余额调节表

答：(1) 不恰当。小额差异可能是由方向相反的大额差异相互抵销形成，也需要进行调查。银行业务专员当场办理回函，注册会计师应实施适当的核对程序和处理流程。

(2) 审计人员应直接向银行获取截止日后一个月甚至更长期间的银行对账单，以审查被审计单位在银行存款余额调节表上列示的未达账项的真实性和完整性。我国的支票提示付款期为10天，一般来说，未达账项应在较短的时间内到达。如果被审计单位存在较长时期日记账上已反映收付而银行对账单上未实际收付的未达账项，审计人员应进一步彻查该类银行存款的来龙去脉，必要时提请被审计单位调整账务处理。如果被审计单位拒绝调整，则应考虑所出具审计报告意见的类型。

第八章

案例一　迅捷股份有限公司生产与仓储循环审计

答：(1) 呼吸机的毛利率较低，主要部件的供应商及其价格由南风公司指定，可能是受托加工业务，可能需要按净额确认收入，存在多计收入和成本的风险，与营业收入的“准确性”“发生”和营业成本“准确性”“发生”认定相关。

(2) 旧款血压仪价格调整至成本价出售，考虑销售费用和相关税费后可变现净值将低于存货账面价值，而存货跌价准备计提比例与上年一致，可能存在少计存货跌价准备的风险。与资产减值损失的“完整性”“准确性”和存货的“准确性、计价和分摊”相关。

（3）血糖检测试剂存在安全隐患，可能存在少计提存货跌价准备的重大错报风险，与存货的“准确性、计价和分摊”和资产减值损失的“完整性”认定相关。

案例二　存货监盘

答：（1）对同种存货安排在不同时间盘点是不恰当的。对于同一类型的存货，应该同时安排盘点，防止舞弊。

（2）对于占比高的存货，必须安排时间进行盘点，纳入盘点范围，本案例中，玻璃存放在各个经销处，占比 30%，属于占比较高存货。

（3）已验收但尚未办理入库手续的存货应纳入盘点范围，因为产权已经属于华兴公司。可以办理入库手续后纳入盘点范围，也可以作为在途存货纳入盘点表。

（4）废品与毁损品应与正品分开摆放，并纳入盘点范围。本案例中，废品与毁损品不进行盘点。

（5）本案例中，西美公司寄存的石灰石未单独摆放不合理。他方寄存在本公司的货物应与自有货物区分摆放，并明确进行标识。

（6）本案例中，由西美公司代管的石灰石不安排盘点，库存数直接根据西美公司的记录确定，不恰当。只要产权归属本公司，都应该盘点。

若无法参加监盘，对于存放在其他公司的货物，审计人员应追查寄存货物的相关协议、原始凭证，并向寄存委托人发函，确认货物的归属权和数量。

（7）审计人员应采取合理的盘点方式盘点堆积型存货。通常用红外线测定仪等工具进行工程测量估测，并依赖详细的存货记录。

（8）对于标准规格包装箱包装的存货应抽样开箱查验，以防止内装存货弄虚作假。

（9）在盘点结束后，对于盘盈或盘亏的存货，不应由仓库保管员将存货实物数量和仓库存货记录调节相符，应该查明原因，履行审批程序后，安排与仓库保管有关的主管人员负责调节。

案例三　生产成本审计

答：24 年毛利率＝(55 880－42 234)÷55 880＝24%

23 年毛利率＝(59 568－47 513)÷59 568＝20%

成本费用下降程度显著高于营收下降幅度。2024 年营收下降了 6.6%，但与此同时，营业成本下降达12.5%，相应的毛利率从2023年的20%升至2024年的24%，经营整体不景气的情况下毛利率反而升高，营业成本的“完整性”认定和存货的“存在”认定有关。费用的下降幅度较大，销售费用下降近30%，管理费用下降近20%，有可能存在费用低估风险，影响管理费用和销售费用的“完整性”认定。

案例四　工资薪酬审计

答：在IPO审核中，注册会计师更关注“企业是否存在利用薪酬科目粉饰报表的情形”。因为IPO审核对业绩的要求比较高，一般业绩越漂亮的报表，通过率也会有所提升，企业就会存在“通过调整薪酬而粉饰报表”的动机。因此，这是财务角度薪酬核查的出发点及重点。

一般企业可以通过以下方式达到上述目的：随意更改薪酬制度、标准等，职工人数、人均薪酬的异常波动，工资的分配不合理，调整某些工资项目，比如福利费、辞退福利等。

上述的情形，会让发行人的业绩出现失真。这也是注册会计师需要重点关注的问题和方向。

除了财务角度之外，问询中也包括薪酬相关的法律合规、业务等问题，比如：五险一金缴纳的规范性、是否存在潜在的劳动纠纷、境外用工的合法合规性，以及员工教育程度、离职率对公司业务的影响等。法律、业务上的问题，有可能对财务也存在直接或潜在的影响，比如潜在的劳动纠纷是否有可能引起预计负债，劳务外包是否存在账外承担薪酬费用的情形等。注册会计师应将这些法律业务上的问题与前述的关键点结合，进行核查。

第九章

案例一　损益形成审计

答：

审计目标与认定对应关系表

审计目标	财务报表认定					
	发生	完整性	准确性	截止	分类	列报
A. 利润表中记录的投资收益已发生，且与被审计单位有关	√					
B. 所有应当记录的投资收益均已记录		√				
C. 与投资收益有关的金额及其他数据已恰当记录			√			

续表

审计目标	财务报表认定					
	发生	完整性	准确性	截止	分类	列报
D. 投资收益已记录于正确的会计期间				√		
E. 投资收益已记录于恰当的账户					√	
F. 投资收益已按照企业会计准则的规定在财务报表中做出恰当的列报						√

审计目标与程序关系表

审计目标	可供选择的审计程序
C	1. 获取或编制投资收益分类明细表： （1）复核加计是否正确，并与报表数、总账数和明细账合计数核对是否相符； （2）检查非记账本位币投资收益的折算汇率及折算是否正确
CBDE	2. 确定投资收益的金额是否准确： （1）与交易性金融资产、可供出售金融资产、持有至到期投资、长期股权投资、交易性金融负债等的相关审计结合，验证确定投资收益的记录是否充分、准确； （2）对于重大的投资收益项目，审阅相关文件，复核其计算的准确性，并确定其应为投资收益
D	3. 结合投资和银行存款等的审计，确定投资收益被记入正确的会计期间
AF	4. 检查投资协议等文件，确定国外的投资收益汇回是否存在重大限制，若存在重大限制，应说明原因，并做出恰当披露
F	5. 检查投资收益是否已按照企业会计准则的规定在财务报表中做出恰当列报

案例二 利润分配审计

答：2024 年终审判决的赔偿款属于年度资产负债表日后发生的调整事项。新江公司应做如下会计调整：

（1）借：预计负债 3 000 000

贷：其他应付款 3 000 000

（2）按照规定，预计负债产生的损失不允许在预计时税前抵扣，只有在损失实际发生时，才允许税前抵扣，故应通过递延所得税处理。

借：以前年度损益调整——所得税费用

750 000（3 000 000×25%）

贷：递延所得税资产 750 000

其中，预计负债：账面价值=300万元，计税基础=0，产生可抵扣暂时性差异，曾经确认递延所得税资产，现予以冲回。

(3) 借：应交税费——应交所得税 750 000 (3 000 000×25%)

贷：以前年度损益调整——所得税费用 750 000

(4) 借：以前年度损益调整——营业外支出 1 000 000

贷：其他应付款 1 000 000

(5) 借：其他应付款 4 000 000

贷：银行存款 4 000 000

(6) 将“以前年度损益调整”科目余额转入未分配利润：

借：利润分配——未分配利润 750 000

贷：以前年度损益调整 750 000

(7) 因净利润变动，调整盈余公积：

借：盈余公积 75 000

贷：利润分配——未分配利润 75 000

第十章

案例一 “银广夏”和 “安然”

答：注册会计师没有责任防止被审计单位违反法律法规的行为，也不能期望注册会计师发现所有的违反法律法规行为。对于通常对决定财务报表中的重大金额和披露有直接影响的法律法规（如税收、年金等），注册会计师有责任就被审计单位遵守这些法律法规的规定获取充分、适当的审计证据。

对于对决定财务报表的金额和披露没有直接影响的其他法律法规（如遵守经营许可条件、监管机构对偿债能力的规定或环境保护的要求），注册会计师仅限于实施特定的审计程序，以有助于识别可能对财务报表产生重大影响的违反这些法律法规的行为。

当注册会计师识别出违反法律法规行为的相关信息时，应当执行如下程序：

(1) 了解违反法律法规行为的性质及其发生的环境。

(2) 获取进一步的信息，以评价对财务报表可能产生的影响，包括：

①识别出的或怀疑存在的违反法律法规行为是否会对财务报表产生潜在财务后果，如受到罚款、处分、赔偿、封存财产、强制停业和诉讼等；

②潜在财务后果是否需要披露；

③潜在财务后果是否非常严重，以致对财务报表的公允反映产生怀疑或

导致财务报表产生误导。

注册会计师应评价这些违反法规行为对风险评估和书面声明可靠性的影响。如管理层或治理层没有采取适合具体情况的补救措施，或对其诚信产生怀疑，如果法律法规允许，也可能考虑是否有必要解除业务约定。如果不能解除业务约定，可考虑在审计报告的其他事项段中描述违反法律法规行为。

案例二　会计师事务所审计质量控制

答：(1) 存在。事务所主要负责人（如首席合伙人、主任会计师或者同等职位的人员）应承担最终责任。质量管理主管合伙人（或类似职位的人员），承担运行责任。专门的合伙人（包括职业道德主管合伙人、独立性主管合伙人、各业务条线的主管合伙人，以及监控和整改主管合伙人），承担特定方面的运行责任。

(2) 存在。应当综合考虑合伙人的执业质量、管理能力、经营业绩、社会声誉等指标，不得以承接和执行业务的收入或利润作为首要指标，不应直接或变相以分所、部门、合伙人所在团队作为利润中心进行收益分配，而应当在全所范围内进行合伙人收益分配。

(3) 存在。参加审计项目的实习生属于项目组成员，应在提供服务期间遵守会计师事务所质量管理政策和程序。

(4) 存在。针对所有公众利益实体审计业务，事务所都应当对关键审计合伙人的轮换情况进行实时监控和复核。

(5) 存在。会计师事务所应当至少每年一次向所有需要按照相关职业道德要求保持独立性的人员获取其已遵守独立性要求的书面确认.

(6) 存在。为确保协助人员的客观性，项目合伙人和项目组其他成员不得为本项目的项目质量复核提供协助。

(7) 存在。会计师事务所应当在全所范围内（包括分所或分部）统一委派项目质量复核人员。

第十一章

案例一　注册会计师职业道德基本原则

答：(1) 不具备专业胜任能力。注册会计师人数低于行业平均水平，执业超过5年且年龄在60周岁以下的注册会计师数量为0，这也意味着该所缺少经验成熟的注册会计师。

(2) 缺乏职业谨慎。当堂堂所所长吴育堂的前同事刘耀辉向其推荐*ST新亿的年报审计业务时，堂堂所很快便接受委托。在未执行进一步审计程序以消除保留意见产生基础的情况下，出具了无保留意见审计报告。实际上，在审计*ST新亿2018年和2019年年报的过程中，审计报告复核工作是由刘耀辉团队完成的。

（3）审计独立性缺失。在刘耀辉和黄伟施压下，吴育堂要求李富风更改审计意见。双方约定，堂堂所承诺不出具否定和无法表示意见的审计报告。

（4）诚信原则。注册会计师未能在审计中保持正直，反而配合被审计单位出具不当审计报告。

案例二　独立性

答：（1）存在违反情况。注册会计师的近亲属不得以任何形式拥有被审计单位的直接经济利益，否则将因自身利益对独立性产生严重不利影响。

（2）存在违反情况。项目合伙人通过外借股票账户买卖审计客户的股票，应视为在审计客户中拥有直接经济利益，将因自身利益对独立性产生严重不利影响。

（3）存在违反情况。事务所前任合伙人担任审计客户的董事，虽然离职时间达到12个月，但与事务所保持重要交往，可能因密切关系和外在压力对独立性产生严重不利影响。

（4）存在违反情况。财务经理涉及管理层职责，短期借调员工不得承担甲公司的管理层职责，否则会对独立性产生不利影响。

（5）存在违反情况。前任项目合伙人在担任项目质量复核人员之前应冷却两年，否则可能因自我评价对独立性产生不利影响。

案例三　诚信原则与保密义务

答：（1）不恰当。在未获得客户授权的情况下，同意尽职调查团队借阅与甲公司相关的审计工作底稿不符合保密规定，除非客户已授权披露信息。会计师事务所人员有义务始终对业务工作底稿包含的信息予以保密。

（2）不恰当。注册会计师未经授权将其他公司审计工作底稿提供给甲公司审计项目组成员，违反了保密规定。

（3）不恰当。注册会计师将客户和潜在投资方未公开的事项与朋友讨论不符合保密规定。注册会计师未经客户授权，不得向事务所以外的第三方披露所获知的涉密信息。

第十二章

案例一　出具标准审计报告

答：（1）不恰当。即使发表否定意见，也应在“形成否定意见的基础”

部分说明注意到的、将导致发表保留意见的其他事项及其影响。

（2）不恰当。除非发表无法表示意见和其他特定情况，注册会计师应当在上市实体整套通用目的财务报表审计报告中包含关键审计事项部分。

（3）不恰当。财务报表存在重大错报，应发表保留或否定意见。

（4）不恰当。导致戊公司扭亏为盈的关键交易不具有商业实质，注册会计师应当发表否定意见。

案例二　非无保留意见审计报告

答：（1）不恰当。财务报表存在重大错报，应发表保留或否定意见。

（2）不恰当。该事项同时符合关键审计事项和强调事项的标准，应仅作为关键审计事项。

（3）不恰当。应当增加强调事项段，其他事项段用于提及未在财务报表附注中列报或披露的事项。

（4）不恰当。注册会计师可以在审计报告中增加其他事项段，说明前任注册会计师的意见类型、报告日期和上期报表已经前任审计。

案例三　增加强调事项段和其他事项段

答：（1）不恰当。财务报表存在重大错报，应发表保留或否定意见。

（2）不恰当。该事项同时符合关键审计事项和强调事项的标准，应仅作为关键审计事项。

（3）不恰当。应当增加强调事项段，其他事项段用于提及未在财务报表附注中列报或披露的事项。

（4）不恰当。注册会计师可以在审计报告中增加其他事项段，说明前任注册会计师的意见类型、报告日期和上期报表已经前任审计。

案例四　审计报告综合案例

答：（1）不恰当。导致上期发表保留意见的事项未得到解决，相关金额对本期财务报表的本期数据和对应数据均有重大影响，应发表保留意见。

（2）不恰当。注册会计师已对 2022 年度财务报表重新出具审计报告，2023 年度财务报表的对应数据已做恰当重述，因此无须在 2023 年度审计报告中提及对应数据。

（3）不恰当。关键审计事项不能包含对财务报表单一要素单独发表的意见。

（4）不恰当。无法就该交易的商业理由获取充分、适当的审计证据，此事项具有重大且广泛的影响，应发表否定意见。

第十三章

案例一　主审注册会计师利用其他注册会计师的工作

答：(1) 不恰当。还应了解集团项目组参与组成部分注册会计师工作的程度是否足以获取充分、适当的审计证据。

(2) 不恰当。如果组成部分注册会计师不符合与集团审计相关的独立性要求，集团项目组不能通过参与组成部分注册会计师的工作、实施追加的风险评估程序或对组成部分财务信息实施进一步审计程序，消除组成部分注册会计师不具有独立性的影响。

(3) 不恰当。集团项目对组成部分注册会计师专业胜任能力存在重大疑虑，集团项目组应当就组成部分财务信息亲自获取充分适当的审计证据，而不应要求组成部分注册会计师对组成部分财务信息执行相关工作。

(4) 恰当。其他会计师事务所的注册会计师不构成组成部分注册会计师，集团项目组无须对其进行了解，仅实施集团层面分析程序，无须了解其他注册会计师。

案例二　或有事项（一）

答：(1) 不恰当。应在2025年度财务报表中披露该事项。

(2) 不恰当。很可能胜诉的情况下，只能披露或有资产，而能在报表中确认。

案例三　或有事项（二）

答：(1) 错报金额=300−200=100（万元）。

(2) 被审计单位点估计落在注册会计师的区间估计内，会计估计结果可接受。

案例四　审核期后事项

答：(1) 不恰当。2025年1月，甲公司的客户丁公司因地震导致重大损失，该事项属于日后非调整事项，不能进行2015年报表调整。

(2) 不恰当。应当对在建地产项目计提减值准备，而非作为资产负债表日后非调整事项进行披露。

(3) 不恰当。还应将对期后事项的审计程序延伸至新的审计报告日。

案例五　财务报表审计中对违反法规行为的考虑

答：(1) 不恰当。应与新江公司的外部律师直接沟通或应向新江公司的外部律师寄发询证函。

(2) 不恰当。注册会计师应当评价违反法律法规行为对财务报表可能产生的影响或与治理层进行沟通。

案例六　持续经营

答：(1) 不恰当。甲公司持续经营假设适当但存在重大不确定性，注册会计师应当根据管理层在财务报表附注资料中的披露情况，确定在审计报告中增加“与持续经营相关的重大不确定性”部分，而不是增加强调事项段。

(2) 不恰当。如果识别出可能导致对持续经营能力产生重大疑虑的事项，注册会计师应当通过实施追加的审计程序获取充分、适当的审计证据，以确定是否存在重大不确定性，管理层书面声明本身并不能为所涉及的任何事项提供充分、适当的审计证据。

(3) 不恰当。应在审计报告中增加强调事项段。

案例七　比较信息审计

答：(1) 不恰当。该事项对本期财务报表影响重大，注册会计师应当考虑该事项对2024年财务报表审计意见的影响。

(2) 不恰当。应出具保留意见，因为比较数据存在重大错报但不广泛，当期数据存在重大错报但不广泛。

(3) 不恰当。应出具带其他事项段的保留意见，应当在其他事项段中说明对应数据未经审计，且存在影响重大但不广泛的错报。